高等院校通识教育系列教材

# 漫谈文理兼修

## ——走出“半个人”的时代

郭航远　编著

浙江科学技术出版社

**图书在版编目(CIP)数据**

漫谈文理兼修：走出“半个人”的时代 / 郭航远编著. —杭州：浙江科学技术出版社，2021. 4
ISBN 978-7-5341-9496-2

Ⅰ. ①漫… Ⅱ. ①郭… Ⅲ. ①素质教育—研究 Ⅳ. ①G40-012

中国版本图书馆 CIP 数据核字（2021）第 033110 号

| | |
|---|---|
| **书　　名** | 漫谈文理兼修——走出“半个人”的时代 |
| **编　　著** | 郭航远 |
| **出版发行** | 浙江科学技术出版社<br>网址：www.zkpress.com<br>地址：杭州市体育场路347号<br>邮政编码：310006 |
| **排　　版** | 杭州兴邦电子印务有限公司 |
| **印　　刷** | 浙江全能工艺美术印刷有限公司 |
| **经　　销** | 全国各地新华书店 |

| | | | |
|---|---|---|---|
| **开　　本** | 710×1000　1/16 | **印　　张** | 17 |
| **字　　数** | 260 000 | | |
| **版　　次** | 2021年4月第1版 | **版　　次** | 2021年4月第1次印刷 |
| **书　　号** | ISBN 978-7-5341-9496-2 | **定　　价** | 48.00元 |

**责任编辑**　胡　水　　　　**封面设计**　金　晖
**责任校对**　张　宁　　　　**责任印务**　叶文炀

# 序 言

梁思成《“半个人”的时代》(摘录)

人类的一切活动，都会影响到另一部分的活动。换一句话说，就是人类社会是一个整体的道德，各部分是互相影响的，不能自行其是。所以，我们做学问，尤其是研究理工的人，绝对不能只顾自己的技术方面，而不顾我们的社会、政治、经济、文化和自然环境。否则，我们的一举一动都可能伤害到别人。

我们不但不可害别人，而且要积极地增进全体人民的福利。无论我们建筑一所住宅、一间工厂、一条铁路或公路，不但要顾及社会、政治和经济的需要，还要了解自然的需要。

只顾片面问题而不顾全体的，只能算是“半个人”。我们必须努力做“整个人”，方能真实地为人类服务。

在上海、汉口等大都市里，车辆交通已成为了严重问题，车祸的新闻差不多每天报上都有。另外，工厂和铁路已为国民带来了煤烟垃圾。南京的小火车破坏了鸡鸣寺一带的风景，还不时轧死人。在广元的川陕公路，因为几个工程师缺乏人文知识，破坏了数千尊唐代的摩崖佛像，使我们损失了永远无法补偿的千年文物。

这些都是“半个人”做的事。现在我们不能再做“半个人”了，必须做“整个人”。我们的眼光必须顾及整个社会问题和整个人类环境。

我们若是追溯变成“半个人”的原因，实在是由于教育方针的错误。现在教育部门规定的大学课程，只以取得专门知识为目的。这是在训练匠人，在制造“半个人”，而不是为了教育的真正目的。

工学院显然不用说，只是训练了一批机械匠、土木匠、建筑匠等等。

其余学院何尝不然，每年造就了大批的物理匠、化学匠、法律匠、国文匠、外语匠、历史匠、哲学匠等等。

所谓匠，就是说他们大多数只知道本行，此外一概不懂，也不加以关心。这样，他的本行和本人便与整个社会完全脱节了。这些形形色色的工匠，其实都是“半个人”。

耶鲁大学谢菲尔德科学院院长Sinnott先生，在去年（1947年）十月间该院成立一百周年的纪念会里，提醒美国乃至全世界的教育界，说近百年来的科学教育失败了，因为它未能把学生教育成“整个人”。

Sinnott先生主张，凡从事理工的人都应该受到人文科学的熏陶，使他们知道自己所从事的那一行工作，在整个人类社会中属于哪一个岗位；使他们知道自己的专门工作对于他所处的社会，乃至于整个人类的影响；使他们知道应该成为一个名副其实的“整个人”。耶鲁大学已决定自本学年起，把全部理工学生的课程加上很多的人文科目，以适应将来急切的现实需要。这在教育界也许是最响的一炮，也是值得庆贺的事情。

对于科学破坏了社会秩序的觉悟和论述，远在五十年前已经有人做过严肃的警告。英国的人文主义规划大师帕特里克·盖迪斯（Patrick Geddes）在这方面申述得最为透彻。他将人类历史按技术发达的程度分为四期：一为原始技术时期；二为旧技术时期；三为新技术时期；四为生物技术时期。

原始技术时期的材料是以人力、兽力、风力和水力为动力的技术阶段，所用的材料系以木材为主。

旧技术时期则以煤、铁为主，自1850年至1890年间是它的全盛时期，飞机、轮船、火车和各种自动纺织机是这一时期的产品。

新技术时期产生于新的社会经济背景之下，自1880年前后开始，其最高成就表现在水力发电机之完成、煤炭之分析蒸化、金属废料及副产品之利用，主要的发明是电气变压器、电马达、电灯，以及电力通讯（如电报、电话、无线电等）。

生物技术时期是一个新兴的文化观念。它是从纯粹机械化的技术里划分出来，指向一个新的人类健康发展阶段。在这个阶段里，生物的科学将应用于技术方面，而技术则将以生活文化为其指示的定向。这时期的新产品，在机械方面的有飞机（鸟身均衡的原理）、留声机（耳的构造与声学）、电影（眼的构造与光学）和现代的节育法等。

自十九世纪末以来，整个世界差不多完全被那些“半个人”所支配。他们就是新技术时期的主人翁，也是生物技术时期的主力军。在经济方面，这两个时期产生的所谓资本主义，就是经济上的一种畸形发展。“半个人”以新技术的推广和普及增加了少数统治阶级的财富。在政治方面，这两个时期产生的所谓帝国主义，就是政治上的一种畸形发展。“半个人”也以新技术研发出来的武力配备，宰割了“落伍”民族的土地，攫取了他们的资源。

现在都市和农村之间的不协调、不和谐……所有这些大半是“半个人”所造的孽。

新技术不仅害了所谓的“落伍”民族，连他们自己所谓的“先进”民族和一般老百姓也一样受到伤害，而且并不比殖民地人民所受的轻多少。

在原始技术时期之末年，英国的纺织工业已为工业革命开了个头。他们利用水力开动纺织机器，但因水力有固定的地点，多在山川河谷之中，所以原来的农业社会的安定秩序，并未受到很大的影响。

但蒸汽机的发明，进入了旧技术时期以后，动力再也不受地理的限制，而工业则因劳动力与商场多在都市之中，于是工业便在都市里滋长起来。随同蒸汽机一起而产生的铁路，大量地把农村人口集中在都市之中。这是因为，一方面都市工厂里的工资比农村收入要高一些，另一方面因乡下人进城后对于另一种生活环境感到非常新奇和有趣。但是，工厂并不帮工人解决居住问题，于是骤增不已的人口无处居住，只好挤在一起……

“半个人”控制了新技术，兴建工厂，修筑铁路，这两种建设是有密切关系的……“半个人”计划工厂和铁路，都是只顾技术上的方便，而不顾群众的福利和天然风景，更不知尊重祖先遗留下来的文物。

“半个人”常常忘记了这一点：凡是有感觉的动物，除了保持肉体的存在，还需在精神方面有所要求，亦即天性的、情感的爱美及爱好艺术的倾向。另外，他们还要游览、欣赏及安静；除了出入剧场、舞厅之外，他们还不时渴望与大自然接触，喜欢在树林中散步、在河边休憩、在草地里玩耍……

（摘自1948年梁思成在清华大学的讲座——“半个人”的时代）

# 前言

七十三年前，梁思成教授曾预言，文理分家、重理轻文必将导致人的片面性发展问题，会出现文化底蕴浅、知识覆盖面局限、心理调适能力较差、协作精神相对欠缺、语言文字功底差、守道敬业精神匮乏的“半个人”现象。长此以往，其结果必定是“只见科学之木，不见文化之林”。

科学精神与人文精神是一枚硬币的两个面，缺一不可。正如梁思成教授所说：“科技与人文分离，导致了两种畸形人的出现：只懂技术而灵魂苍白的空心人和不懂科技奢谈人文的边缘人。”

所以，他竭力呼吁文理不分家，反对“半个人”的教育，倡导人的全面发展和综合素质的培养。

钱学森教授也指出，科学与艺术是相通的。人为地搞文理分科，对培养面向未来的人才，可以说有百害而无一利。

其实，梁思成自己就是一个全面发展的“完整人”。在清华求学期间，他才华出众，爱好广泛，对音乐、美术、体育都有浓厚兴趣。在全校运动会上，梁思成的撑杆跳高曾获第一名。在音乐方面有很好的修养，他与黄自等人组织合唱团。学校成立管弦乐队后，他也是第一小号手并任队长。在美术方面尤其出色，曾被美术老师指定和闻一多、杨廷宝等人组织一个研究艺术及与人生关系的艺术团体“缪斯”，活跃了学校文化艺术氛围。在组织能力方面，他也显示出了学生运动领袖的风采。在1919年“五四”运动中，他是清华“爱国十人团”和“义勇军”等社团的中坚分子。

1961年，梁思成先生撰文教导清华学生“求学问需要精，但是为了能精益求精，专的更好就需要博。”“既有所专而又多能，能精于一而又博学；这是我们每个人在求学上应有的修养。”

他主张建筑师要有广泛深厚的文化修养，要有哲学家的头脑、社会学家的眼光、工程师的精确与实践、心理学家的敏感、文学家的洞察力。

纵观历史，我们可以得出这样一个结论，真正的大师，大部分是文理兼修、才华横溢的。

理查德·菲利普斯·费曼是美籍犹太裔物理学家，加州理工学院物理系教授，1965年诺贝尔物理奖得主。美国科普作家雷·斯潘根贝格曾这样评价他，人们应该把“天才”一词用在二十世纪两位物理学家身上，一个是爱因斯坦，另一个就是费曼。

最令人敬佩的是，费曼把科学研究当作自己最好玩的“游戏”。他曾经说过：“科学是智慧的游戏。”

与费曼持同样观点的，还有与歌德同时代的剧作家和诗人席勒等一大批先哲伟人。席勒认为，游戏的人，才是真正的人。按照席勒的标准，费曼是一位“真正的人”，也是一位“完整的人”。

费曼既有科学情怀，又有人文情怀；既有科学风采，又有人文风采。他拥有完整的情怀、完整的风采。所以说，他是一个真实、完整的人。

费曼留下了丰富的科学和人文遗产。他生性好奇、特立独行；他兴趣广泛、多才多艺；他对所有的科学领域都十分着迷；他渴望知道事物背后的机理；他有独特的解决问题的思路。当然，还有他的那些伟大科学成果。

费曼用自己的多彩人生，为创造力心理学诠释了这样的判断：直觉、灵感和想象力。因为这是创造力的重要维度，是一种真实的完整人格。

费曼用自己辉煌的生命，为积极心理学贡献了例证。因为他享受的是“快乐投入、创造意义、自我实现的幸福”。

我做了三十年的医生，同时做了十六年的医院管理工作，现在正在从事医学教育工作。回顾自己的职业生涯，反思周边发生的一些事情，深感全面发展和综合素质的重要性，深感应试教育所培养的“半个人”的弊端，深感文理分家、重理轻文的严重后果。

在我们的周围，出现了“有知识、没文化、少修养”的现象；出现了“高学历、低素质”“有学历、没教养”“有个性、没品性”的现象；出现了“不沟不通，沟而不通的情况”；还出现了“技术水平高、人的品位低”“技术职称晋升了、人格下降了”等情况。这些人的文明素养并没有随着学历的提升而递增。

所以，我非常赞同梁思成教授的观点，也一直在呼吁文理分科不分家，希望在医院里多一些拥有真正文科背景的临床医生。因为医生的作用是“有时去治愈，常常去帮助，总是去安慰”。理科生的理性思维和医疗技术没有问题，但是人文素养和沟通能力常显不足。理科出身的医生只会看病，不会说病，“看不好的病把它说好”的“话疗”技巧往往不够。

其实，当今每个行业都有这样的感触。当下有些人出现智慧与道德的分离、科技与人文的分离、知识与文化的分离、情商与智商的分离。当下有些人把工作当成了生活的全部，没有了生活的乐趣，也没有一点属于自己的非职业的兴趣。对于未来的职业人来说，情商一定比智商重要得多，用心一定比用功重要得多。

人文是舵，技术是桨，没有人文的指引，技术就是瞎子。在这个新时代，我们需要科学，需要信仰和情怀，更需要人文精神的滋养。

德国哲学家雅斯贝尔斯指出：“个体自我的每一次伟大的提高，都源于同古典世界的重新接触。”多年前，国际联合会教育考察团在一份报告中指出，欧洲力量的来源，经常是通过古代文明的再发现与新认识而达到；中国的教育也应当如此，才能真实发挥它的民族性与创造性。

走出“半个人”的时代，做一个“完整的人”。而这个“完整的人”，就是指文理不偏、人格完善，就是指身心健康、灵魂安逸，就是指素养高洁、知性优雅……

人，可以不完美；人生，也可以不圆满。但是我坚信，人作为一种活生生的生命存在于这个世界之中，一定是一种完整的存在。

“半个人”已经不符合新时代对人才的需求，“一个人”——一个“完整的人”才是当今社会所需要的。

让我们走出“半个人”的时代，迈向一个“完整的人”的新时代。

编著者

2021年4月

# 目　录

# 第一章 人性与教育

亚里士多德说："教育并不能改变人性，只能改良人性。"

每个生命一定拥有两样东西，一个是"性"，另一个是"情"。

"性情"两字，一是指人的本性秉性、气质品质；二是指人的思想感情、性格脾气。

"性"，从心从生。也就是说，从心中自然而然生出来的，即为"性"。

在人的自然属性和社会属性之间，有一道无形的门槛。门槛之内，是人类先天遗传进化的天性；门槛之外，则是人类受后天影响而形成的人性。

有一点必须明确，那就是地球上的人类，虽然"习相远"，但一定是"性相近"的，其本性差不了多少。

有一天，有两个妇人来见所罗门王。其中妇人甲说："我和这妇人同住。我生了一个男孩，第三天，她也生了一个男孩。我们都住在一起，房子里除了我们，没有别的人了。夜间，这妇人睡觉的时候，压死了她的孩子。她却在半夜起来，从我身旁把孩子抱去，放在她的怀里；又把她死了的孩子放在我的怀里。第二天早上我起来，要给我的孩子喂奶的时候，发觉他死了。我再仔细察看，发觉他并不是我所生的孩子！"妇人乙说："不！活的那个是我的，死的那个才是你的。"但妇女甲说："不！死的那个是你的，活的那个才是我的孩子。"

所罗门王于是吩咐手下："给我拿一把刀来！把活着的孩子劈成两半，一半给这个妇人，一半给那个妇人。"

妇女甲是活着孩子的真正母亲，因为爱子心切，就说："快把那活的孩子给她吧，千万不可杀死他！"而妇人乙却说："这孩子既不归我，也不归你，就把他劈开吧！"所罗门王最后决定说："把活着的孩子给妇人甲，千万不可杀死孩子，这个妇人确实是孩子的母亲。"所罗门王如此断案，众人都非常佩服他的智慧。

"人之初，性本善"是《三字经》的第一句话，也是儒家孔孟之道的思想基础。

"人之初，性本善"与"人之初，性本恶"在东西方和儒家内部争论了两千多年，但始终没有一个明确的定论。

出于对美好事物的向往，我们一直坚信人性本善、人心向善，不愿意承认人性中有自私的一面。所以，孟子说："人性之善也，犹水之就下也。人无有不善，水无有不下。"但同为儒家一族的荀子在《性恶》一文中说："人之性恶，其善者伪也。"他认为，生存和欲望是人的本性和天性。正因为人性本恶，而恶是不用教的，所以荀子认为我们必须从小就要教孩子向善。

后来，西汉文学家扬雄在《法言·修身篇》中说："人之性也，善恶混。修其善则为善人，修其恶则为恶人。"也就是说，人性既有善的一面，也有恶的一面。如果将善的一面发扬光大则是一个好人，而使恶的一面发展膨胀则成为一个坏人。

晋朝时，有个年轻人叫周处。他好勇斗狠，当地人视他为一大祸害。

周处家附近的山上有猛虎，河里有蛟龙，经常骚扰当地百姓，人们将猛虎、蛟龙和周处合称为"三害"。

后来有人告诉周处："咱们村里有三大害，你知道吗?"

周处问："哪三大害?"

那人说："山上有猛虎，河里有蛟龙……"

周处不等他说完，就只身进入深山，三拳两脚打死了猛虎。然后，他又下到河里，跟蛟龙展开了搏斗。蛟龙非常凶狠，周处在河里大战了三天三夜，才把它杀死。

第三天，周处回到乡里，问那个人："你不是说有三大害吗，还有一个呢?"那人犹豫了半天才说："就是你周处。山上猛虎、河里蛟龙再凶恶，也恶不过你啊！"

周处听了之后感到很震惊。从此，他改过自新，终于成为了一位文武双全的西晋名臣。

儒家圣人孔子说过："富与贵，是人之所欲也……贫与贱，是人之所恶也。"可见，孔子也承认人生来就是有欲望和私心的。好逸恶劳、嫌贫爱富、贪权好色、趋利避害……这些都是人的本性。

"食色，性也。"也就是说，人之初，一切都是出于自身的动物本能，无所谓善与恶之分别。

婴儿刚出生之时，甚至在七岁之前，没有自我生存和生活的能力，有温饱就可以存，无温饱就可能亡。此时，婴幼儿既不懂何谓善，也不懂何谓恶，没有道德和是非，只有动物的生存本能。肚子饿了便哭着要吃，不会念及父母的劳累和紧张、不安和烦恼，也不会顾及时间和空间、环境和情绪。

所以，明代思想家李贽认为："夫私者，人之心也。人必有私，而后其心乃见。若无私，则无心也。"

据历史记载，提出千古名言"食色，性也"的告子，曾与孟子有过一场关于人性本善还是本恶的辩论。告子认为，人之本性"犹湍水也！决诸东方则东流，决诸西方则西流。人性之无分于善不善也，犹水之无分于东西也。"

与孟子的"性善论"不同的是，告子认为，人的本性就像湍流的河水一样，先天并没有善恶之分，而是要看后天的引导。后天的引导决定了一个人的善与恶，就像流水一样，是往东还是往西，就要看怎么去疏导。

孟子的"性本善"、荀子的"性本恶"、告子的人性"非善非恶"、扬雄的人性"善恶混"和程朱理学的"性善欲恶"等论调，都试图描绘一个教育所能发挥出来的功能——抑恶扬善。

"性善论"的教育目的与任务就是"求其放心"，恢复人的先天

本性和“良知”“良能”，包括恻隐之心、羞恶之心、辞让之心和是非之心，以达到“尽心、知性、知天”“仁、义、礼、智”的境界。

而“性恶论”的教育目的就在于“注错习俗，所以化性”，按照圣人所制定的礼仪法度、社会规范和习俗来教化和改变先天的恶习性。

亚当·斯密是西方经济学鼻祖，其代表作《国富论》世人皆知。他年轻时还写过另一本代表作《道德情操论》，主要研究人与人之间的“同情”“同理”与“感恩”等问题。亚当·斯密的理论有一个前提，那就是“人都是自私的”。他认为，如果人不是自私的，所有的政治、经济和哲学理论就成了无根之木、无源之水。

如果人性不是自私的，人人都“大公无私”，那么社会就没有了需求。一旦社会没有了需求，市场经济就会迅速退化，人类就只有走向共同贫穷的绝路。所以，美国宪法之父詹姆斯·麦迪逊曾说过这样一句话：“政府本身即是人性的集大成者，如果人人都是天使，就没有必要成立政府。”

“人之初，性本私”，这并不是说，自私自利的人类不可能有道德和良知，不可能有公平和正义。英国著名思想家大卫·休谟认为：“正是因为自私，才成就了正义，自私因此是建立正义的原始动机。”

我们每个人都有两个基本的判断标准：一个是是非善恶；另一个是利弊得失。当人们遇到没有损害自己根本利益的事情时，往往会推己及人，会表现出恻隐之心、羞恶之心、恭敬之心和是非之心。如果某事与自己的根本利益相冲突，人的是非之心、正义之感便会大打折扣。

在一个正常的社会中，应当是“人人为我，我为人人”。因为只有互惠互利、互让互助，人类社会才能和谐有序。

人活在这个世界上，一定会有需求，而这个需求一定带有私心。人的需求可分为多个层次。所以，亚伯拉罕·马斯洛将人的需求从低到高依次分为生理需求、安全需求、社交需求、尊重需求和自我实现需求。总体来讲，人的需求只有两类：一是物质需求；二是精神需求。

一个人有私心，这是人的本性和本能。如果人能够知道自律和自制，使个人的私心和行为做到合情、合理、合法，避免与他人的利益发生冲突，这样的私心就是人应有的正常心、平常心，就是一颗善心、仁心。

古人说“欲而不贪”，也就是说，人可以有个人的欲望，但不可以过分，不可以出格。如果对私欲之心不加以自制，不受社会规则和国家法律的限制和约束，不走正道，而去侵犯他人的利益，这些做法不属于正常的私心，而是自私和贪心。

所以说，私心与自私、贪心不可混为一谈。

私心是人必要的本性和本能。因为没有私心，人不可能生存下去。自私则是偏激的、错误的。因为这种不明事理、自私自利的表现，对人的生存不利。而贪心是损人利己，图谋不法之利，是可恶的。所以，对贪心者必须予以无情的抨击和必要的惩罚。

人们常常讳言“性本私”，是因为长期以来，我们将“私”与“恶”画上了等号。

其实，“私”不等于“恶”，“性本私”并不等于“性本恶”。“私”与“善”属于中性，就是孔子所说的既没有“过”，也没有“不及”的表现，而不符合中庸之道的“过”或“不及”，就是“恶”。

另外，人作为一种动物物种，生下来就有一种本能。那就是去谋求生存，并且还追求生存得更好些。那么，既然是本能，就谈不上善、恶的褒贬之义，应理解为中性之义。

归根结底“性本私”是一个度的问题。自私的限度控制在一定范围内，是善的，叫保护自己；自私的限度超出一定的范围，则是恶的，叫伤害别人。

同样的道理，如果善良的程度适中，应该是最佳状态，会产生最佳结果。而善良不够，就是没有共情；善良过度，则可能会好心办坏事。

善与自私本就是一体。若没有善，又何来自私一说。反之，若没有自私的对比，也就没有了善的存在。

做人就这一点最难，如果掌握好了这个度，那就离成功不远了。

要知道，可控的、适度的、正当的私欲，既是个体成长的需要，也是社会发展的需要。“清心寡欲”“大公无私”应该提倡。但是一个完全无欲的佛系社会、一个彻底无欲的佛系人群是不会有未来的。

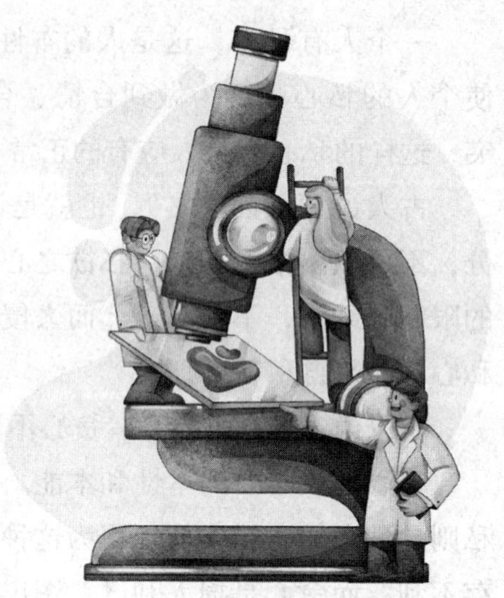

“性本私”毕竟很容易演变成“性本恶”。那么，在什么情况下“私”会变成“恶”呢？那就是，这个私欲是膨胀的、无度的、不可控的，或者这个私欲是以损人为目的和害人为代价的。当人们为一己之利而损害他人合法权益，并进而损害社会公义时，“私欲”就变成了“罪恶”。

王阳明认为，人心本是光明之镜，奈何因私欲而黯淡无光。“人的心本来是快乐的，因为私欲将自己的利益蒙蔽了快乐的价值。”心学传人王艮在《乐学歌》中也有类似的表达：“人心本自乐，自将私欲缚。私欲一萌时，良知还自觉。”

战国初期思想家、哲学家杨朱说过，“人不为己，天诛地灭”，正是一语道破天机。俄国作家车尔尼雪夫斯基在《哲学上的人本主义原理》中说：“人们根据经验知道，每个人都是为自己设想，关心自己的利益要超过关心别人的利益，并且差不多总是牺牲别人的利益、荣誉和生命来成全自己的利益。总而言之，每个人都看到，所有的人都是利己主义者。所有理智坚强的人在实际事务中总是抱着下面这种看法：利己主义是支配每一个与他们发生关系的人的行动的唯一动力。”

无论是孟子的“性善”论，还是荀子的“性恶”论，其最终指向的都是利己。

一个美国士兵打完仗后回到国内。他在旧金山的旅馆里辗转反侧，夜不能寐。午夜，他给家中的父母打了一个电话。

“爸爸，妈妈，我要回家了。但是我要你们帮一个忙，我要带一个朋友一起回来。”

“当然可以。”父母亲回答说，“我们见到他会很高兴的。”

“但是，有件事一定要告诉你们。他在那可恶的战争中踩响了一个地雷，受了重伤。他成了残疾人，少了一条腿和一只手。他已无处可去，我希望他能和我们住在一起。”

“我们为他感到遗憾。孩子，我们帮他另外找一个地方住下，好吗？”

“不，他只能和我们住在一起。”

“孩子，我们有自己的生活，他会拖累我们一家的。你就自己一个人回家吧。他会有活路的……”话还没说完，儿子的电话就挂断了。

父母在家等了许多天，始终未见儿子回来。一个星期后，他们接到警察局打来的电话，被告知他们的儿子坠楼自杀了。悲恸欲绝的父母飞到旧金山，他们惊愕地发现：自己的儿子少了一条腿和一只手。

心理学研究表明：驱动人类行为的所有心理动机，最初都是为了满足自己，而在实现利己的行为方式上，会导致善与恶的不同结果。“人性本私，私以利己，为善为恶。”利人利己是为“善”，损人利己是为“恶”。

一个学生问老师：“人都是自私的吗？”

老师回说：“是的。”

学生接着问：“那善良的人也自私吗？”

老师回道：“善良的人也是自私的。”老师接着反问道：“如果行善使自己感到痛苦，还会有人行善吗？”

学生愣住了。老师又说：“如果善人死后下地狱，恶人死后上天堂，还会有人愿意做善人吗？”

学生惊呆了，无以回答。老师最后说道：“善人与恶人都是自私的，只是自私的境界不同罢了。”

利己是一切生命终极的根本属性。按照一般规律，人性是永恒不变的，不会因环境的变化、时间的推移而改变，只是在不同情境下，具体表现有所不同而已。

如果一个人在维护自己的利益之时，并未损害别人的合法权益，亦未损害社会公义，那么这种私欲是正当的。与合法的私有财产一样，正当的私欲也应该得到社会上每一个成员的尊重，法律也要予以保护。我们要尊重人类的本性，尊重他人也就是尊重自己。

“饮食男女，人之大欲存焉。”南宋理学家们倡导的“灭人欲，存天理”，非常理想化。

曾任《四库全书》纂修官的学者戴震指出：“圣人治天下，体民之情，遂民之欲。”司马迁的外孙杨恽在《报孙会宗书》中也说过：“夫人情所不能止者，圣人弗禁。”就是说，属于人之常情的东西，圣人也不会去禁止。

我们必须承认人有七情六欲，人需要吃喝玩乐，人一定有惰性，人一定想趋利避害、趋吉避凶。我想，利益是一个永恒的主题。人人都“遂民欲”就是“从人性”，“从人性”才会得人心，得人心才能得发展。

万恶懒为首。因为一个人身懒，可以毁掉健康；一个人心懒，可以毁掉梦想。

我曾经听过这样一个笑话。每个人的心里都有一个勤奋小人和一个懒惰小人，当我们犹豫不决时，他们俩就会打架。小学的时候，总是勤奋小人获胜；初中的时候，他们就平分秋色了；高中的时候，懒惰小人赢的次数渐渐增多。但是，大学以后他们就不打架了，因为勤奋小人被打死了。

其实不单单是勤奋与懒惰，人的内心似乎总有两个声音在说话。

其中，一个声音非常善良，叫我们要包容友爱、同情同理；而另一个声音却非常邪恶，告诉我们很多理由，叫我们要斤斤计较、无情无理。

所以，我们每个人都有懒惰的一面和勤奋的一面，看哪一面比较突出而已。因为懒惰是人的天性，世界上大部分人都是懒惰的。

中国式教育的核心精髓就在于“管教”两字。中国人的祖先很早就发现了一个现象，每个人天生都有惰性，总想懒散一点，特别是孩子。要克服人的“惰”就得“管”。而“教”就是父母或老师把前人总结的宝贵经验传授给孩子，让孩子避免犯错，少走弯路，花更少的时间，就可以达到我们想要的教育效果。

中国式教育的评定标准，关键就是一个“严”字。如果学校管得越“严”，就代表中国式教育运用得越好；如果管得不“严”，往往说明中国式教育运用的效果就不明显。

2011年，有一本很火的书叫《虎妈战歌》。该书介绍了耶鲁大学法学院教授蔡美儿是如何用中国式教育方法管教两个女儿的。她要求女儿每科成绩都拿A，不准看电视，琴练不好就不准吃饭等，女儿最终脱颖而出，在著名的卡内基音乐大厅登台表演钢琴。

奥地利精神病学家阿尔弗雷德·阿德勒说："幸运的人一生都被童年治愈，不幸的人一生都在治愈童年。"我希望，蔡美儿的两个女儿属于前者。

印度哲学家克里希那穆提认为，现代教育仅仅是让学生为通过考试做好准备。也就是说，仅仅去记忆，这是没有创造力的，这不是认知，这不过是记住在书中读到的内容，记住老师教给的东西。于是，学生终其一生渐渐培养了记忆，而真正的认识却被毁灭了。

其实，真正的教育，从来不是点石成金的技巧，而是一段春风化雨、自然无为的过程。

柏拉图曾说："我认为一种适当的教育，只要保持下去，便会使一国中的人性得到改造，而具有健全性格的人受到这种教育又变成更好的人。"

《教育与人性——南怀瑾"心要"》一书的开篇就提到："我们中国几千年教育的目的，不是为了谋生，是教我们做一个人，职业技术则是另外学的。而且教育从胎教开始，家教最重要，然后才是跟先生学习。人格教育、学问修养是贯穿一生的。所以社会除了政治、财富力量以外，还要有独立不倚、卓尔不群的人格、品格修养，作为社会、人心的中流砥柱。"

教育的真正目的是改良人性，使人向善，并非单纯地传授知识和技能。所以说，教育并不是仅仅用知识就能表达出来的事情，应该是人性与人性的碰撞，情感与信仰的融合。

《康德论教育》在谈及教育的功能时有这样的表述："教育最大的秘密便是使人性完美。"康德之所以认为教育是人生"最困难、最大的问题"，其实是要提醒我们明白这样一个道理：不可以只将教育视为幻想和美梦，也不应该畏惧教育的复杂性，而应当从人的发展出发，立足当下，面向未来，做出我们可能的努力。

人性很复杂，所以教育也很复杂。不管教育对人性的作用如何，我想教育一定可以温暖人心，教育的本质其实就是对人性的洞察和尊重。

但是，一旦教育以应试和谋生为目标，便会使受教育者的头脑中充满死记硬背的知识，心中充满谋生的焦虑，对于人之所以为人的幸福越来越陌生，距离人性意义上的优秀越来越遥远。一旦教育过于关注孩子的成才、成功，目标所指向的只有输赢，而不会去关心孩子是否成人、成长，是否身心健康、生活幸福。

《弟子规》开篇就说："首孝悌，次谨信；泛爱众，而亲仁；有余力，则学文。"古人尚且知道应该让孩子先学习做人，然后才去学习知识。所以，现代人一定要知道，教育不是"挤牙膏"，而是一个弘扬人性美的过程。

教育的目的不是使人压抑、灭绝人性、情感苍白、功利低俗、扼杀个性、精神分裂。

教育的僵化和功利远去之日，正是人性的归来之时。到那时，我们谛听岁月，就可以听得见人的觉醒；我们回望来时路，就可以看得见生命的打开。

儒家的教育理念是一种和谐的教育模式。它强调仁厚之风的道德约束，重视有教无类的个人培育，体现了一种和而不同的合作精神，以及在此基础上所形成的对于既定信念目标的不懈追求。儒家的这种教育理念塑造了中华民族伟大的民族形象，促进了中国社会的发展和中华民族的进步。

孔子的仁学有两条原则：一是"己欲立而立人，己欲达而达人"；二是"己所不欲，勿施于人"。

另外，儒家教育理念所倡导的不是个人主义，而是对一个集体的责任。这个集体既是家庭，也是国家和社会。

人性中最大的特点就是自由，不喜欢被约束。而人性化教育就是自由的教育，是对孩子心灵的滋养，让孩子能自由发挥自身最大的潜质，自由选择学习和生活的方向，找准自己的人生定位，并为之不断地努力奋斗，从而实现自身的价值。

西点军校不仅是一所享誉中外的军校，而且以其卓越的领导力培养闻名于世。经过数十代人的努力，西点军校已经形成了自己的办学特色，造就了一大批包括格兰特、罗伯特·李、艾森豪威尔、巴顿在内的近四千名将军，被誉为美国将军的"摇篮"。

纵观西点军校的历史，其课程设置、学术标准、管理方式都经历了多次变革，唯一不变的是对学员"责任、荣誉、国家"精神的熔铸和锻造。西点军校较好地解决了纪律与自由这个两难问题，严格纪律管理下培养出了大批崇尚自由、富有个性、具有批判性思维和创造力的卓越人才。

西点军校培养的是"完整的人"而不是"战争机器"，在培养目标上兼顾德、智、军、体等诸多方面，用灵活的纪律替代死板的纪律，体现出

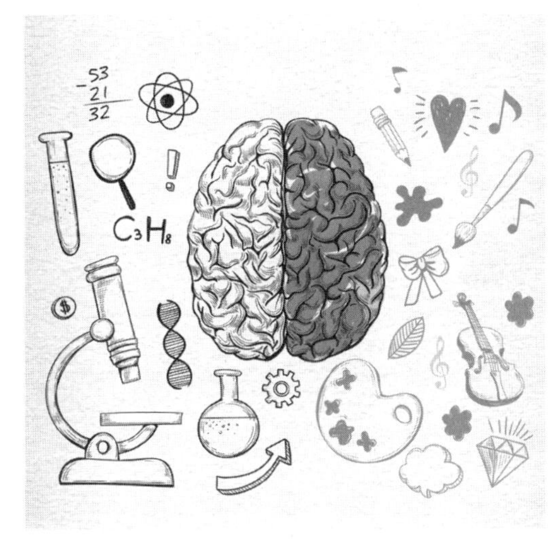


纪律与自由的统一。不同于相对封闭的军队，西点军校实行开放办学，创造条件鼓励学员与外界接触，在自由环境下，通过多样化的沟通交流来培养学员的纪律意识。西点军校打破狭隘的专业限制，坚持通识教育，这促进了学员在自由意志下自觉地、主动地认同纪律，形成服从意识而又避免了机械刻板的教条主义。

墨子的教育思想是艰苦实践、服从纪律，并以“兼士”作为教育和培养的目标。他认为，“兼士”应该具有知识技能、思维论辩和高尚道德三项要求，而其中的道德高尚尤为重要。唯有如此，“兼士”才能以兴天下之利、除天下之害为己任，不分彼此、亲疏、贵贱和贫富。

你的好对别人来说就像一颗糖，吃了就没了；你的坏对别人来说就像一个瘢痕，留下就永久在，这就是人性。

了解人的本性、天性，就是最好的情商教育。

很久很久以前，有一个美丽的花园，花园里种满了苹果树和橘子树，还有美丽的玫瑰……这个花园里的所有存在都很开心、很满足、很完美。

只有一棵小橡树感觉很悲伤，因为这棵小橡树有一个问题：她不知道自己是谁。

苹果树劝说道：“你需要集中注意力。如果愿意的话，你就能生出很多可口的苹果。你看就是这么简单。”

玫瑰花叫着说：“你不要听它的。其实盛开玫瑰花更简单，你看看我们多么美丽啊！”

这棵可怜的小橡树就按照它们的建议去努力，但还是不能像它们一样。每一次尝试以后，它感觉到的是加倍的挫折和伤心。

有一天，花园里飞来一只猫头鹰。当它看到这棵小橡树非常痛苦时，就说：“不用担心，你的问题并不是很严重，只不过和地球上所有的人类一样而已。我给你一个建议，不要把你的生活都浪费在别人的希望之上。

你只需要聆听自己内在的声音，了解你自己，做好你自己。”

说完这些，猫头鹰就飞走了。

这棵绝望的小橡树开始问自己：“我内在的声音？了解我自己？做好我自己？”它捂住自己的耳朵，忽然心扉就打开了，它终于明白了。

最后，它听到了一个内在的声音：“你永远也生不出可口的苹果，因为你不是一棵苹果树。你也不会在春天里开花，因为你不是玫瑰。你是一棵橡树，你的使命是茁壮地成长，然后枝繁叶茂。你的使命是要给鸟儿提供巢穴，给路人提供阴凉，让乡村更美丽。这才是你的使命，好好去做吧！”

于是，这棵小橡树信心十足。它坚定了自己是谁，决心做回它本来的样子。很快，它茁壮地成长起来，绿荫越来越大，也越来越受到尊重和敬仰。

有一首歌是这样唱的：“我就是我，是颜色不一样的烟火。天空海阔，要做最坚强的泡沫。我喜欢我，让蔷薇开出一种结果。孤独的沙漠里，一样盛放得赤裸裸。”

在生命中，我们每个人都有一个使命要去完成，都有一个空间是属于我们自己。所以，不要让任何人和事阻碍我们去了解和分享自己的本性。

苏格兰启蒙哲学家休谟在《人性论》中，把对人性的认识称为“人的科学”。他认为，“人的科学”是所有其他科学唯一可靠的基础，只有先认识自己，然后才能认识自然、哲学、宗教和社会等。

日本著名实业家稻盛和夫说：“自省，只有自省，才能让人头脑清醒。”因为人性总让我们满足于荣耀的桂冠。不幸的是，无论我们在提升自我上有多大的成就，如果不谦卑自省、坚持学习，还是会失去原有的一切。

跨过五十岁的门槛，重新阅读《蒙田随笔》，观照自我、自省人生，常常为蒙田的真诚所感动。此时此刻，我也终于明白了奥地利小说家斯蒂芬·茨威格说过的一句话：“能够欣赏《蒙田随笔》的真正价值，年纪不能太轻，人生阅历与挫折也不能太少。”

《冷皮》是西班牙小说家阿尔韦特·桑切斯·皮尼奥尔的第一部小说。小说讲述了两个人在一座岛上与一群野兽战斗的故事。在这个人性与兽性碰撞的试验场里，作家试图揭露人的强悍与脆弱，以及人在被迫卷入战争之后所爆发出的野性。这是一次对人性深度的重新解读，也是一次对人性的重新认识和反思。

懂得自省，方能自明。只有懂得自省，才能善待他人，才能遇见更好的自己，才能让自己成为生活的智者。

瑞士教育家裴斯泰洛齐，早年受卢梭教育思想的影响，放弃了对神学的研究。从三十八岁开始，他从事一项教育贫苦儿童的计划，让学童一面纺织，一面学习，以培养他们的自立能力。

一位作家曾经告诫自己的儿子："孩子，我要求你读书用功，不是因为我要你跟别人比成绩，而是因为，我希望你将来会拥有选择的权利，选择有意义、有时间的工作，而不是被迫谋生。"

现在的教育像是在"刻模""造人"。德国哲学家卡尔·西奥多·雅斯贝尔斯则认为，教育即生长，读书即成长，这才是一种人性的教育。这里所说的生长、成长，就是个体的自然和天性生长，必要时可以寻求外界的帮助和扶持，最终不断地突破自我、实现自我。

有记者问一位诺贝尔奖获得者："您在哪所大学、哪个实验室学到了您认为最主要的东西呢?"这位白发苍苍的获奖者回答："是在幼儿园。在那里我学会了把自己的东西分一半给小伙伴们；不是自己的东西不要拿；东西要放整齐；吃饭前要洗手；做错了事情要表示歉意；午饭后要休息；要仔细观察周围的大自然。从根本上说，我学到的全部东西就是这些。"这段对话是非常耐人寻味、发人深省的。

克里希那穆提说："教育的目的就是使人活得智慧、道德和幸福。这应当是我们一切教育工作和教育活动的出发点与终极追求。"所以说，"真正的教育，乃是帮助个人，使其成熟、自由，绽放于爱与善良之中"。

一个人、一个社会、一个国家不是在夹缝和转型中前进，就是在逆水中行舟，暴风雨下飞翔，相对安逸的日子不会太多。此时此刻，我们不仅需要勇气和自信，更需要灵魂、人性和精神的反思和支撑。

人性的弱点，其实就是人的天性。如果一个人能驾驭好自己的人性，他的人生就是快乐和幸福的。

鱼儿游水，草木知秋，人有喜怒哀乐、七情六欲，有悲欢离合、贪嗔痴怨，都会有心底里不可触碰的东西，或许是一个人，或许是一件事。

这就是人的本性、人的本能。老虎没有了虎性就不会吃人，人如果没有了人性就会吃人。喜新厌旧、趋利避害，增加自己的快乐，减少自己的痛苦，这是人性之根本。

三百万年漫长的人类历史，依旧遵循从出生到童年、少年到中年、老年到死亡的自然规律。再先进的知识、再科学的理念，依旧遵循从无到有的学习认知规律。人类社会从古至今，无论科技发达到何种程度，一定是人性善恶兼具，好坏各存。

牛顿曾说："我可以计算天体运行的轨道，却无法计算人性的疯狂。"江山易改，本性难移。人性似乎远比科学规律更难捉摸，更难衡量，也是轻易不可改变的。

虽然人性不曾进步过，但是我们可以通过教育去改良和改善。教育的作用不是万能的，但对于这个世界和人类来说，没有教育是万万不能的。某些人性弱点很难用教育去改变，只能用教养去克制，去抵抗，去引导。

只要心中有仁慈，所见皆是光明，所闻皆是善良；如果心中存魔，所见所闻当然都是黑暗和邪恶。

俗话说"明心见性"，明心是发现自己的真心，见性是见到自己本来的真性。

自古以来，人类最大的困惑，就是不了解自身；最困难和最重要的事情，就是认识自己。

我们每个人身上都藏着人性的秘密，都隐藏了一些不易察觉的弱点，但是都可以通过认识自己来认识人性，来改掉缺点。蒙田教导我们要坦然面对人性的平凡，尼采则教育我们要坦然面对人性的复杂。

人生在世，无论"性本善"还是"性本恶"，都包含利己的成分。但是，人决不可以只为自己的利益而活，否则就不会有高尚的道德。人性如果以道德的层次来划分，可以分为以下几个层次：舍己为人是为大善，利人利己是为善，损人利己是为恶，损人不利己是为大恶。以利人之名，行利己之实，是为伪善；以利己之名，行利人之实，是为伪恶。

人性的弱点最容易让人迷失理性，也常常会驱使一个人做出危及自己和他人的行为，所以我们要善于自我反省。

其实，人与人之间最大的区别，并不是智商、情商和逆商，而是反省和反思的能力。因为反省解救了我们人性的弱点，而悟性就是我们不断地反省出来的。

人性可以引导和教化，可以改良和改善，也可以回归和康复。但人性不可解放，一旦彻底解放了人性，则人性之恶无从制约。人性亦不可压抑，压抑人性的结果，只能是积累仇恨、束缚创造。

“善教儿女，为治平之本，而教女尤要。治国平天下之权，女人家操得一大半。”因为今天的女儿就是未来的母亲，而人生的第一位老师就是母亲。

人在幼年时，母亲则常不离左右。母亲怎么说话，怎么做事，孩子时时受到熏陶，不断地看，不断地听，不断地在心里留下印象。时间一久就成为习惯，将来也就按母亲这般去做了。

所以说，一个人的身上有两样东西会一直传承下去：一个是家族的基因；另一个则是母亲的饮食习惯和言行操守。

苏霍姆林斯基有一个关于教育的故事，值得我们深思。

校园的花房里开出了一朵很大的玫瑰花。全校学生都非常惊讶，每天都有许多人前去观看。

一天清晨，苏霍姆林斯基在校园里散步，刚好看到一个小女孩摘下了那朵玫瑰花。他很想知道小女孩为什么摘花。于是，他弯下腰，亲切地问：“孩子，你摘这朵花是要送给谁啊？你能告诉我吗？”

小女孩害羞地说：“奶奶病得很重。我告诉她校园里有这样一朵大玫瑰花，可是她有点不相信。我现在摘下来送给奶奶看。看过以后，我就把玫瑰花送回来。”

听了小女孩天真的回答，苏霍姆林斯基的心颤动了。于是，他牵着小女孩的手，从花房里又摘了两朵玫瑰花，亲切地对小女孩说：“这一朵是奖励给你的——你是一个懂得爱的孩子；这一朵是送给你妈妈的——感谢她养育了你这样的好孩子。”

如果一个人失去了共情、爱人和被爱的能力，失去了对美好事物的感知力，那么其他所有的一切就没有任何意义了。

我国现代教育家夏丏尊说：“教育之没有情感、没有爱，如同池塘里没有水一样。没有了水，就不能称其为池塘。没有爱，就没有教育。”

捷尔任斯基也曾说过：“只有用爱才能教育好学生。”

所以说，人的本性不应该被“管教”所抑制。因为幸福的人生来源于一个有爱的家庭、一个有爱的教育。

人只是一种高级动物而已，所以说人类与动物界并没有天然的鸿沟。我们既具有人性，也具有一定的兽性。

不可否认，低级动物在生存活动中，常常表现出兽性凶悍的一面。但是它们一定也有温存与友好、善良与爱意的一面。

然而，人类的某些行为，简直也可以用“禽兽不如”四个字来形容。在历史和现实中，人类的某些暴行甚至超越了动物的凶残程度。另外，人类历史上战争的残酷和规模更是动物界所没有的。

教育的难度就在于无法区分人性和兽性，所以它既要面对人性，也要面对人的兽性。

教育就是激活人性，激活人的善良品性，而使人性在寰宇中放射出耀眼的光辉。

一位纳粹集中营的幸存者，后来做了美国一所中学的校长。每当有新教师来校任教，他总会给他们写这样一封信：

亲爱的老师：

我是一名从集中营生还的校长。我曾亲眼见到人眼所不应见到的情况：那些毒气室是由学有所长的工程师修建的；那些妇女是被知识渊博的医生们毒死的；那些儿童是被训练有素的护士杀害的。所以，我怀疑教育的作用。

我对你们唯一的请求是：请回到教育的根本，帮助你们的学生成为具有人性的人。你们的努力不应造就学识渊博的怪物，或多才多艺的变态狂，或受过高等教育的屠夫。我始终相信，只有在使孩子们更具有人性之后，读书、写字和算术的能力才具有价值。

是的，教育有其自身的规律和价值追求。所以，我时常告诫自己，也告诫我的同行们：激活、培育、塑造并守护美好人性，是基础教育最核心、最崇高的价值使命和哲学境界。这个认知，是我追求理想教育、实践教育理想的一个基本立足点。

美好人性是人的自然属性、社会属性与精神属性三合为一的整体，其核心内容为科学理性、人文情怀与艺术精神。

美好人性教育包括以下几个方面：一是助学生成人，使其形成人之所以称之为人所应具备的基本知识、基本思想、基本技能、基本品质和基本态度；二是教学生做人，使其处理好自己与自己、自己与组织、自己与社会、自己与自然的关系，在德智体美等方面达到一种和谐的状态；三是促进美好人性的形成，使其激活自然潜能，培育社会潜能，并着力开发学生的精神潜能。

古希腊思想家柏拉图主张心灵美化说。在教育内容上，他主张用体育锻炼身体，用音乐陶冶心灵，并在《理想国》中指出："教育应当包括两个方面：一方面是身体的教育，即体育；另一方面是心灵的教育，即艺术教育。"在教育制度上，他主张青少年应从小开始进行系统教育，并根据各个年龄段安排不同的教育内容。

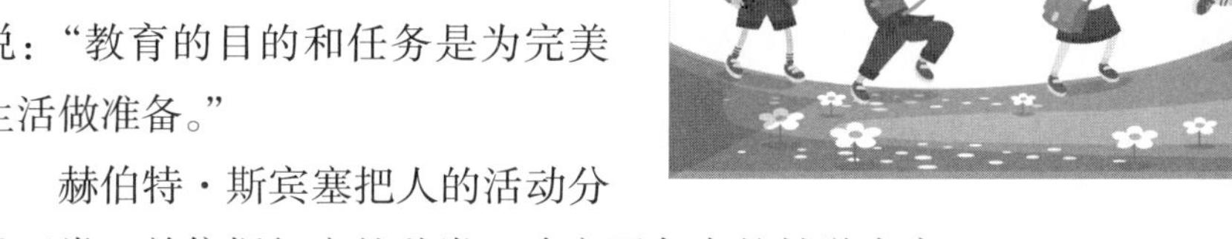

英国哲学家赫伯特·斯宾塞认为，长期以来的教育误区，就是把教育仅仅看作是在严肃教室中的苦行僧生活，而忽视了对孩子来说更有意义的自然教育和自助教育。他说："教育的目的和任务是为完美生活做准备。"

赫伯特·斯宾塞把人的活动分成五类，并依据相应的种类，确定了各自的教学内容：

一是直接保全自己的活动，包括对解剖学、生理学及卫生学的了解。

二是获得生活资料，间接保全自己的活动，包括掌握读、写、算等基本技巧；掌握几何学、物理学、化学、天文学、地质学、生物学、社会科学，以及外国语知识等。

三是种族保存和教养子女的活动，包括对生理学、心理学和教育学的研究。

四是履行社会义务的活动。

五是满足兴趣爱好和情感需要的休闲活动。

人文教育的目的在于促进学生人性境界的提升、理想人格的塑造，其实质是人性教育，其核心是涵养人文精神。

人文教育最常见的有三种：一是人文主义教育；二是人文学科教育；三是“成人”教育。

人文主义教育倡导的是以人为中心，歌颂人的价值和力量，追求自由平等和个性解放，以培养身心健康、知识广博、多才多艺的新人为教育理想，并据此进行人文教育的革新。

早期的人文学科教育更加重视人的心智训练和情感陶冶，不以培养专家为目的。这种教育在中国古代礼、乐、射、御、书、数的“六艺”教育和希腊逻辑、语法、修辞、数学、几何、天文、音乐的“七艺”教育中就已有一些体现。

“成人”教育则以全人教育为理念，力求通过德、智、体、美、劳等多方面的教育培养一个个“完整的人”，而不是“半个人”或“机器人”，强调给人以广博的训练，而不仅仅是专业的训练。

捷克教育家扬·阿姆斯·夸美纽斯早就指出：“假如要形成一个人，就必须由教育去形成。”

德国哲学家列奥·施特劳斯在《什么是人文教育》一文中说：“人文教育就是仔细阅读伟大心灵留下的伟大著作。”

所以说，人性的教育，就是要求人们相信自己、激励自己、磨砺自己、完善自己，就是要求人们善待自己、善待他人、善待社会、善待自然，还要善待我们今天赖以生存的环境，充分理解人生的意义，并升华人生的意义和生命的价值。

人活着，要有底气，要有勇气，要有信心，更要有一颗善心。不管什么时候，都要如此。

因为人性最好的教养，就是对善良的尊重。

莎士比亚说：“善良的心地，就是黄金。”

吸引力法则的创始人马尔福德曾经说过，宇宙中所有“善”的事物都彼此吸引，例如善良、美丽、健康和力量……想要成为一个健康的人，首先要做一个人格上完善的人。

当我们一步一步地去完善自己，就一定会在未来的某个路口遇到那个满意的自己！

电影《奇迹男孩》中有一句台词，值得我们深思。“如果要在正确和善良之间做出选择，请务必选择善良。”

是的，在这个世界上，我们可以一无所有，但不能出卖善良；我们可以混沌不安，但不能忘记善良；我们可以偶尔犯错，但不能利用善良。

善良绝对不是一件可有可无的华丽衣衫，而是我们灵魂深处的一盏心灯，在每一个时刻都能熠熠生辉。

网络平台中有一个善良流浪汉的故事，赢得了众多网友的喜爱。

在视频中，一个男子向流浪汉询问，有没有见过自己的女儿。大约两天前，在逛街的时候，他与自己的女儿走散了。

流浪汉说没有见过，男子正欲离开，却被流浪汉喊住。

原来，流浪汉想让男子把写着寻人启事的纸给他，他会帮其寻找女儿。

男子为表感谢，给了流浪汉几美元，让他去买点吃的。

男子走后，一小时，两小时……流浪汉一直没有去买吃的。

直至晚上十点半，他一直保持着一个姿势：蹲在地上，双手举着那张寻人启事的纸。

后来，男子回来了。流浪汉表示，自己举着寻人启事，希望能帮他找到女儿。

流浪汉说：“相比得到什么，我更希望能帮助别人。因为我知道孤独的滋味，希望您的女儿早日回家。”

后来，在得知男子只是在录制视频，女儿并没有走失之后，流浪汉沉默了许久，竟然忍不住大哭起来。

他说：“不希望自己的家人看到这个视频，因为没有人知道我在流浪。”

拍摄视频的男子心生愧疚，再三对流浪汉表示歉意。

我始终坚信，念念不忘，必有回响。因为你的善良，就是你的智慧。

教育可以塑造人性，正如柏拉图在《理想国》中所说："节奏与和谐进入了人的灵魂深处，它们同灵魂融为一体，赋予人以美德，使他们成为有教养的人。"

要知道，在希腊文中，"学校"一词的意思就是闲暇。在希腊的教育家看来，学生必须拥有充裕的时间去体验和沉思。只有这样，才能自由地发展心智、培养人性、提升素养。

不管是生存，还是生活，不管是享受，还是挣扎，这个世界上的人类应将内心的世界扫净，让和平、公义、仁慈和博爱的基石重新奠定；让人类赖以生存的美好家园多一点人性和仁行，少一点兽性和兽行；让这个世界多一点关爱和温暖，少一点阴暗和寒冷。

## 第二章　人的完整性

一个“完整的人”，不仅包括身体，更要包括精神。我们要吸收各种营养，争取做一个“完整的人”，而不是做那种有缺陷的“半个人”。

瑞士心理学家卡尔·古斯塔夫·荣格说过这样一句话：“与其做一个好人，我宁愿做一个完整的人。”

要知道，在这个世界上，没有完美的人，只有一个个“完整的人”。

德国著名的社会理论家阿克塞尔·霍耐特对人的完整性有一个比较精辟的论述。他认为，要从以下三个方面去完成人的完整性发展：一是自身身体的完整与内心情感的统一；二是个体所具有的权力与应该担负的责任两者的统一；三是自爱与爱社会的统一。

教育是什么？《孟子·尽心上》中说：“得天下英才而教育之，三乐也。”《说文解字》中说：“教，上所施下所效；育，养子使作善也。”意思是说，教育就是教师教导，学生仿效，除了让学生学会知识、技能，还有更多、更重要的是，通过对人们生活、思想、道德、人性等的教化，使人一心向善，“顺其善而教”“长善而救其失”。

英国教育家赫伯特·斯宾塞说：“教育为未来生活之准备。”美国教育家约翰·杜威也说：“教育即生活。”

孔子非常重视教育，认为“大学之道，在明明德，在亲民，在止于至善”。他把教育和人口、财富作为立国的三大要素，认为老百姓应该接受教育。因为知识和道德都是要靠学习培养出来的。

教育的本质是教书育人，教书是表象，育人才是本质。

教育是一个如沐春风、教化于人的过程，是一个提高人的综合素质的实践活动。“教”是言传身教，传道授业解惑；“育”是春风化人，培养人格。

杨绛先生曾经说过：“我体会，好的教育首先是启发人的学习兴趣、学习的自觉性，培养人的上进心，引导人们好学和不断完善自己。要让学生在不知不觉中受教育，让他们潜移默化。这方面榜样的作用很重要，言传不如身教。”

教育的过程开始于一个人的出生并持续终身，可以对人产生持久而深刻的变化。有些人甚至认为，教育可以开始得更早些。所以，有的父母通过外部的言语和音乐对子宫里的胎儿进行胎教，希望给孩子以积极的、健康的发展。

所以说，“教育应是一扇门，推开它，满是阳光和鲜花，它能给小孩子带来自信和快乐”。

教育的目的是什么？我想，就是培养人才、传播知识；就是教导启发、明白道理；就是要把受教育者培养成社会需要的、真正的人；就是“修身、齐家、治国、平天下”。

美国教育大师艾尔弗雷德·诺思·怀特海在《教育的目的》一书中指出，学生是有血有肉的人，教育的目的是为了激发和引导他们的自我发展之路。也就是说，教育应该是创造条件，促使学生与外界相互作用，使认知结构不断成熟和发展，使受教育者建立起属于自己的独立人格，使其具有判断能力和思考能力。

德国著名教育家斯普朗格曾说过：“教育的最终目的不是传授已有的东西，而是要把人的创造力诱导出来，将生命感、价值感唤醒。”

马克思也说过：“教育绝非单纯的文化传递，教育之为教育，正是在于它是一种人格心灵的唤醒。因此，教育的核心所在就是唤醒。”

我想，唤醒学生生命中的灵性和欲求，让每个生命都能感受到自己的成长，这才是教育的真正意义。

真正的教育是一种心心相印，是一种信仰和修行，是一种对人的成全，而不是压迫。

我认为，真正的教育就是一种信仰，就像柏拉图著名的“洞穴之喻”所阐明的一样——它让你挣脱心灵的枷锁，实现灵魂上的自由和解放，获得重生。

但在信仰缺失的前提下，我们能不能教给学生向善，能不能带给学生希望和尊重，能不能让学生获得平静和重生，这是一个值得思考的大问题。

德国哲学家雅斯贝尔斯在《什么是教育》中说：“教育必须有信仰，没有信仰就不成其为教育，而只是教学的技术而已。”因为科学教人“知”，哲学教人“思”，信仰则教人“信”。“知”有限，“思”也有涯，最终我们都要通往那个终点，相信那个最根本的东西，因为真理就在那儿。

“要给学生心灵埋下真善美的种子，引导学生扣好人生第一粒扣子。”我想，这就是中国教育的信仰。

教育的过程绝对不是给学生“灌满一桶水”，而是为学生“点燃一把火”。因为在孩子的心中存在着三个非常重要的火种：第一个火种就是孩子的天赋；第二个火种就是性格；第三个火种就是责任感。

我一直不敢妄言中国教育，也一直不想触碰这个命题。但我一直认为，只有反思和觉悟，才会有进步和成长。

教育最基本的目标就是启蒙，而一个真正被启蒙的人是有理性和智慧的。

一个“完整的人”主要表现在：一是拥有健全的体魄和健康的心理，有强烈的求知欲，善于学习；二是具有崇尚自由和独立、善于审美、坚持公平与正义

等人文素养，拥有崇尚理性、认同多元、强调实践和重视客观事实等科学精神；三是具备履行公民权利与义务的品格与能力，以及为国家、为社会担当的责任意识、责任能力；四是正确认识自我、社会和世界的关系，能在本体论、认识论和价值论中正确辨析“天、人、物、我”的关系。

有人认为，一个“完整的人”，应该拥有完整的智慧。它包括四个部分：一是有才智，能正确地做事；二是正义，能公平处理公事和私事；三是坚韧，应不避困难与艰险；四是节制，要压抑欲望、淡泊自持。

培养“完整的人”，我们应该更多关注建立良好、平等、和谐的人际关系，更多关注培育人的情感、审美、创造力等方面的潜能。

所以，“理智”这两个字常常要分开来讲。理，即是分清是非曲直，明白道理；智，就是战胜自己，控制自己的感情，保持大脑的冷静清醒。

我们应该做一个聪明的老实人，而不应该做一个虚伪的精明人，更不应该做一个失去人性的狡猾人。常言道：“失败最惨的人，有很多是精明过头的人。”要切记，精明绝对不是聪明，狡猾更不是聪明。

接受教育的终极目的是什么？有人说是学习文化，获取知识，掌握生产技能，但我想，更加基础和重要的是启蒙，以及启蒙之后文明意识的确立。启蒙的第一步就是回归常识。我们应该清楚地认识到，文化知识和生产技能与启蒙、文明有着本质的区别。一个掌握了丰富知识的人，很可能是一个没有启蒙的人，因而也是一个没有跨入文明门槛的人。有知识的人不一定是人才，而有创造能力的人一定是人才。然而，在我们的学校里，常常是教会了数理化，却丢掉了情商。

曾任耶鲁大学校长二十年之久的理查德·莱文说过：“真正的教育不传授任何知识和技能，却能令人胜任任何学科和职业，这才是真正的教育。”“如果一个学生从耶鲁大学毕业后，居然拥有了某种很专业的知识和技能，这是耶鲁教育最大的失败。”

他还坚持认为：“耶鲁致力于领袖人物的培养，本科教育的核心是通识，是培养学生批判性独立思考的能力，并为终身学习打下基础。”

教育的重要目的之一，应是培养国民的公民意识、公共道德、公共责任、民主素养、法治观念、人文精神、强健体魄，以及思考、判断与创新能力等，充分尊重每一个学生的个性和人格尊严，把人的创造力量和人性善良诱导出来，而不仅仅是传授已有的东西。

人的创新能力从哪里来？我想是从思考中得到的。因为人一旦思考了，就可以产生智慧，而智慧能产生创新能力。所以，人的创新能力是由智慧产生的，没有智慧的人就没有创新能力。

在日常生活中，有些国人的行为足以说明这是一个尚未启蒙的民族，而代表一个社会未来的少年儿童是否具有最基本的文明意识，则关系到国家自信和国家素养。

我们倡导了这么多年的素质教育，不是没有人听，也不是没有人做，只是大家都心知肚明素质教育的代价。

近二十年，教育部门就先后十次提出要减轻学生负担，但是学生的负担还是越来越重。

正如教育家裴斯泰洛齐所说："请你想想，时代在进步，五十年来，一切都变化了，学校还依然故我。这哪能培养出现代的人才？哪能适合时代的需要？"

十年树木，百年树人。教育的根本价值，就是给国家提供具有崇高信仰、道德高尚、诚实守法、技艺精湛、博学多才和多专多能的人才，为国、为家、为社会创造更多的科学知识和物质财富，以推动经济的增长，推动民族的兴旺，推动世界的和平和人类的发展。

作家林达在《我也有一个梦想》书中曾感慨："教育，就是帮助一个孩子在未来的生活中，更成功地寻求自己的幸福，而不是为社会机器塑造一个合适的螺丝钉。一旦成了螺丝钉，又有谁会关心'它们'的幸福呢？"

教育的过程，就是一个增长知识、增加技能、锻炼体能、明智晓礼、理解他人、发展智力和影响思想的历程。所以说，教育讲究的是，一朵云推动另一朵云，一棵树摇动另一棵树，一个灵魂唤醒另一个灵魂。

学校教育具有阶段性，而每一个阶段的学习重点和培养目标各有侧重：

三岁之前：培养内在秩序，培养目标以专注为本。

三至九岁：植入情理原则，培养目标以兴趣为本。

九至十二岁：植入逻辑思维，培养目标以准确为本。

十二至十八岁：扩充放大形式，培养目标以领悟为本。

十八至二十一岁：注入创新动力，培养目标以践行为本。

亚里士多德认为，七岁前的教育应以体育为主，要及时地引导儿童做些适宜于肢体发育的各种活动。儿童自幼养成耐寒的习性，很有必要；儿童习惯于寒冷，不仅可以促进其体格健壮，而且可为其长大成人后进入社会做好准备。五岁前的儿童的主要活动是游戏和听故事，此时不可教儿童任何功课，以免妨碍其身体的正常发育。

教育，不仅要教会学生书本上的理论知识，更要培植学生成为适应社会的全面发展的人，让他们成为一个散发着人性光芒、道德光芒、才学光芒和具有综合素养的“完整的人”。这才是教育的真正价值和意义之所在。

而事实上，现在的应试教育，更多的是为读书而读书，为考试而学习。高分是目标，成绩是准绳；获奖是通行证，证书是敲门砖。学生争得天昏地暗，家长急得心力交瘁，但依然一往无前、一如既往，千军万马就要过这高考的独木桥。然而，其结果并不乐观，高分低能、高分庸才者比比皆是。

应该这样说，教育方法决定孩子的一生，但中国父母与美国父母的教育方法截然不同。

一个中国家庭外出游玩，来到了一片海滩上。正值椰子成熟之时，小孩想吃椰子，就跟妈妈说：“妈妈，我想吃椰子。”“好，我这就去给你买。”妈妈说。

这个中国家庭旁边刚好有一个美国家庭，他们的孩子也向妈妈要椰子吃。美国妈妈对孩子说：“你想要吃椰子，可以，不过你要先背三篇课文才可以吃椰子，亲爱的。”“好的，妈妈，我这就去拿书来。”话音刚落，美国小孩就拿起书读了起来。

时间过得很快，美国小孩背完了书。他妈妈就让他如愿以偿地吃到了椰子。

中国小孩吃完椰子，看到一望无际的大海，又想去游泳了。

“爸爸，我想游泳，可我没带游泳圈和游泳裤。”中国小孩说。“我去给你买，你在这里等着，不要乱跑。”中国父亲说。几分钟后，中国小孩换上泳裤，带上游泳圈，开始在海中开心地玩耍了。

旁边的美国孩子看见中国小孩去游泳了，也想去游泳，便对爸爸说：“我的泳裤呢？”“这是你自己的东西，要自己管好。”爸爸说。“哦，我去找找。”美国孩子说。几分钟后，美国小孩穿上泳裤出场了。“爸爸，我去游泳了！”小孩大叫。“哦，注意安全！”爸爸说。

中国父母不管孩子要什么都会给他，可美国父母不会像中国父母一样，孩了想要什么就给什么，一定要用劳动来换取。

从教育规律和人才成长规律来看，应试教育在认识上存在着一些误区。

我们忽视了对大多数学生的培养，只为少数人服务。片面强调和追求升学率，必将牺牲大多数学生的利益，从而使基础教育成为面向少数人的教育。

我们在教育内容上只重视知识传授，忽视了德育、体育、美育和生产劳动教育，忽视了能力与心理素质的培养。它所追求的是片面发展，而不是全面发展。

现代应试教育的弊端有很多，主要包括精英教育与大众教育的对立；教育未能解决人的信仰和情感问题；应试教育和社会功利性导致精神层面的缺失；家庭教育中家长的专制和针对学生的家庭暴力；学校教育对学生个性的扼杀；学习不能与劳动相结合，反而与考试相结合等等。

作为教师，不仅要教授学生实用性的知识，提升学习成绩，更应该教会他们如何做人。这才是教育赋予教师的光荣而伟大的使命。

如果站在人类可持续发展的角度来说，人的全面发展才是我们教育的根本任务之所在。曾任北京大学校长的蔡元培先生曾经说过：“教育者，养成人性之事业也。”因此，教育的本身远不只收获多少知识、掌握多少技能，而是一项关乎人性培养的事业。

人工智能，聪明过人；网络信息，知识过人；电脑反应，敏捷过人。如果仅仅是拼知识，人类已经彻底输了。

教育不仅是传授人以知识，更重要的是提高个人的修养，增强我们对生命的感受力，从而更好地认知自我，并且不断地提升自己。教育于己是助人随性；教育于人是相互融通。

当今社会，什么都可以浮躁，唯独教育不可以。因为只有教育才会让中国的孩子们明白什么是社会良心的底线；只有教育才会让中国的孩子们认知自己，掌握自己的人生。

从本质上讲，素质教育是指以提高全民族素质为宗旨的教育，以面向全体学生、全面提高学生的基本素质为根本目的，以注重开发受教育者的潜能，促进受教育者德智体美诸方面综合发展为基本特征的教育。

现在的学校教育其实就是一条“流水线”。教师不过是这条“流水线”上的操作者，而我们的学生从初等教育到高等教育，只不过是从学校的“流水线”上下来了，剩下的就要看自己了。遗憾的是，不少毕业于名牌大学的学生，一到用人单位，便什么都不会，什么也不能，待人接物和人际沟通出现障碍，甚至连基本的生活自理能力都没有。

据媒体报道，有一个大学毕业生找不到工作，蜷缩在家十五年，最后活活饿死。当下还有无数的“啃老族”，读书时还不错，毕业了万事不行，不能自立。看到这些报道，真是让人唏嘘感慨。

所以说，目前的学校就是将人在知识“流水线”上加工一遍，使之被“制造”成能通过考试，或者毕业后能胜任某种工作的一颗螺丝钉，而完全缺乏对自身潜力的认识和发挥，更缺乏让自己与整体社会良性互动的意识。

如果说高分只是让人学会了某种知识和技能的话，那么真正的教育功效却并未得到完整的彰显。

“千教万教教人学真，千学万学学做真人。”教育家陶行知先生提出的这十六个字，道出了教育的真谛。他曾经说过：“先生的责任不在教，而在教学，而在教学生学。需要什么就教什么，谁需要就教谁，怎样学就怎样教。”

只有书本知识的教育，而没有综合素质的培养，都是残缺的教育。我们应当以完整的教育，去培养“完整的人”。教育不只是教书本知识，更是教人学会生存、学会生活，做一个完整的社会人。

陶行知先生还有一句话是这样说的：“生活即教育，社会即学校。”这句话大大拓展了教育的广度和宽度。

当下中国教育的公平性没有问题，但在一定程度上，我们的教育体系步入了误区，走入了盲点。有人曾经说过，现在的教育就是在培养奴隶，这话或许有些过。但中国学生的顺从与依赖，生活自理能力差，个性彰显不足，动手能力和创造能力弱，也是客观的事实。

面对纷繁复杂和不断进步的社会，教育就是要给学生以美好和灵性。通过教育就能让他们挣脱锁链，勇敢地面对现实、面对困难，勇于担当、勇于直面，并对家庭、生活、国家和民族有强烈的责任感和道德感。

在日常生活中，有的人由于“德”之教育的缺失，导致思想残缺、道德缺钙、灵魂软弱，不能很好地按照社会道德来规范自己的言行，最终导致一些出格、违法事情的发生。

正因为人有缺陷和缺点，才需要教育。因为教育的目的就是要修复不健全的性格，修补不健康的心理，做一个健康的、有血有肉的“完整的人”。

心理健康应该包括人的生理状态、心理状态及社会适应性方面的完美状态。我们要教育学生端正“三观”，去坦然面对一切困苦，做一个能够认识自己、悦纳自己和控制自己的人。

尼采曾经说过，人生有三重境界：骆驼、狮子和婴儿。第一重境界是骆驼，忍辱负重，被动地听命于别人或命运的安排；第二重境界是狮子，把被动变成主动，担负起人生的责任；第三重境界是婴儿，活在当下，享受现在的一切。

可以这样说，考试！考试！考试！是老师的法宝；分数！分数！分数！是学生的命根。目前，学生对于考试真是既怕又恨，可又离不开它。

有人要问：“是谁发明了考试？”最初考试的目的仅仅是为了检测学生的学习情况。到了隋朝，创建了科举制度，选择贤能之士委以重任，以造福四方。古人曰：“十年寒窗无人问，一举成名天下闻。”于是读书人为了求取功名，终年埋头苦读。

时代在变，考试不变。一千多年来，考试制度越来越完善了。应该说“胜者为王，败者为寇”体现得最淋漓尽致的地方，便是考场。

现在的课堂上，老师讲课是为了配合考试，“考到的教，不考的不教”；学生终日沉浸在书本中是为了应付考试，“考到的学，不考的不学”。这似乎违背了考试的意愿，更违背了教育的真谛。

我想，教育的两只眼睛不能再全部停留在分数上，应该用一只眼睛，来关注学生的综合素质和心理健康。因为现在的学生要面对未来，而未来对人才的要求是全方位的，所要求的是充满生机活力且德才兼备的健康人才。

我们要相信，一个完整的、健全的人，比一个高分的人更有存在的价值。同时，“一个人”对社会和未来的作用一定比“半个人”更大。

达·芬奇是意大利文艺复兴时期最伟大、最著名的巨匠。他不仅是一位天才画家，而且是一位大数学家、科学家、力学家和工程师，是一位多才多艺、全面发展的人。

我国古代的墨子，既是战国时期著名的思想家、文学家，又是一位伟大的科学家。张衡是我国东汉时期伟大的天文学家、数学家、发明家、地理学家和文学家，与司马相如、扬雄、班固并称“汉赋四大家”。近代的林徽因，既是美国宾夕法尼亚大学毕业的美术家和建筑家，又是中国近代有名的诗人。

美国著名职业规划专家戴尔·卡耐基曾指出，一个人在社会上是否成功，专业知识的作用只占15%，而交际能力却占85%。在我们的教育中，所培养出来的孩子有不少是不善交际、不会交际，甚至害怕交际的。

在《演讲与口才》中有一篇文章，说当年闻名大江南北的“东方神童”魏永康从中科院肄业回到老家。看一下他的履历，的确是一个神童。他两岁就能掌握一千多个汉字，四岁达到初中文化程度，八岁跳级到县属重点中学，十三岁又以高分考进湖南湘潭大学物理系，十七岁考入中科院高能物理研究所硕博连读。但是我们看到他的成长之路上，存在严重的缺憾。据调查，在魏永康的生活中，除了学习还是学习，没有伙伴，也没有玩具。更严重的是，他的社会交际能力极端低下。据了解，他与人交往的方式仅仅是一句话——“你好”，一个动作——握手。

如今的大学生都伴随着十二年应试教育的经历。与其说是经历，不如说这些人被迫“享受”了应试教育十二年的摧残。现在的孩子无法反抗，只能无奈地被动接受。没有假期，成堆的作业，没有主动学习的机会，这依然是当下所有孩子的噩梦。

我们要清楚这一点，人文素养是长期的、隐性的，而成绩是短期的、可测的，现实中往往是置人文素养于鸡肋的地位。

现在的孩子个性都很突出，比起他们的父母辈，接受新知识的能力更强，探求新知识的欲望也更强。每个孩子都有自己的想法，有自己的观点，也有自己的主张。在这个崇尚个性的时代，应该引导孩子正确面对社会的复杂变化，应该让孩子有一个健康的成长心态。我想，无论是学习还是做人，健康的、全面的发展才是最重要的。

一个人如果身体有了缺陷，确实非常遗憾。但是人生总是不完美的，最重要的是我们应该如何去面对。海伦·凯勒一生盲聋哑，却是智慧的一生、奋斗的一生、成就的一生、奉献的一生。张海迪五岁时高位截瘫，但是她身残志坚、勤奋学习、热心助人，被誉为“当代保尔”。比起那些拥有完整身体的所谓健康人，她们的残疾之身反而显得更加完整、更加高贵。

贝多芬失聪而作《命运》交响曲，霍金以萎缩之身而作《时间简史》，孙膑受刖刑黥面而著《孙膑兵法》……然而，那些虽然身体无残疾，但是没有作为的人，才是真正的不完整。

如果一个人的身心不是独立的，那么他的生活只能是他人生活的一部分。同样的道理，如果一个人的学习不是独立的，那么他的学习只能是他人学习的一部分。一个人最好的样子，就是学会独立。

当一个青年人独立了，放弃了依赖性的时候，真正为自己负责的时候，他就会变得无比强大。要知道，养成独立生活的习惯，是我们走向成功的第一步。

有一位美籍华人为了十六岁的儿子能够成才，狠下心来，送他到一所

远离住处却十分有名的学校去念书。那个稚气未脱的小伙子每天都需要转三站公共汽车，换两次地铁，穿越纽约最豪华和最肮脏的两个街区，历时三个多小时。而纽约的地铁又是世界上最乱、最不安全的地方之一。

那位美籍华人始终认为，在人生的旅途上，每个人都要经过这一关，都要穿越这样的危险地带，否则就难以在这错综复杂、险象环生的环境中生存下去。他告诉儿子，比起上学的这段路，人生的道路更危险。因为人生只有去，没有回，走的是一条单行线，买的是一张单程票。每一步跨出去都是自己不曾熟悉的道路，若稍有不慎，整个人生都将遭到打击或挫折。所以，他在给儿子的信中语重心长地写道："年轻人，你渐渐会发现，当你一个人独行的时候，会变得格外聪明，当你离开父母的时候，你才会知道父亲是对的。"

我在网络上看到过这样一则新闻：有一个小男孩，父亲早亡，母亲瘫痪，他从三岁开始就学会了照顾自己，四岁照顾妈妈，六岁后就没有哭过。我为这份独立坚强而含泪点赞，也为人性的伟大而欢欣鼓舞。

陶行知先生认为，一个人要有健康的身体，要做八十岁的青年，不做十八岁的老翁。人还要有独立之思想，要有正确的是非判断能力，而不是人云亦云，丢失了自我，迷失了人性。

研究表明，三岁之前是孩子性格形成的关键期，甚至决定了孩子今后80%的性格特点。因此，便有了"三岁看大，七岁看老"的说法。对于孩子独立人格的培养，美国家长的做法往往能给我们带来巨大的冲击和深刻的启发。

例如，同一个问题，中、西方的家长可能会有截然不同的回答。当孩子问及"爸爸，我们家有钱吗"之类的问题时，美国的爸爸是这样回答的："我有钱，但是你没有。因为我付出了劳动，我通过自己的奋斗积累了财富。"同样的问题如果放到中国的家长身上，孩子更有可能听到这样的答案："我们家很有钱，这些钱以后都是你的。"

我们要用学到的知识来指导生活，然后再以生活来印证理论。因为知识来自生活，必须回归生活去接受再次考验。

二十世纪九十年代，英国的大卫·巴克教授对饥荒时期的两万多名孕妇的营养状况进行研究时发现，在孕期营养缺乏的孕妇所生育的后代中，心血管病、糖代谢异常、高血压、中心性肥胖和血脂异常等一系列代谢性疾病的发病率明显高于其他人群。他首先提出了都哈学说，即健康与疾病发展的起源学说，其主要内容就是人类成年期一些疾病的发生和青春期的行为问题，与胎儿时期的营养及发育不良有关。

这个“生命最初一千天”理论，其实就是古人所说的“三岁看老”。三岁之前的婴幼儿，对所经历的事情会像海绵一样加以吸收，是一个人身体发育成熟、大脑发育的关键时期，影响着新生儿对子宫内环境的记忆和出生后对外界环境的应对。

这个时期，也是一个人初次习惯养成、性格形成和能力培养的关键期。因为三岁之前婴幼儿的脑子里面是空白的，这个时期是学习、模仿能力最强的时候。并且一旦养成习惯后，将来是很难改变的。所以，在这个关键时期，一定要培养孩子养成各种良好的习惯，这样孩子将终身受益。

我想，一个完整的自己更应该注重以下两件大事。

一是精神世界的富足。我们要学会接纳自己、认识自己，发现生活的乐趣，探索未知的自己。另外，我们在一生中，至少应该去发现一件有趣的事情，并乐在其中、愿意坚持下去，自己也会慢慢地变成一个有趣的人。

二是人格品质的健全。面对各种利益和诱惑，每个人都会有私心。人性的闪光点和残缺面在每个人身上都存在着，我们唯一能做的，就是看清自己人性中的不完整，把尽量少的恶意投射给身边的人。

1931年，爱因斯坦在美国加利福尼亚理工学院演讲时说了这样一段话：“用专业知识教育人是不够的。通过专业教育，他可以成为一种有用的机器，但是不能成为一个和谐发展的人。要使学生对生命的价值有所理解并产生热烈的感情，那是最基本的。他必须对生活中的美和道德上的善有鲜明的辨别力。否则，他和他的专业知识就更像一只受过很好训练的狗，而不像一个和谐发展的人。”

由此可见，全面的教育是形成合理知识结构和塑造全面人格结构的重要途径，而教育的最终目的就是塑造全面发展的人。

应该这样说，在现今的教育焦虑问题上，家长们的困境是共通的。

不少家长选择学区房，目的就是想让孩子进入好的学校，接受好的教育。但是，现实常常是事与愿违。一些明显“赢在起跑线上”的孩子，中途却因各种各样的原因偏离了人生的目标。之所以会出现这样的情况，主要是我们忽视了对孩子的人格培养，缺少亲情陪伴和常识教育，缺少家庭温暖和家庭训导。再好的成绩、再多的证书，都只会让天平更加倾斜，剧场效应更加明显，终致全线溃堤。

知识很重要，但是在日常生活中，常识性东西更重要。

我在网络上看到过这样一个故事：一天傍晚，一对小夫妻带着小狗去河边散步。因为顽皮，小狗一不小心掉进了河里。妻子赶忙跳进河里去救小狗，丈夫见状也忙着跳进河里去救妻子和小狗。悲剧就这样发生在这对没有常识的小夫妻身上，最后的结果是小夫妻双双溺亡，而那条小狗却自己游上岸，抖抖身上的毛，头也不回地走了。

由此可见，没有常识是多么可怕的一件事啊！人可以没有知识，但是不能没有常识。我们在学习的过程中，如果只注重知识，把最普通的常识都淡忘了，那么我们所学的知识都是空洞的、没有根基的，也是没有用的。按理说，常识也是知识的一部分，可是我们中的许多人很有知识，而且很多人还在为应对考试而学习更多的知识，却忽视了对常识的了解。

所以，学校不要只是一味地注重教授书本知识，应该多让孩子走进大自然，多了解他们本该知道的常识，并让知识在常识的基础上得到升华。

对于孩子来说，更急切、更重要的，是生存常识的教育。

2009年，教育进展国际评估组织的一项调查结果显示，在全球二十一个受调查的国家中，中国孩子的计算能力排名第一，想象力排名倒数第一，创造力排名倒数第五。

有资料显示，中国学生的应试能力非常强，知识点背得非常多，但灵活运用到实际中的能力却非常差，过于死板，过于死记硬背，而不会变通。

这种灌输式的应试教育，其目的就是为了满足学生升学的需要。这在一定程度上固然适应了我国人口大国的基本国情，使得教育选拔相对公平，寒门也能出贵子。但是也出现了“重成绩、轻德育”“重考试、轻实践”的现代教育难题。

众多学校喊着素质教育的口号，却依然把升学率看成生命线。这似乎变成了学校教育的一个潜规则、一条铁律，所做的一切都是为了升学率。他们认为，只有这样，家长才会开心、老师才会安心、学校才会放心。其实，过分重视升学率，就是忽略了学生真正意义上的全面健康发展，更是遗忘了教育立德树人的本质。

更要引起重视的是，现在并不是高分低能这样的小问题了，而是已经演变成了高学历低素质的大问题。

什么是好的教育？从教育心理学上讲，好的教育就是以孩子为中心，就是全人教育、通识教育，即以促进学生认知素质、情意素质全面发展和自我实现为教学目标的教育。基于这样的理论，真正的教育应该使学生成为一个有道德、有知识、有能力、和谐发展的“全人”“完人”和“通才”，而不是只看学业成绩和获奖证书。

通识教育的思想源远流长。《易经》主张“君子多识前言往行，以畜其德”；《中庸》主张，做学问应“博学之、审问之、慎思之、明辨之、笃行之”。古人一贯认为，博学多识者就是一个“通人”，也就是我们现在所说的“全人”。《论衡》中也说“博览古今为通人”“通人胸中怀百家之言”。通识教育可产生通才，即博览群书，知自然人文，知古今之事。博学多识，通权达变，通情达理，融会贯通，这些兼备多种才能的人比专才更有价值。

由十九世纪英国著名教育家马修·阿诺德倡导的通识教育影响广泛，备受关注，逐渐受到许多世界知名大学的认同。例如，较早开展自由教育的耶鲁大学倡导学生选修人文艺术课程；哈佛大学则极力打造通识核心课程，在教育计划中倡导文理交叉；北京大学的通识教育文库与芝加哥大学的名著课程计划在通识教育中有异曲同工之妙，都试图把全人类的文明经典介绍给学生。这些大学在通识教育中，试图增加学生知识的广度与深度，拓展学生的视野，使学生兼备人文素养与科学素养，把学生培养成全面发展的人。

通识教育的目标是要培养富有责任感、有教养的公民，主要是能力的培养，包括有效思考能力、逻辑推理能力、关系理解能力、想象力、清晰沟通能力、正确判断能力和对多种价值观的识别选择能力。而这些能力的培养，需要人文、社会和自然科学三大知识领域整合性的学习。

古希腊倡导的博雅教育，就是现在所说的通才教育、通识教育、人文教育、文科教育和素质教育，旨在培养具有广博知识和优雅气质的人，让学生摆脱庸俗、唤醒卓异。其所成就的，不是没有灵魂的行业专家，而是成为一个有文化的人。

英国思想家约翰·密尔对博雅教育的总结最为精辟："每件事都知道一点，有一件事知道得多一些。"

爱，是完整性教育的感情基础。法国作家巴兹曾说："未来的学校应该培育灵魂，锻炼精神，优化感情，使学生成为热爱生活的人。"

《中国学生发展核心素养》也提出了要以培养全面发展的人为核心，并确定了人文底蕴、科学精神、学会学习、健康生活、责任担当和实践创新六大素养。

全人教育的目标是全面发展，是以人的和谐、整体发展为导向，培养具备整全知识、完备人格、拥有正确价值观和积极人生态度的"全人"。通识教育的目标与此相类似，就是在现代多元化的社会中，为受教育者提供通行于不同人群之间的知识和价值观。

所谓"全人"理念，就是追求生活中所有方面达到平衡的一个过程。

一是家庭。家庭是幸福的港湾，是力量的源泉。要与亲人共度有意义的时光，努力把分享、关爱、尊重与坦率作为家庭成员之间关系的基石。

二是健康。失去健康，就失去一切；拥有健康，才能拥有一切。要通过均衡膳食、经常锻炼等良好的生活习惯来保持身体和心灵健康。

三是教育。知识就是力量。要不断学习，以求充实人生。热衷一切有意义的追求，以丰富自己及他人的生活。

四是事业。高绩效工作结果，职场精英，助力同业获得成功。

五是服务。为社区和公众服务，自愿贡献时间、精力、领导力和财力，并且不计个人回报。

六是财务。它不是人生的全部，却是人生的保障与价值的体现。要知道如何量入为出，享受和分享劳动成果，并且知道如何在生命的不同阶段实施不同的财富计划。

七是精神。虽然千难万阻，仍然乐观向前。要遵照个人的信仰安排生活，在帮助别人更加成功的同时，也不断追求自己在精神层面的成长。

如果我们对上述七个方面都能兼顾，我想，这样的人生当然是值得去全力追求的。

“全人”素质教育的核心是博雅与通识，以造就一个“完整的人”，而不是把人作为“生存的工具”。孔子早在二千五百年前，就提倡君子的培养要从礼、乐、射、御、书、数多方面一起入手，并强调修身、齐家、治国、平天下的人生成长过程，以及人的担当与温良恭俭的做人修养，使华夏一度成为有素质教育的民族之一。这与后来中华民族在秦汉唐宋时代的发达不无关系。

苏霍姆林斯基的教育理念是培养个性全面和谐发展的人，就是以全面发展为主体，将全面发展、和谐发展与个性发展三者巧妙融合，使之成为一个有机的整体。

“全人”发展的要求包括以下几个方面：学校和老师需要深度关注学生的成长，帮助其建立自信心；家庭和父母要善于发现孩子的真实需求，培养其独立的人格；学生应加强自我教育，学会独立思考。只有这样，才能真正造就个性全面和谐发展的时代新人，成就孩子健康快乐、精彩无限的美丽人生。

“全人”发展理念强调在满足社会需要的前提下，应充分尊重人的主体性，把人的平等发展、完整发展、和谐发展和终身发展作为教育的终极目标。

一要面向全体，关注每个学生的发展。

二要着眼和谐，关注学生每个方面的发展。

三要因材施教，关注学生潜能和特长的发展。

四要立足长远，关注学生的终身发展。

“三全”育人是全员育人、全程育人、全方位育人的简称，其目的也是“全人”发展。

孔子对美学、礼仪、修养、精神和品德，对使命感、生死观、生活品质等的教育理念，放在哪个民族、哪个时代都是不同凡响的。正是这种“君子不器”“有教无类”的教育精神和素质培训，成就了历代华夏民族特有的士大夫精神。

古今中外，称得上第一通才的人，我觉得应该是古希腊的亚里士多德。他留下来的著作相当丰富，内容涉及哲学、伦理学、逻辑学、历史学、政治学、法学、经济学、美学，以及自然科学的许多学科。而且亚里士多德创造的成果几乎占了哲学领域的一半。

为什么亚里士多德会创造出如此多的理论和学科分支？他怎么会有那么多的时间和精力呢？

其实秘密就在于一个字：通。

过去的辉煌归功于博学的通才，现在也是如此，未来更是如此。

一些历史上最伟大的贡献都来自博识者。伽利略在帮助开启科学革命时，既是一位工程师，也是一位物理学家。莱布尼茨被誉为十七世纪的亚里士多德，是历史上少见的博识者。

当然，我们不能贬低那些推动社会进步的某一领域的专家。事实上，到目前为止，无论是历史地位还是所做出的贡献来看，专家的数量都远远超过了通才。

其实，专有专用，通有通用，各司其职，各尽其力，方显互补完美。

苏轼是公认的我国古代通才之一。清代张道称赞他说："余尝言古今文人无全才，唯东坡事事俱造第一流地步。"论写诗填词做文章均独步天下；谈佛论玄不输当时的名僧佛印；运筹政治军事也是其专长。此外，他还擅长行书和楷书，与黄庭坚、米芾、蔡襄并称"宋四家"。苏轼的绘画也很精妙，还是一位杰出的音乐家和美食家。

美国心理学家卡尔·罗杰斯是人本主义教学理论的代表人物。他认为，学习即"成为"，成为一个完善的人，这才是唯一的、真正的学习。

他指出，现实的教育是一种知识与情感严重分离的教育，而情感和认知是人类精神世界中不可分割的部分，是彼此融合的。因此，卡尔·罗杰斯认为，教育的目的不仅是教学生一些必备的知识或谋生的技能，更重要的是针对学生的需求，使其在认知、情感和意志等方面均衡发展，而成为一个完整人格的人。

在卡尔·罗杰斯的教育理想中，他想培养的是躯体、心智、情感和心力融为一体的人，也就是既能用情感的方式思考，又可用认知的方式行事的、知情合一的"完人"。这些人才能称之为"功能完善者"。

我想，"全人"教育首先是人之所以为人的教育；其次是传授知识的教育；再次就是和谐发展心智，以形成健全人格的教育。从某种意义上讲，"全人"教育就是培养"全人""一个人""完整的人"或"完人"的教育。

简而言之，"全人"教育的目的就是培养学生成为有道德、有知识、有能力、和谐发展的"全人"。

"全人"教育是日本八大教育主张之一，即培养完美和谐的人的教育或完全人格的教育，亦是人的多方面和谐发展的教育。其中劳动教育是日本"全人"教育的重要一翼。日本教育家小原国芳提出，理想的人应该是一个"全人"，应该具备全部人类的文化。"教育的内容必须包含人类的全部文化，因此教育必须是绝对的'全人'教育。""人类文化有六个方面，即学问、道德、艺术、宗教、身体、生活等。学问的理想是真，道德的理想是善，艺术的理想是美，宗教的理想是圣，身体的理想是健，生活的理想是富。教育的理想就是创造真、善、美、圣、健、富这六种价值。"

德国思想家和教育改革家威廉·冯·洪堡认为，所谓普通人的教育是指为一切人提供的全面教育，目的在于培养"完人"。这种人想象力生机勃发、精神深邃、意志坚强、言行一致。培养有修养的人是教育的目的，

"由科学达至修养"是大学教育的主要思想。

在西方教育家的观点中,"全人"教育具有以下六个特征:

一是关注每个人的智力、情感、社会性、物质性、艺术性、创造性与潜力的全面挖掘。

二是寻求人类之间的理解、包容与生命的真谛、价值。

三是强调学生人文精神的培养。

四是鼓励跨学科的互动与知识的整合。

五是主张学生精神世界与物质世界的平衡,注重生命的和谐与愉悦。

六是所培养的人必须具有整合思维的地球公民。

针对教育过程中出现的"半个人"或"畸形人"的状况,教育界提出的这个"全人"教育理念包括以下几个方面:力求将受教育者培养成一个有知识、有情感、有智慧的人;一个具有与他们所受的教育层次相符合的、具有文化积淀与道德修养的人;一个具有与社会要求相适应的知识与视野,并获得相应技能训练的人;一个在不同层面上使技能性知识与意义性知识得到协调发展,生理与心理、智力与非智力、情感与意志等方面普遍得到提高的、具有较高综合素质的人。

美国教育家尼尔·普斯特曼曾说过:"如果学生进入学校时像个问号,而离开学校时像个句号,那就是学校教育最大的悲哀。"

问号代表开始,一切社会的进步和创新都始于这个问号。而句号代表结束,代表一切皆成定论,不能改变。

小学生就像"十万个为什么",但随着年龄的增长,他们的问题越来越少了,好奇心越来越少了,探究的意识越来越弱了。最后,他们越来越服从于定式,思维模式固化,思想守旧僵化。

人如果没有了问号,也就没有了时代的进步;人如果不能思考,就不是一个"完整的人"。

我以前看到过这样一个报道:一位中国学生到国外留学,她能出色地完成教师布置的作业,却不会提出问题,为此她苦恼不已。中国留学生课堂上沉默,不发言,不参与讨论,这一现象反映了我们应试教育的悲哀。

《国家中长期教育改革和发展规划纲要(2010—2020年)》指出,要树立科学的教育质量观,把促进人的全面发展、适应社会需要作为衡量教育质量的根本标准。未来走向成功的学生,多是智商、情商和谐发展的人。中、小学阶段是成年的预备期，因此基础教育的要义是，既要让学生学到必备的知识，发展智力水平，更要关注他们的非智力因素。

中国的教育应该坚持以人为本、全面实施素质教育，其推进的思路应该是德育为先、能力为重和全面发展。

坚持德育为先，也就是要以德树人。只有树立崇高的理想和远大的志向，学习才会有动力，前进才会有方向，成才才会有保障。

坚持能力为重，也就是要理性看待考试分数。分数和排名在一定程度上可以反映学生书本知识掌握的程度，但往往不能反映学生的综合素质和实践能力。我们所要求的最终不是会考试的人才，而是会解决实际问题、会为人处世的人才。这就要求学生必须把知识转化为能力，克服所谓“高分低能”的缺陷。

坚持全面发展，就是既要加强和改进德育、智育、体育和美育，还要促进德、智、体、美、劳的有机融合，提高学生的综合素质。

让孩子成为一个完整的人，这是德国家庭教育的第一课。德国人极为重视家庭教育，也是唯一把父母教养儿童的义务明文写入宪法的国家。

相对于传授孩子知识，德国人更注重技能的传授，注重培养他们一生的习惯和解决问题的能力。

在德国人看来，品德、人格和好的生活习惯是被感染的，而不是训导出来的。言传身教、环境熏陶，从小让孩子在心灵深处种下“懂得”的那个因，自然而然就会收获“获得”的这个果。

德国不主张“学前”教育，禁止过早开发智力。幼儿园阶段不准教孩子学数学、认字母，却鼓励家长抽出时间陪伴孩子们阅读。因为在德国人的思维里，阅读是最浪漫的教养，爱书的孩子永远不会寂寞。德国也有幼儿园，但通常每天只上半天课。很多时候，老师在教孩子们如何乘坐公共交通工具回家，如何遵守交通规则，如何在公共场合说话，如何做垃圾分类，如何在危险时保护自己，如何在火灾和地震中逃生……

德国人认为，在孩子的婴幼儿时期，父母与孩子建立良好的、安全的情感关系，是孩子人格完整、心智健全的基础。

所以，大多数德国家庭都有家庭日。父母会全身心地陪伴孩子散步、玩耍，一起骑着单车去野外郊游。另外，他们会教孩子整理房间，做一些力所能及的家务。这样的培养，使得六岁的德国孩子就已经拥有很强的自理能力了。

中国的大多数家长并没有真正认识到做父母的责任，没有认识到科学的家庭教育对孩子学业成功的重要性。许多家长认为，孩子学习的好坏是学校教育的结果，所以千方百计地为孩子找重点学校。“天下兴亡、匹夫有责”“教育好坏、我的责任”，但是，很少有家长将孩子的学业失败和不良习惯的形成，归因于家庭的责任。有一份资料表明，我国有超过四分之三的家庭教育方法欠妥或有严重偏离，只有不到四分之一的家庭教育比较科学。

其实，孩子就是一面镜子。镜子里映照出的，不是别人，恰恰是他们的父母。所以说，孩子是父母的镜子，孩子是父母的“作品”。

家庭是孩子的港湾和出发地，家长是孩子走向成功的导师和助手。

父母既要负责孩子的身体发育，又要负责孩子的心理发育；既要重视孩子的智力发育，又要重视孩子各方面能力的培养；既要教会孩子学习知识，又要教会孩子为人处世。

“成功的家教造就成功的孩子，失败的家教造就失败的孩子。”

孩子的性格和行为习惯的形成与家庭有着密切的联系。要知道，随着年龄的增长，很多情况下我们会发现孩子越来越像自己的父母了，但是绝对不会有孩子越来越像自己的老师。

人类教育的三大基本内容是健康、情感和求知，相对应的三个习惯则是整洁、微笑和阅读。要保证以上三大内容的落地和三个习惯的养成，离开了家庭教育几乎是不可能实现的。

我曾经听闻过父亲掷千万为女儿买幼儿园的“大手笔”，父亲反对女儿上大学，认为读书不如捡垃圾的“毁三观”，“鹰爸”的特训和“虎妈”的体罚，还有为培养女儿独立性，亲妈诈死十三年这样空前绝后的教育理念。面对中国式家长的种种奇葩行为，“我和我的小

伙伴们都惊呆了”。

家庭教育作为影响孩子终身的教育，其重要性绝非学校教育可以替代的。可是，中国的家长屡屡在溺爱与奉献、包办与牺牲中左右徘徊。报各种课外班，请最好的老师，家长会一掷千金、不惜血本。而他们自己却没有时间陪孩子一起聊聊天，陪孩子一起做做游戏。重智商轻情商，重结果轻过程，很多父母会把自己的人生梦想或人生意愿强加给自己的孩子。

中国的家长喜欢越俎代庖，代替孩子做事情，常常好为人师，自以为是，总喜欢指导、教导、干预、打断、制止、批评和训斥孩子。我们常常看到，很多父母不是在处理事情，而是在发泄情绪。

因为在大人的眼里，孩子永远是问题不断。所以，他们根本没有耐心听孩子把话讲完。事实是怎样，他们才不会去管；孩子真正需要的，他们也根本看不见。

“我那么做，还不都是为你好。”这是中国式父母的口头禅。

从表面看来，中国式家长所做的一切都是为了孩子。但实际上，除了“中国式接送”“中国式陪读”“暴力家教”外，孩子又从父母亲那里获得了什么呢？

要知道，父母只是孩子一生中的一部分，而孩子则是父母一生的全部。我们养育子女，其实是做父母的一场自我修炼。

日本电影《狐狸的故事》中有这样一组镜头：

狐狸妈妈不幸去世后，狐狸爸爸开始独自抚养孩子。它没有把孩子们带在自己的身边，而是让它们出去独立生活。它教小狐狸如何捕捉食物，如何逃避危险，还带领小狐狸去远方旅行。

当小狐狸能够独自捕食的时候，狐狸爸爸决定把它们赶走。在一个风雪交加的夜晚，狐狸爸爸把小狐狸全部赶到洞外。小狐狸站在风雪中凄厉地哀嚎着，一次又一次试图回到洞里。可是，每一次都被堵在洞口的狐狸爸爸赶了出去。被狐狸爸爸赶走的小狐狸眼中充满委屈和悲伤，但狐狸爸爸的态度非常坚决。

最小的狐狸双目失明，但是狐狸爸爸并没有给予它特殊的照顾，同样把它赶得远远的。因为没有谁能养活它一辈子，除了它自己。渐渐地，小狐狸们长大了，那只失明的小狐狸也学会了靠嗅觉觅食。

当狐狸爸爸再一次看到自己孩子的时候，它们已经非常健壮了。虽然五个孩子只剩下了两个。

一切都要靠自己。小狐狸们必须具备独立生存的能力，否则，就只能在物竞天择中被无情地淘汰。所以，在狐狸的世界里，小狐狸们成年后必须独立生活，去开拓新的生存领域。

我想，世人更应如此。

林则徐说过这样一段发人深省的话："子若强于我，要钱有何用，贤而多财，则损其志；子若不如我，留钱有何用，愚而多财，益增其过。"

中国式家长有一个通病，那就是在教育孩子方面"揠苗助长"的多，"春风化雨"的少；对孩子"学习成绩"关注的多，而对"人格塑造""兴趣爱好"关注的少。

也许我们中国人是全世界最心急的一群人。但是教育自己的孩子，不可以沿用这样一套心急火燎、过度上心的哲学。要知道，我们每一个人永远是先学会爬行，再学会走路，最后再完成奔跑的。

有一位叫萧百佑的父亲，他的口号是"三天一顿打，孩子进北大"。只要孩子的日常品行、学习成绩不符合他的要求，就会遭到严厉的体罚。他的四个孩子中，有三个被北京大学录取。面对众多专家、学者的尖锐质疑，这位中国"狼爸"毫不示弱，坚称自己是"全天下最好的父亲"。

中国式家长对于孩子的苦口婆心真正是深入骨髓了。他们基本上是用"嘱咐"一词造句，而且几乎千篇一律："妈妈嘱咐多穿衣服""爸爸嘱咐上课好好听讲""奶奶嘱咐饭前洗手"……

在日常生活中，中国式家长总是喜欢拿别人的孩子与自己的孩子做比较。在这个世界上，有一个十全十美的人，那就是"别人家的孩子"。而且他们常常简单粗暴地对待孩子成长中遇到的问题，而不能静下心来认真反思一下自己的教育行为。

有一种伤害叫作"别人家的孩子"，这种打击式教育只会让自家的孩子没有自信。

中国家庭教育的特点，主要表现在从小惯长大管、隔代教养、父教缺失、亲子交流时间少、"乖"孩子情结、攀比心理、性教育缺乏、家长缺乏学习与反思意识等方面。为了孩子的健康成长，父母亲需要齐心协力，共同承担教养责任，并努力提升家庭教育的水平。

人生的上半生辛苦读书，下半生陪孩子辛苦读书，这是来自家长的一

声无奈的叹息。因为现在已经分不清楚了，究竟是孩子在读书，还是家长在读书。

但是不管家长们有多少苦水，有多少委屈，我还是要说，是家长的无奈跟风和虚荣心毁掉了中国孩子快乐的童年。

其实，中国的父母们应该明白一个道理，年少的孩子灌输得再多，也不能保证其以后一定会成为一个有用的人。相反，一个人的道德素养和他的幼年成长道路却有着直接关系。

目前，家长的心痛与发疯，学校的着急与抓狂，社会的焦虑与埋怨，孩子的痛苦与崩溃，奏响了一首五味杂陈的教育交响曲。

我也有孩子，这么多年下来，虽然很少关注他们的学习，但有一件事让我感触很深。那就是，现在的家庭作业已经成为了学生的魔咒、家长的心病、老师的心碎，已经成为了破坏家庭亲子关系的罪魁祸首。

家长辅导孩子作业已经变成了一项“高危”工作，可能会因此突发心肌梗死、脑卒中，也有可能会因此患上焦虑和抑郁。家长必须时刻记住“孩子是亲生的，没有办法”，才能把这项艰苦的工作坚持下去。

毋庸置疑，中国的父母们一直在尽最大的可能去爱子女，却常常用错了方式，最终就变成了一种伤害。

父母的爱，曾经撕碎过我们的童年；青春的叛逆，也曾经刺痛过我们的父母。

中国式的家庭关系，就像三只刺猬抱团取暖，远离了会觉得寂寞寒冷，靠太近又会被彼此扎伤，很容易在对方的生命里留下裂痕。

我在网络上看到过一段母子在睡前的对话：

儿子：妈妈，我睡不着，您能和我说说话吗？

妈妈：可以，你说吧！

儿子：你对我的成绩满意吗？

妈妈：你对你自己的成绩满意吗？

儿子：还行吧，感觉挺有自信的。

妈妈：有时候自信比成绩更重要！

儿子：难道您真的不在乎我的成绩吗？妈妈！

妈妈：不在乎！你想一想，我什么时候在乎过你的成绩呢？

儿子：小学的时候，我写作业一不认真，您就把我的作业本撕了，没有任何的余地！

妈妈：我那是在乎你的学习态度。写字不必十分美观，但是首先必须认真。态度出问题了，学习肯定出问题，最后这个人就会出问题。

儿子：嗯，有道理。我读中学的时候，您每天都关注我在课堂上的听讲情况。

妈妈：那是我在乎你的学习品行。一个学生不尊重课堂就是不尊重老师，不尊重老师就是不尊重知识，不尊重知识，他的品行也好不了！

儿子：嗯，也很有道理。我上高中时您肯定在乎我的成绩，因为那关系到将来的高考呀！

妈妈：说实话，我真的不在乎！我在乎你的是学习品质！具有良好学习品质的学生就能够享受学习的过程。不要去想结果会怎样，而要愉悦地面对所有的过程。

儿子：妈妈，那我考上大学后您在乎我什么呢？听人家说，上了大学就是玩乐，很轻松的。

妈妈：儿子，等你上大学时，妈妈就开始在乎你的成绩了。你想想，别人都在玩乐，都在挥霍大好时光，而你如果依然坚持学习，最后得到实惠的必定是你自己啊！

儿子：我明白了，小学时您在乎我的学习态度，中学时您在乎我的学习品行，高中时您在乎我的学习品质，上了大学您在乎我的学习成绩，是不是？

妈妈：我儿子的感悟很深刻呀！将来踏上社会，我在乎你是否能够明智地选择。选择自己的事业，选择自己的爱情，这些都将陪伴你生命的大部分时间。

儿子：这些对我来讲很遥远的，我还没有想过。

妈妈：不着急，但是妈妈给你一个忠告——宁静致远！你看这“宁静”这两个字，“宁”字的宝盖头代表“家”，下面一个“丁”，说明你必须有担当精神，要为自己的将来负责；“静”是一个“青”一个“争”，争得一个春天，而春天意味着希望、美好和憧憬。只有时刻让自己的内心宁静，才能让自己达到更高远的境界！

儿子：妈妈，您可真会曲解汉字，哈哈！

妈妈：怎么叫曲解呢？想想看，十年前你又哭又闹要玩电脑，我果断拒绝了。到现在，你和自己的同龄人相比，内心一点也不浮躁。你能明确每一个学习阶段的重点和目标，我想，再过十年，你一定会更加受益。你不跟别人比，常常跟自己比，这一点我很欣赏。因为这体现了你乐观积极的心态！有了阳光般的心态，无论将来做什么，你都会不辜负自己，都会享受生活的乐趣，这就是幸福！

儿子：跟您的一席谈话，心里感觉有更大的力量了。

妈妈：儿子，快十二点了，睡觉吧！

儿子：好的，妈妈晚安！

妈妈：晚安！

一个是智慧通达、优雅知性的母亲，一个是自律懂事、积极阳光的儿子。

我很赞同尼采的看法，教育的真正目标应该是培养学生的哲学悟性、艺术直觉和古典人文修养，为天才的诞生和文化的创造提供适宜的土壤。

爱因斯坦曾经说过，学校的目标应当是培养有独立行动和独立思考能力的人，而且他们要把为社会服务看作自己人生的最高目标。

陶行知先生也说过：“真的教育是心心相印的活动，唯独从心里发出来的，才能打到心的深处。”

但是在当下的喧嚣和焦虑中，考试的无形推力和家长的无奈跟风，使得教育目标更多关注一些短视的功利与实用。例如，拿高分、考名校、获取各种获奖证书等。很少有人会把目光聚焦在唤醒成长、激活潜能、拯救人生、和生命展开对话这样一些比较长远和宏大的命题上。学生把大量时间放在重复训练和反复刷题之中，而人性的培育在学校被弱化，在家庭被软化，在社会被淡化。最终，教育沦为一个各类考试晋级的训练场。

德国著名哲学家和教育学家雅斯贝尔斯提出，教育不仅是知识的传播，更是灵魂的引导和觉醒。杜威提出，教育的核心本质在于对生长的促进。从这些世界级大师的经典解读里，我们可以看到，教育的终极目标是要适合人性，体现对人之所以为人的关怀。

所以，我们应该破除教育的功利性，让教育回归育人本位。

“花半秒钟就看透事物本质的人，和花一辈子都看不清事物本质的人，注定是截然不同的命运。”

这是电影《教父》里面的一句台词。

情商作为一种生活智能，就是一个人的心理素质，就是一个人运用理智控制情感和操纵行为的能力。

我们要做高情商的父母，注重培养孩子的自信心和自我认知的能力；注重培养孩子的自控情绪和自我负责的能力；注重培养孩子的自我激励和自我安慰的能力；注重培养孩子的自律和人际协调的能力。

心理学家认为，“情感是发展和维持认知活动的动力，是构成心理素质的重要成分，没有情感就没有智力”。著名教育家夏丏尊也说，“教育不能没有情感”。

当代英国著名教育家尼尔在1924年创办了夏山学校。他认为，很多学校只重视知识的学习，而忽视了情感教育。尼尔办学的指导思想是尊重生命，尊重个体，使儿童学会如何生活。

体谅教育是二十世纪六十年代在英国学校兴起的一种以培养道德情感为主的道德教育方式。其基本思想是多关心、少评价。体谅教育的代表人物彼得·麦克费尔认为，道德靠理解和领会，主张富有成效的教育就是学会关心。

我们要培养学生“面对一丛野菊花而怦然心动的情怀”，更要培养学生良好的思想品质和人文情怀。其中最基础、最根本和最重要的一点，就是唤醒学生尊重生命的良知。

一个对外部世界冷漠无情的人，是没有希望的。如果一个民族对生活和生命无动于衷，那一定是没有希望的民族。

我想，人的一生至少要有三次旅行：一次独行，一次蜜月，还有一次去陪同家人。只有这样才算是一个完

整的人生。

一次独行，可以找出最真实的自己。

一次蜜月，可以找到爱情的真谛。

一次陪同家人，可以找回我们的亲情。

要明白“完整的人”与“完美的人”不是一个概念。俗话说，“金无足赤，人无完人”，人不会完美，也无需做到完美。而教育就是促进人不断走向完整，而不是去制造出一个个“完美的人”。“完整的人”是各方面都取得和谐发展的人，而不是各方面都完美、完善和完满的人。

一个“完整的人”，一定有优点，也有缺点。既然如此，就得学会欣赏自己的长处，也接纳自己的短处；欣赏他人的优点，也接纳他人的缺点。在接纳与欣赏的过程中，我们会得到最大的释放与自由，以更宽阔的心胸，包容身边的每一个人。

要知道，一个不会欣赏自己的人，永远都不会有所作为；只有能够欣赏自己，才算是一个真正“完整的人”。

既然现在培养出来的人都是不完整的，属于非理性的人和单向度的人，所以我们要去找到那另一半。只有变成“一个人”，变成一个“完整的人”，我们的人生才是完美的。

我国著名科学家钱学森曾经发出“钱学森之问”——“为什么我们的学校总是培养不出杰出人才？”这个反问振聋发聩、发人深省！在二十一世纪的今天，竞争越来越激烈，但归根结底是人才的竞争。如何培养社会所需求的人才？如何真正提高国民的整体素质？这些任务都需要教育去完成。所以，我们必须重新审视传统的教育体制，积极思辨和思变，去其糟粕，取其精华，努力为国家培养出一批又一批栋梁之材。

我始终有一个梦想，就是在不远的将来，中国的学生都能开心学习、快乐成长，德智体美劳能够全面发展。希望将来的孩子单纯为了新知识而学习，家长能尊重孩子的意向，教师能做到公平对待每一个学生。

我们必须相信，一个完整的、健全的人，比一个高分低能的人，更有存在的价值，对社会和未来的作用也更大。

有一次，陶行知先生在武汉大学演讲。他走上讲台，不慌不忙地从箱子里拿出一只大公鸡。台下的听众全都愣住了，不知道陶先生要干什么。陶先生又从容不迫地掏出一把米放在桌上，然后按住公鸡的头，强迫它吃米。可是大公鸡只叫不吃。

怎么才能让大公鸡吃米呢？他掰开大公鸡的嘴，把米硬往大公鸡的嘴里塞。大公鸡拼命挣扎，还是不肯吃。后来，陶先生轻轻地松开手，把鸡放在桌子上，自己后退了几步，大公鸡自己就开始吃起米来。

这时陶先生开始了演讲："我认为，教育就像喂鸡一样。先生强迫学生去学习，把知识硬灌给他，他是不愿学的。即使学，也是食而不化，过不了多久，他还是会把知识还给先生的。但是，如果让他自由地学习，充分发挥他的主观能动性，那效果一定好！"台下一时间掌声雷动，为陶先生精彩的开场白叫好。

所以说，最好的教育就是给人自由，为今后的生活做好准备。而完整化教育，就是学科教育、父母教育和做人教育三者的统一。

# 第三章 读书的终极目的

风声雨声读书声，声声入耳；家事国事天下事，事事关心。

法国作家夏尔·丹齐格在《为什么读书》中说："读书就是生活。在功利主义的世界里，读书维系着超脱，而超脱有利于我们的思考。"

所以说，读书不需要任何理由。读书就是我们生活的一部分，犹如空气、阳光和雨露。

其实，读书就是阅人，就是阅世，就是用别人的阅历来丰富自己的人生。

作家王开林曾在一篇文章中写道："在高处，一个人最容易与历史会合，也最容易与自己会合。"所以说，读书是一种高贵的坚持，而在这种坚持的背后，则是一种快乐的收获。

也有人说，生命从自己的哭声中开始，又在别人的泪水中结束，这中间的过程便是幸福。我想，读书同样是一种幸福。

许多人都看过这样一个故事：三个人在砌一堵墙。有个路人问："你们在干什么?"第一个人说："没看见吗？我在砌墙。"第二个人说："我在盖一座高楼。"第三个人说："我在建造一座美丽的城市。"十年后，第一个人还是农民工，第二个人成为了工程师，第三个人则变成了市长。

生活很现实，所以我们要脚踏实地。生活也很神圣，所以我们要有仰望星空的眼光。而读书能给予我们的，恰恰就是这种眼光。

东汉的刘秀是历史上最有学问、最会用人、最会打仗的皇帝。他年轻时在长安读书，就以好学闻名。在统一国家的过程中，只要一有空闲，就要拿起书卷来读。当上皇帝以后，依旧勤学苦读，经常学到深夜。皇太子心疼父亲，劝他早点休息，但他总是说："我喜欢这样做，并不感到疲惫呀！"

"日日走，能行万里路；时时学，能读万卷书。"其实，我们也明白，读书的作用十分巨大，既可以伴随我们的一生，又可以影响我们的人生。

关于读书的作用，《论读书》一文是如此表述的："读书足以怡情，足以傅彩，足以长才。其怡情也，最见于独处幽居之时；其傅彩也，最见于高谈阔论之中；其长才也，最见于处世判事之际。"

怡情、傅彩、长才，这就是读书的三种作用。

读书可以使我们静心养性、滤除浮躁，可以丰富知识、纯洁灵魂，可以让人坚定信念、明辨是非，更可以让人提升才华、充满希望、享受人生。

我们每个人做事情都会带有一定的目的性，读书也不例外。而读书的目的是什么？我们每个人的回答都是不一样的。

许多人读书是为了掌握知识，为自己的将来打好基础、做好铺垫。对于这些人来说，"学以致用"才是终极目的，而读书仅仅是一个手段、一个过程。这些目的性十分清晰、头脑又非常清醒的人，读书有的放矢，目标会非常明确，读书的效果也会非常好。读书的六种目的如下：

第一种，出于学习一种知识。

第二种，为了学习一种技能。

第三种，为好奇心而读书。

第四种，出于一种感情的、情感的、情绪的驱动而读书。

第五种，为了寻求生命的意义。

第六种，为了更好地生活。

关于读书的目的，有两个问题我们应该搞清楚：一是为什么而读书？二是各个阶段的读书目的有何不同？

陈寅恪先生博览群

书，被誉为“盖世奇才”“教授的教授”，素有“活字典”“活辞书”之誉。早在柏林大学读书期间，陈寅恪就被人们称为“读书的种子”。他一生苦读、巧读、用心读，积累了许多行之有效的读书方法。

陈寅恪将书分为三类：最低限度的读物、进一步学习的读物、深入研究的读物。他认为第一类是必读书，从中可以得到最低限度的常识。他还说，无论一个人的爱憎好恶如何，《诗经》《尚书》《礼记》乃人人必读之书。因为它们是我们先民智慧的结晶，是人类文明的精华，也是当下国民处世的指南。

陈寅恪还有一个读书习惯，那就是在读书的过程中，随手记录、校勘、批语，喜欢在书上圈圈点点、勾勾画画。

陈寅恪真正是为了读书而读书。哪里有好大学，哪里藏书丰富，他便前去拜师、听课、研究。然而，一代学界泰斗，却没有学位文凭，这便是陈寅恪的特立独行之处。“士之读书治学，盖将以脱心志于俗谛之桎梏。”陈寅恪读书的最终目的，就是为了“独立之精神，自由之思想”。

我想，读书的一般性目的可以归纳为以下几类：

一是为了获得知识和技能而读书。自古以来，读书就是人们获取知识的主要方式，也是古代科举考试、现代应试教育的必由之路。培根说：“书籍是在时代的波涛中航行的思想之船，它小心翼翼地把珍贵的货物送给一代又一代的人。”

牛顿的万有引力、爱因斯坦的相对论、马克思的《资本论》等都是伟大的成就。而牛顿、爱因斯坦、马克思这些伟人之所以有这些突出贡献，是因为他们有非凡的知识，而知识又来源于读书。“我之所以比别人看得更远，是因为我站在巨人的肩膀上。”我想这个“巨人”就是指前人的经验。

有人认为，以获得知识为目的的读书可分为三大类：消遣性读书，事先没有确定的目的，随意地阅读；功利性读书，为解决某一问题，有选择地阅读；机制性读书，为建立有效的知识结构，系统地阅读。

虽然当下在网络上也可以学到很多知识，但是网络上的知识太碎片化了，不便于整理、消化、吸收。书籍往往是一个主题的浓缩，具有内容的完整性，便于我们系统地进行阅读和借鉴。

原尻淳一认为，为避免被信息洪流淹没而读书，为写而读，为产出而投入，正是当代环境的要求。我们要牢牢地掌握阅读技巧，否则一定会淹没在信息洪流之中，被时代大潮远远地抛在后面。

二是为了提高个人修养而读书。高尔基曾说过："书是青年人不可分离的生活伴侣、导师、忠告者和好朋友。"著名作家雨果也说过："书籍是造就灵魂的工具。"我们每读一本好书，就像和一位知识渊博的友人在谈话。因为作者的语言闪烁着智慧的光芒，传达着高尚的修养，可以使我们保持心静如水、人淡如菊的心境。可以说，书也是一种养料。

当心情郁闷、悲观失望之时，可以看看那些使人在笑声中受到启迪的漫画书和童话书。在童话世界里，我们既会为灰姑娘的美好结局而欣喜不已，也会为丑小鸭变成美丽的白天鹅而兴奋不已。

另外，我们也可以看看科幻书。走进科学的梦幻世界，引发美好的遐想，不再感受到生活的平淡、人生的艰难和生命的无常，从而使我们心旷神怡、信心倍增。

我们读歌德的《少年维特之烦恼》，就可以读出青少年那纯真的青涩之恋。

我们读泰戈尔的《飞鸟集》，就可以读出人类的博爱和仁慈。

我们读巴金的《随想录》，虽然沉重而忧伤，但可以激励我们在惆怅中奋进。

我们读《庄子》，就可以读出自在豁达、不喜不悲、心境平和、从容自得、生死达观和超拔洒脱。

我们读《论语》，就可以读出喜怒哀乐的孔夫子，读出与家人朋友的相处之道，还能够读出中国人的人格特征。

读书，可以很好地提升一个人的涵养，让人变得非常有气质，成为一个风雅之人。不过，这种改变不是一蹴而就的，需要持久的坚守，才会慢慢凸显出来。

读书还可以让我们了解别人的悲欢离合，了解人间的世态炎凉，可以让我们早日认识社会、认清现实，从而构建正确的世界观、人生观和价值观。

三是为了开阔视野、提升智慧而读书。人生活的范围有限，常常受制在很狭小的空间之中，我们只能与身边的人交流。所以，我们的认识一定是肤浅的，学识也一定是简陋的。但是，当我们打开一本书，时间和空间便再也不能限制我们。此时此刻，我们可以坐在家中游览世界各地，品味古今中外，真正做到“秀才不出门，尽知天下事”。

在书的海洋中，我们可以体会古战场上“马作的卢飞快，弓如霹雳弦惊”的宏大；可以体会大草原上“天苍苍，野茫茫，风吹草低见牛羊”的生机；可以体会黄昏时“枯藤老树昏鸦，小桥流水人家”的忧愁；也可以体会“却看妻子愁何在，漫卷诗书喜欲狂”的快乐。

奥匈帝国小说家弗兰兹·卡夫卡曾言：“书籍应该是凿开人们心中那冰封海洋的一把斧子。”这句话道出了读书对于涤荡人心、培养心智的重要作用。

有人说，生活犹如一本书。我说，书也是生活。真正的读书之人，读书与生活密不可分。把好书读成一种生活，把生活读成一本好书，方能在书中发现真我与自我，才能发现生活的韵致与感知。

希腊神话里有一个西西弗斯的神话故事。西西弗斯触犯了众神，诸神为了惩罚西西弗斯，便要求他把一块巨石推上山顶。而每当他把那块巨石推上山顶，巨石马上又滚下山去，前功尽弃。于是，他只能不断重复、永无止境地做这件事。

很多时候，我们都是西西弗斯，一生都在重复着苦役，枯燥无味、艰辛漫长，备受身心的折磨和煎熬。

真正的现实生活，就是西西弗斯推石头。

生活很艰难，但依然不得不继续。那么，我们应该怎样去理解生活的这种煎熬呢？

我想，我们需要从书本中找到属于自己的生存信仰。从这个角度来说，从来不读书，也是一种罪过。

因为不读书，便无以了解、更无以直面生活的真相，还会被生活的表象所苦所累。

因为不读书，就听不见心声，找不到自己。我们要懂得，人生最好的状态便是顺其自然地生活。

因为只有读书，我们的身心和灵魂才会很稳健、很笃定、很内在、很自我，才能懂得在修炼中提升情操，更会懂得在孤独中等待真正属于自己的美好。

有人说，你读什么书，你就是什么人；也有人说，你是什么人，你就读什么书。

我想，只有读了书，才会知道书与人生的真谛。

书中的知识可谓包罗万象，它能拓宽我们的视野，让我们的知识更全面。打开一本书，时间、空间就可以开放了，也就能够穿越了。我们即便足不出户，也可以体验西班牙的浪漫与热情，领略非洲的文化和风情。

宋代三苏（苏洵、苏轼、苏辙）擅写政论性文章，纵横捭阖、机锋雄辩，这正是他们长年潜心读书、精通诸子百家的结果。

王安石“自百家诸子之书，至于《六经》《素问》《本草》诸小说，无所不读，农夫女工，无所不问”，所以他的文章能传诸后世。

一本非常好的畅销书，往往是作者人生的总结、思想的结晶、心灵的火花和涵养的智慧，是作者一辈子心血的倾注。通过长期读书，通过与良师益友、前辈导师对话，我们可以借鉴他们的人生经验和生命智慧，使我们入神忘情、灵魂升华。

读书可以开拓视野，让我们站得更高；励志必将成就人生，让生命更加精彩。

只有通过读书，才能使我们知道：美丽的星空是广阔无边的，人类的进化是漫长复杂的，大自然是神奇美丽的，知识的海洋更是无穷无尽的……

四是为了明白事理而读书。现实社会中，并不是每个读书的人都腰缠万贯，但是读书可以使我们明白一些事理。因为读书的目的就是为了让人懂得更多。

明理是先要明白做人的道理。要明白读书的最终目的是为了做人和做事，而不仅仅是为了生存和生活。

曾国藩曾经说过："凡人多望子孙为大官，余不愿为大官，但愿为读书明理之君子。"他认为，功名富贵只是人生的物质表象，而"读书明理"才是人生的生命追求和灵魂核心。

韩愈也曾经说过："人非生而知之者，孰能无惑。"读书可以让我们了解成功人士的生命感悟和处世方式。当我们的人生处于困惑之时，心中就会有一个参照物，就能帮助我们更加准确地理解和更加深刻地认识事物的道理，明确前进的方向。

《礼记·学记》中说："玉不琢，不成器；人不学，不知道。"我曾经在一本书上看到过这样一段话："读书能医愚，读书能治穷，读书能疗病，读书能励志，读书能致远，读书能练达，读书能聪慧。读书能知道怎样交友，怎样识人，怎样说话，怎样做事，怎样活着才身心健康。读书还能让我们明白，什么样的人生才称得上完美无憾。"

读书是为了明理，而不是为了谋生。读书可以化愚顽、启聪慧、消暴戾、致祥和，可以通情、悟道、修身、养心。人的一生，应该是读书的一生，也应该是感悟的一生。所以，我们走一程、读一程、悟一程，进而思而悟、悟而行。如果我们能做到知行合一，那么行必高远，一定不会遥不可及。

五是读书可以增强我们的爱国意识。读书可以让我们在知识的海洋里尽情遨游，感受到华夏文明的深厚底蕴，更能增强我们的爱国意识和家国情怀。

中华民族有着悠久的历史和灿烂的文化，四大发明、万里长城、兵马俑、郑和下西洋、丝绸之路、敦煌石窟、浑天仪……所有这些，无不让我们骄傲和自豪。

然而火烧圆明园、南京大屠杀、甲午战争和鸦片战争的国耻历史，让我们知道了贫穷落后的结果，从而激励我们更加奋发图强，把祖国建设得更加繁荣富强，使历史的悲剧不再重演，让人民过上幸福安康的日子。

读书的目的就是让自己不糊涂、不焦虑。智者说，终日吃饭，未曾咬着一粒米；终日着衣，未曾挂着一缕丝。我想，当下的很多人已经是这样一个状态，"终日读书，未曾看懂一个字；终日奔波，未曾读过一本书"。

躁动不安的人要知道，书籍可以教会我们诚实和善良，生活可以教会我们静心和坚强。

读书是一件快乐有趣的事情，更是生活的重要部分。

要想成为一个成功的读书人，就必须在读书时学着去思考，学着去感悟。

所以说，读书就是让我们学会独立思考、宁静致远。

英国作家奥斯卡·王尔德说："世上只有两种人最具有吸引力，一种是无所不知的人，另一种是一无所知的人。"

在人的一生中，各个阶段的读书目的是不一样的。

儿童读书的目的就是培养一点兴趣。小时候，除了和小伙伴玩，大多数时间都在看书，包括小人书、连环画、课外书、漫画等书籍。这时候读书的目的是为了有趣，为了培养读书的兴趣。当然，为了学好本领、服务民众、报效国家，则是更为崇高的读书目的。

这一时期读书的主要目的是为了增加词汇量，提高写作能力，丰富文化知识，增长社会见识，培养兴趣和专注，丰富课外生活和学会保护自己。其实，最重要的目的是，让孩子成为一个学会独立思考、学会学习的人。

熟读《三字经》，便可知天下事，通圣人礼；知晓《百家姓》，便可懂华夏传承，解血脉根源。

我始终认为，读书是一种兴趣。为兴趣而读书方可持续，否则终不能持久。读书要成为自己生命中的一种习惯，因为只有习惯方可成为自然。

有人认为，让孩子读书的最终目的，是让他们不以读书人自居。而大多数家长则认为，儿童阅读的主要目的就是识字。如果是这样的认识，就会导致孩子不爱读书。

明确读书的具体目的，往往直接关系到读书的成效，以及读书习惯的养成。著名教育家苏霍姆林斯基经常告诫他的学生："你的周围有一个

浩瀚的书海，要非常严格慎重地选择阅读的书籍和杂志。求知欲旺盛的人总是想博览一切，然而这是做不到的。要善于限制阅读范围，从中排除那些可能会破坏学习制度的书刊。”

学生时代的读书目的就是充实自己，明白事理，养成勤学的习惯。然而小升初、中考和高考的压力，使得我们的读书目的变得非常功利和单一。读书、背书、考试，然后又很快忘记书里的内容。如此反复，疲于奔命，全家总动员，个个身心受损。当下学生读书的唯一目的就是为了考试，为了升学，也可以说是为了将来的发展。

其实，开心明白，会读书会做事，这才是读书的真正目的。

我常常听到中国式父母这样劝诫孩子：“你现在只需要好好学习，其他什么事情都不用管。”语气中带着长辈的那份殷切希望，期盼自己的孩子能够鲤鱼跃龙门，一飞冲天，期盼自己的孩子能够在高考这座独木桥上快速奔跑。在这些家长的眼里，仿佛只要孩子学习好了，其他的事都将不再是事了；仿佛只要成绩好了，就拥有了整个世界；仿佛只要功课好了，未来就会一帆风顺了。

这就是中国式家庭教育的基本特征。他们最关注孩子的学习成绩，很少与孩子进行交流。所以，在精神方面，家长是孩子最熟悉的陌生人。他们常常包办孩子的大小琐事，把自己没有实现的理想强加在孩子的身上，却忘了孩子拥有独立人格的权利。

在教育目标上，传统教育是忠孝，当下教育是做事，未来教育应该是成人，就是教育学生成为具有世界眼光、民族情怀的文明人。因为未来会更加突出体现在仁爱之心、终身学习能力和持续创造力三个方面的培养上。

现代社会比以往任何一个形态的社会更需要终身学习、终身教育。法国著名思想家、终身教育之父保罗·朗格郎认为，数百年来，个人的生活被分成了两半，前半生用于受教育，后半生用于劳动，这是毫无科学根据的；教育应该是一个人从生到死一辈子持续的过程，因此要有一体化的教育组织和成人教育模式。

保罗·朗格郎认为，现代社会需要终身教育的主要原因包括以下几个方面：

一是社会变化的加速（革命、战争、体制改革等）。

二是人口的猛增和寿命的延长。

三是科技的进步及其快速更新。

四是宣传媒介的发达和信息量的增加。

五是自由时间的增加，以及工作与休息的分离。

六是人生模式，以及人与人之间关系的动摇。

七是精神和肉体的不统一，以及意识形态的危机（价值观的多样化、信仰的脆弱化）。

未来教育和当下有很大的差距，还有很长的路要走。即使到了将来，人的非智力因素发掘也不能丢弃。

未来教育的目标绝对不是制造工具，不是生产考试机器，也不是要培养出一个个被枯燥的知识填满大脑，而四肢不勤、五谷不分、衣来伸手、饭来张口的书呆子，更不是要造就出一个个高分低能、有能无德的残障人，一个个精致的利己主义者。

未来的孩子要想自信地走向明天，教育所给予他们的，除了相应的文化知识外，还应该给孩子们以高尚的品德、良好的习惯、顽强的意志、积极的心态、坚韧的毅力、健康的身体和全面发展的能力。

要知道，学习知识只是教育的第一层次，提高运用能力和创新能力是教育的第二层次，而提升思维能力才是教育的第三层次。

长期以来，中国人的思想深处似乎永远隐藏着“不吃苦中苦，难为人上人”的古训。可以说，科举制度的长期存在，使得“学而优则仕”的观念深入人心。我想，新时代的教育绝对不是为了培养“人上人”，而应当着力培养具有公民意识和人文精神的“人中人”。

在教育孩子上，中国式家长过分注重学习成绩，缺乏教育目标的远景性和阶段性，忽视孩子的个性发展，忽视非智力因素的培养，存在很强的望子成龙、望女成凤思想。其实，这种出人头地、光宗耀祖思想，是孩子顺利健康成长的绊脚石。

所以，当我们长大之时才猛然发现，我们的爸爸妈妈错了。证书多并不代表出类拔萃，学习好的人并不一定会出人头地，高分低能的例子比比皆是，高分并不等于优秀。

叶圣陶先生曾说过：“分数并不代表知识，更不是衡量孩子学习好坏的唯一标准。”我也一直认为，对于未来的学生来说，情商和逆商一定比智商更重要，用心和用情一定比用功更重要。

知识就是力量，读书能改变命运，这一点已经成为很多人的共识。所以，天下所有的父母都在含辛茹苦，不管再苦再累，砸锅卖铁，倾家荡产，都要把自己的孩子养大，供他们读书。但是，结果还是有那么一批人“读书读傻了”，做事不会变通，自理能力极差，一副死脑筋、书呆子的样子。

叶圣陶先生还说过：“读书忌死读，死读钻牛角。”死读书、读死书的人，其结果一定是“读书死”。因为这些人既不会把书读活，考出好成绩，也不会把事情做好，做出完美的作品。

“两耳不闻天下事，一心只读圣贤书。”如此的教育现状，学生被剥夺的何止是快乐，更是一辈子的身心健康。最为可怕的是，这样的死读书，“埋没了人的创造灵感，扭曲了人的灵魂，误导了人生观、价值观的形成”。

有这样一个例子值得我们深思。战国时赵国名将赵奢之子赵括，年轻时学兵法，谈起兵事来父亲也难不倒他。后来，他接替廉颇为赵将，在长平之战中，只知道根据兵书排兵布阵，不知道变化与变通，结果被秦军大败。

“耳闻之不如目见之，目见之不如足践之。”这句话的意思是，耳朵听到不如眼睛看到，眼睛看到不如身临其境。读书不仅要读纸质的有字之书，还要读社会实践的无字之书。要读、要思、要悟，我们更要联系实践、大胆实践。只有既会读，又会写，又会干，才是真正的读书之目的。

成年人读书的目的就是坚持读书习惯，整合自己的思维。对于成年人来说，我认为读书不应该成为一种任务和负担，更不可以认为读书就是为了某种目的。大多数时候，读书要信马由缰、自由自在，要抛开实用性、功利性。如果读书只为实用，一个人的眼界、视野必

定会越来越窄，他的思想境界也很难获得提升。

成年人学习的目的，应该是追求更好的思维模式和心智模式，应该是向内求取力量，向外求取改变，而不是更多的知识积累。

目前，碎片化的思维和碎片化的信息，必将导致碎片化的知识和低效能的阅读效果。有时候，我们以为自己在主动思考和学习，其实我们只是在被动接受别人的思考和结论而已。

成年人读书，对于职场的专业人士来说，是想通过读书，“学而优则仕”，掌握好一门技能，去努力完成本职工作，改变自己的工作环境。这些人读书的目的，也许谈不上多么高尚，却都是很现实、很实际的。

与青少年读书以获取知识、完成学业为目的不太一样的是，成年人读书是为了丰富自己，为了更好地就业、体面地生活。这一阶段的读书，主要是学习为人处世的方式，从而获得他人和社会的尊重，也学会去尊重别人。

“身体和灵魂必须有一个在路上”，说的就是读书和旅行。我想这对于成年人来说尤为重要。

英国作家奥斯卡·王尔德说：“即使生活在阴沟里，但依然有人仰望星空。”

现在，有许多人在为焦虑而读书。因为这些人明显感知到了自己更频繁的失眠、更易燃易怒的情绪、更晦涩难懂的心思。在知识大爆炸的时代，现有的知识以每年10%的速度更新换代。所以，我们的焦虑越来越重，我们的恐惧越来越大。

读书可以慰藉人们的心灵，洗涤那颗早已塞满世俗、布满尘埃的心，让身心和灵魂回归自己的家园。

读书的境界就是“回家”，读书的最高境界就是“回到心灵的家园”。

杨绛先生说过：“有些人之所以会不断地成长，是有一种坚持下去的力量，好读书，肯下功夫。”

“读书，就是让自己成为一个不太苟且的人。什么叫诗和远方？就是让自己更辽阔。而读书，就是一个让自己变得辽阔的过程。”

读书的主要目的，是为了更好地生存，并把生存和挣扎活成一种生活。

老年人读书的目的就是解忧去烦、平和心态。退休以后得闲无事，如何打发日子，以达到夕阳无限好的境界，这是每一个退休老人所面临的问题。

我认为，等到了老年期，如果目力和精力尚可，还是应该坚持读书。

老年人读书的目的，就是要证明自己一辈子是个读书人。因为此时的读书与写作，对于老年人来说，就是一种生存姿态和使命责任，不再具有明显的功利性和目的性。正所谓“百川纳海，有容乃大；壁立千仞，无欲则刚”。

读好书，对老年人的身心是有益的。研究表明，读书可以保养老年人的脑细胞，使大脑不会过早衰老。

读书可以使老年人益智增慧，摆脱烦恼，化解心结；老年人可以从书中感受到教诲、感悟和启迪，从而逐步摒弃杂念、弃恶扬善，唤起乐观向上、豁达开朗、严于律己、宽以待人、心平气和的处世作风和修养；老年人闲来读书，方可静中自悟，方可心无旁骛，不为外物所动，保持一种淡泊宁静、与世无争的良好心态。

我常常建议老年人读一些有关生死观方面的书。一是因为长期以来，死亡教育是缺失的；二是老年人每当谈及死亡这个沉重的话题，会感到格外的忧虑和担心。我想，关于衰老与死亡，读书是最好的告别。

读书只是一个自我增值的过程。每到一定程度，就会有收获，我们需要的就是那种收获的喜悦。

只有明确了读书的目的之后，我们才会有读书的动力，才会觉得读书不再是一种负担，更不是一种应付。

太阳无法将它的生命给予一朵花，但是花却能向太阳打开自己，通过自身的开放来汲取必要的能量。

所以，任何成长和丰富，都需要自己的开放。如果花是闭合的，那么太阳对于它来说，就没有任何意义了。

如果一个人读书的方式，是提出问题、探

寻答案，再提出问题、再寻找答案，如此反复，一个人会收集越来越多的答案，会变得很有知识。

但是，读书的终极目的，并不是让一个活生生的人，成为一个知识的存储器。

读书的终极意义，其实是一种感觉和觉悟。

在开悟以前，看山是山，看水是水；在读书开悟的过程中，看山不是山，看水不是水；而在开悟之后，看山又是山，看水又是水。

我想，读书的终极目的是“为天地立心，为生民立命；为往圣继绝学，为万世开太平”。

书籍是我们永远的精神家园。因为印在纸上的字，就是一个个鲜活的灵魂。

在高尔基眼中，书籍是人类进步的阶梯；在乌申斯基眼中，书籍是人类思想的宝库……书籍好比一架梯子，能引导我们登上知识的殿堂；书籍如同一把钥匙，能帮助我们开启心灵的智慧之门。

我一直认为，只有读书，也唯有读书，我们才能拥有人生的最高境界，才能拥有人生美丽和快乐的境界，才能使自己成为一个知性优雅、知止聪慧的人。

我们不可能在现实生活中结识世界上所有的伟人、大师，但是通过读书，就有可能穿越时空与大师对话、与伟人交流。

我们不可能预知将来，更不可能提前过一下未来的生活。但是通过读书，就有可能畅想明天，就有可能遨游地球的每一个角落。所以有人说，不读书的人只生活在当下，而读书人可以同时生活在三个时代——过去、现在和未来。

“枕上诗书闲处好，门前风景雨来佳。”拥有了书，徜徉于书的海洋，就像拥有了良师益友，能带给我们无限的乐趣和动力，还会教导我们如何为人处世。

如果一个人从小爱读书，并养成良好的阅读习惯，一生都会受益无穷。

如果一个人从小会读书，并掌握正确的读书方法，就可以利用有限的时间和资源取得最大的学习效果。

如果一个人能根据自己的兴趣、志向，选择自己喜爱的书籍，并和朋友们一起分享，这是人生的快事之一。

“书山有路勤为径，学海无涯苦作舟。”冰心曾经说过：“读书是我生命中最大的快乐！”我也一直认为，我读书，我一定会快乐；我读书，就一定可以与时代共成长。

有一首歌这样唱的：“不经历风雨，怎能见彩虹？”有一首诗也是这样写的：“宝剑锋自磨砺出，梅花香自苦寒来。”任何事情都有苦与乐，读书也是一样。

有人说，现在的中小学生只能见到“三光”：在灯光下苦读，在曙光里上学，在月光下回家。而且现在的学生没有假期，连暑假也变成了“第三学期”，还有放学后和周末的各种校外培训。由此看来，读书的确很辛苦。

但是，读书也是一种享受，是一种乐趣。

读书最终要解决两个问题：一是要会读书。有人认为，只要识字的人，都会读书，其实不然。有的人读了一辈子书，到头来猛然发现自己原来不会读书。二是要乐于读书。不但要读懂、读透、读细，还要求快乐地读书。只有这样，我们才能收获更多。

我很喜欢英国女作家艾德琳·弗吉尼亚·伍尔芙的这句话：“这个世界有没有天堂我不知道，如果有，我想天堂就是持续不断的、毫无倦意的阅读。”

只有喜欢读书、掌握读书的方法、拥有良好的心态，才能成为一个快乐的读书人。

只有把读书当作一种享受，仔细品味书中的情感，才能成为一个幸福的读书人。

曾经有人问爱因斯坦：“声音在空气中的传播速度是多少？”爱因斯坦的回答很干脆：“我永远不会去记在任何一本手册中都可能读到的东西。”他认为，一个人应该学会把记忆性的知识交给各种手册、词典和百科全书，而不是把自己变成一本词典。

他还说过：“想象力比知识更重要，因为知识是有限的，而想象力可以创造出新的东西，推动世界进步，并且还是知识进步的源泉。”

英国有一个叫亚克敦的读书人，嗜书如命，家里共有七万多册藏书。他一生夜以继日、不知疲倦地阅读，直到六十六岁逝世。可是，亚克敦终其一生也没有取得什么成就，所以后人称之为“两脚书橱”。

南朝梁元帝一生痴迷读书。敌方兵临城下之时，他还要文武诸臣听他讲书，最后成了亡国之君。他在投降前，一把火烧了十四万卷藏书。有人问他为什么烧书，他感叹道：“文武之道，今夜尽矣。读万卷书，犹有今日，故焚之。”读书而无所作为，或是因此而亡国，这当然不是书之过，只是这个读书人的脑子出了问题。

西汉刘向说：“少而好学，如日出之阳；壮而好学，如日中之光；老而好学，如秉烛之明。”他还说：“书犹药也，善读之可以医愚。”

书籍犹如砥砺，可以磨掉愚昧之锈；知识犹如泥土，可以养育智慧之花。

爱迪生就是一个典型例子。他只读了三年书，十二岁当了报童，每天除了卖报，剩余时间便一头扎进图书馆读书，被后人称为图书馆里培养出来的“发明大王”。

学习的终极目的是为了实践。因此，培根一直反对死读书，读死书。他曾经说过：“读书太慢会弛惰，为装潢而读书是欺人，只按照书本办事是呆子。”

书呆子一定很迂腐，只知道照着书本里的条条框框来办事，不知道怎么去圆滑变通，而聪明的人则会灵活运用书本上的知识。

我曾看过一幅漫画，是这样描述的：一个戴着眼镜的书呆子，正抱着一本百科全书专注地看，两腿间还夹着一根渔竿，坐在井边钓鱼。旁人不理解，问井里怎么会有鱼呀？他回答：“书上说，鱼儿离不开水啊。”

科学家曾做过一个实验，把一批小白鼠分成两组。一组小白鼠每天都给它们很多好吃的，别的什么事情都不用做，它们吃完了就睡，睡好了再吃；另一组小白鼠每天只喂半饱，肚子很容易就饿了，这组小白鼠只能到处寻觅食物，总是在忙碌着。

半年后，科学家看到的是，每天吃得饱饱的小白鼠不是得病了，就是死掉了；相反，另外一组小白鼠却很健康地活着。

其实，这个原因我们很多人都知道。没有吃饱的小白鼠在寻觅食物的过程中，锻炼了身体，增强了免疫力，因此比另一组小白鼠更加健康，也更加快乐。

遗憾的是，我们都在义无反顾地填饱自己家里的“小白鼠”，而一如既往地忽视孩子的劳动和美育、身心与灵魂、尊严与个性、情商与逆商。我一直在想，都什么年代了，还在让我们的孩子死读书、拼分数。

《刘羽冲死读书》一文载于清朝纪昀的《阅微草堂笔记》中，讲述了刘羽冲没有灵活运用书中的内容及知识，最终成为一个死板的书呆子。

有一回，他偶然得到一部古代兵书。他伏案读了整整一年，自认为可以统领十万兵马。这时，恰逢当地有土匪强盗出没，他就训练乡勇跟土匪强盗较量，结果以溃败而告终。

后来，刘羽冲又找到了一部古代有关水利建设方面的书。他又伏案读了整整一年，自认为可以使千里之地变成沃土。他绘制了水利图向州官游说。州官认为这是一件利国利民的好事，就派人在一个村子里试行。结果沟渠刚挖成，天降大雨，洪水顺着渠道灌入村庄，村里人险些全被淹死。

从此以后，他郁郁寡欢，常常独自在庭院里散步，自言自语说：“古人怎会骗我!”不久，就得重病死了。

我国古代还有一个按图索骥的故事，更是让人听了以后哭笑不得。

春秋时代，伯乐孙阳为了让更多的人学会相马，使千里马不再被埋没，也为了自己的一身绝技不至于失传，就把自己多年积累的相马经验写成了一本书，配上各种马的形态图，取名叫《相马经》。

孙阳的儿子，看了父亲写的《相马经》，以为相马很容易，就拿着这本书到处去找好马。他按照书上所绘的图形去找，结果一无所获。又按书中所描写的特征去找，最后发现有一只癞蛤蟆好像符合书

中千里马的特征，便高兴地把癞蛤蟆带回家，对父亲说："爸爸，我找到了一匹千里马，只是蹄子稍差些。"父亲一看，便幽默地说："可惜这马太喜欢跳了，不能用来拉车。"

培根说过："狡诈者轻鄙学问，愚鲁者羡慕学问，聪明者则运用学问。知识本身并没有告诉人怎样运用它，运用的智慧在于书本之外。这是技艺，不体验就学不到。"

体验的"体"，意为设身处地、亲身经历；"验"，意为察看感受、验证查考。

我们要明白，人生没有标准答案，有的只是自己的体验，在每个人独特的体验中获得自己的人生价值。

而世界之所以丰富多彩，之所以丰盛美好，就是因为我们每个人拥有独一无二的生活体验和心路历程。

读书不仅要背记知识，更重要的是，要将书本的智慧应用于实践，并将实践的经验去完善书本的知识。

一天，苏轼去看望王安石，恰好王安石出去了。苏轼在王安石的书桌上看到了一首咏菊诗的草稿，才写了开头两句：西风昨夜过园林，吹落黄花满地金。

苏轼心想："西风"就是秋风，"黄花"就是菊花。菊花最能耐寒、耐久，敢与秋霜鏖战，哪怕枯萎了，也不会被秋风吹落，说西风"吹落黄花满地金"是大错特错了。这个平素恃才傲物、目中无人的翰林学士，也不管王安石是他的前辈和上级，提起笔来，续诗两句：秋花不比春花落，说与诗人仔细吟。王安石回来以后，看了这两句诗，心里很不舒服。

后来，苏轼任黄州团练副使，在黄州住了将近一年。到了九月重阳这一天，大风刚停，他就邀请好友陈季常到后园赏菊。只见菊花纷纷落瓣，满地铺金，而枝头无一朵枯花。这时他想起给王安石续诗的往事，才知道原来是自己错了，顿觉十分汗颜。

读书不得法或者没有技巧，往往会适得其反。因为读书不仅要用眼睛去看，要用大脑去思考，更要用心力和眼光把书中的道理看出来。

“壮士腰间三尺剑，男儿腹中五车书。”宋朝著名理学家、思想家、哲学家朱熹说：“读书之乐何处寻，数点梅花天地心。”

“人是活的，书是死的。活人读死书，可以把书读活。死书读活人，可以把人读死。”现代文学家郭沫若一直要求我们“读活书，活读书，读书活。”

伏尔泰说：“书读的越多而不加思索，你就会觉得你知道得很多；但当你读书而思考越多的时候，你就会清楚地看到你知道得很少。”英国作家波尔克说得更是直白，读书而不思考，等于吃饭而不消化。读书而不思考，对于蜜蜂来说，就等于采花而不酿蜜。只有“采得百花成蜜后”，才会最终知道“为谁辛苦为谁甜”。

歌德说：“经验丰富的人读书用两只眼睛，一只眼睛看到纸面上的话，另一只眼睛看到纸的背面。”这个“背面”就是背后的深刻寓意，就是透过现象看本质，就是一种对实践的深层次思考。

杨绛先生曾经说过这样一段关于读书与人生的话：“年轻的时候以为不读书不足以了解人生，直到后来才发现，如果不了解人生，是读不懂书的。读书的意义大概就是用生活所感去读书，用读书所得去生活吧。”

其实，我们每个人都是一本书。父母是我们的出版社，生日是我们的出版时间，身份证是我们的书号……

人生这本尚未完成的书，封面是父母给的，但内容是自己写的，厚度是由自己定的，书的精彩程度，也是自己去创造的。

所以，世界上的书千千万万，每本书都有它迷人的地方，每本书都有属于它自己的味道。

人生如书，书如人生。两者所不同的只是书的结局早已经写好了，而人生的结局却等着我们去创造。

如果读书与成瘾、沉迷，读书与不懂事、不明理，读书与消遣、功利结合在一起，就会使读书变了味，就会使我们迷失做人的本性。而那些所谓的书迷、书痴、书呆子和书虫，只能在狭窄封闭、与世隔绝的空间里，去寻求那一点点虚无缥缈的慰藉。其实，这绝对不是书的错，而是读书人的思维和心智出了大问题。

“尽信书，则不如无书”是孟子说过的一句话。这里说的书，虽然指的是《书经》，但仍有着普遍的指导意义。

学会独立思考才是读书的最终目的。书上的很多话，我们不能当教条看，不能生搬硬套，而要结合生活中的实际情况，活学活用，举一反三。

在明代，有一个医生给病人诊完脉后，随手开了一个药方，其中有药引子“錫”。一个叫戴元礼的医生见了这个处方，感到怀疑，就问那个医生开处方的依据是什么。那个医生拿出一部医书，理直气壮地说：“你拿去自己看吧。”戴元礼拿过书来一看，书上确实是这样写的。但是，为了弄清楚这个问题，他还是翻阅了大量的医书。结果发现，在另一版本上写的药引子是“餳”。那时，“餳”是糖的古体字。戴元礼终于弄清了这是翻版重印时的错误。正是由于戴元礼的质疑，才避免了一次医疗事故。

学起于思，思源于疑。所以说，疑问是人生最好的老师。

培根说过：“如果一个人从肯定开始，必以疑问告终；如果他准备从疑问着手，则会以肯定结束。”

中世纪法国哲学家皮埃尔·阿伯拉尔也说过：“由于怀疑，我们就验证；由于验证，我们就获得真理。”

血液循环理论就是通过质疑而产生的学说。最初，古希腊大学者亚里士多德认为，人的动脉血管里充满着空气。而古罗马医生盖伦对这种观点产生了怀疑。他做了大量实验，证明血管里流动的不是空气而是血液。因此，他创建了“心潮血流说”。后来，英国的威廉·哈维在对前人质疑的基础上，经过反复研究，终于发现了血液循环的规律。

我们读书的目的，不是为了“读点书”而读书，而是为了行动。

读书不是最终的目的，只是一种工具而已。读书的终极目的是为了拿到一把理解世界的钥匙，并试着去打开一扇门。

# 第四章　学习力的重要性

决定你人生高度的，其实是你的学习力。

学习力就是学习的方法与技巧，是所有能力的基础，是决定一个人发展后劲的根本。

学习力是一种核心竞争力。对于未来的人而言，这项能力会变得异常重要。因为强者恒强，一个学习力极强的人，只会越来越强。

我们平时所说的学习力，是指在日常的工作和生活中，敢于学习和接受新事物、新问题，并且善于解决新事物、新问题。同时也是一种善于总结、完善和提高的能力。

学习力包括学习动力、学习毅力和学习能力三个要素，其本质是一种竞争力、战斗力和创新力。而个人的学习力，不仅包括知识总量，即个人学习内容的宽广程度和开放程度，也包括知识的质量、学习的流量和知识的增量。

目前评价学生学习力的指标一般有六个，包括学习专注力、学习成就感、自信心、思维灵活度、独立性和反思力。

学习力可表现为六项多元才能和十二种核心能力。六项多元才能包括知识整合能力、社交能力、心理素质、团队合作、理财能力、策划与决策能力。十二种核心能力则包括注意力、观察力、记忆力、思维力、想象力、创造力、理解力、语言表达、操作能力、运算能力、听知觉能力和视知觉能力。

有的人学得快、学得好，有的人学得慢，而且又容易忘记，如果排除智商的问题，那就是学习力的问题。

田必力耕，书必勤读。学习勤乃有，不勤腹中虚。学习需要长途跋涉和艰苦探索，更需要一个“勤”字。

“天道酬勤”这句话绝对没有错，也是我的座右铭。但随着阅历和认知的增加，现在我认为，比勤奋更重要的还有学习力。

美国未来学家阿尔文·托夫斯曾经预言，未来的文盲不是不识字的人，而是不会学习的人。

学历代表过去，能力代表现在，学习力才代表未来。所以说，学习力是一种关于未来的概念。

在复杂而不确定的未来世界，唯一不变的是变。应该这样说，变革是一种常态，而学习力正是改变这种常态的基础。

阅读力是学习力的一种，而学习力比学历更重要。

阅读力是学习力的基石。如果没有阅读力，学习力就失去了基础，将会变成一个空中楼阁，一个海市蜃楼。

提升了学习力，就是增长了获取知识、增长才干的本领。

首先，我们要强化学习的意识，切实做到想学、真学、能学。其次，要掌握学习的方法，切实做到会学、学好，具备学习有字之书的能力。第三，要善于挤时间学习，做好时间管理。第四，要重视知识的更新，树立终身学习的意识，具备学习无字之书的能力。

相对于书本知识的学习，我们更要善于学习他人的经验。一要自觉地向实践学习，自觉了解实践，尊重实践，总结实践，从实践中获得真知。二要自觉地学习他人的经验，因为“它山之石可以攻玉”。三要在学习的过程中培养钻进去、跳出来的能力，因为学习运用与运用学习是最为重要的学习力。

既然学习力如此重要，那么在我们的工作和生活中，应该如何培养自己的学习力呢？

第一，要有较强的好奇心和求知欲。好奇心是打开未知领域的发动机。在好奇心的驱使下，我们才会有兴趣去探索未知领域，驱动求知欲不断前进。在好奇心和求知欲的推动下，人脑的机能才会变得活跃起来，主观能动性也会被激发出来，探索和学习的能力才会逐渐增强。

第二，要有进取的雄心和野心。“ambition”这个英文单词，有两层基本含义：一层是理想、抱负；另一层是雄心、野心。无论从哪一个层面上讲，都有不断进取、开拓创新的意思。

在普通人的日常工作和生活中，同样需要这种雄心和抱负。只有树立这种积极向上的理想追求，才会激发我们内心向往成功的欲望和潜能。并在这种欲望和潜能的驱使下，我们才会有动力去探索、去钻研、去开拓。也正是在不断进取的过程中，我们才会逐渐培养和积累学习力。

第三，要勇于尝试和实践。实践是认识世界和改造世界的基本途径，也是检验事情做得是否正确的一种手段。只有当我们真正去实践时，才会发现自己的优势和不足。

知行合一，只有在具体“行”的过程中，我们才会发现新问题，遇到新事物，进而去解决新问题，接纳新事物，从而锻炼、积累和培养我们的学习力和创新力。

培养和完善我们的学习力，创新创造我们的理论思维并付诸实践，于国于己都是非常有必要的，也是必须的。

知识就是力量，学习是获取力量的根本途径。

知识藏在有字之书和无字之书这两本书中，而学习力就是从这两本书中获取知识的能力。

一个人的知识多少与学习的多少直接相关。一个拥有过去、现在和未来的人，就是一个爱学习、会学习的人。

那么，我们应该如何去学习呢？林语堂先生告诫我们，学习必须有胆识、有眼光、有毅力。

在这个世界上，犹太人最信奉学习的力量。孩子一生下来，父母便会把蜂蜜涂在书本上，让孩子舔一下，以此告诉孩子“书本是甜的”，取意为“读书有蜜”。

当然，还有许多国家也极度崇尚学习的价值。英国人则给刚出生的婴儿送一个“阅读包”，包括几本儿童图书和阅读证。新加坡人的做法是，护士必须告诉产妇一个重要事项，那就是“读书给婴儿听”。

另外，以色列有图书馆一千余所，平均约五千人就有一所图书馆。仅六百万人口的以色列就有一百万人办有借书证。在人均拥有图书、出版社及读书量上，以色列位居世界第一。“人不能只靠面包活着。”以色列人年均读书六十四本，十四岁以上的人平均每月读一本书。

匈牙利也是世界上学习风气最浓厚的国家之一。这个国家常年读书的人口达五百万人以上，占人口的1/4以上，每年人均购书二十本。匈牙利的国土面积和人口都不足中国的1%，却拥有近两万所图书馆，平均每五百人就有一所图书馆，而我国平均四十六万人才拥有一所图书馆。一个区区小国，因爱学习而获得智慧和力量，靠着智慧和力量，将自己变成了让人不得不服的“大国”。

德国可以称得上是一个爱学习、爱阅读的民族。调查数据显示，有近1/3的德国人认为自己读书“很多”（每年十八本以上），25%的人藏书二百本以上，14%的德国家庭甚至拥有自己的“小图书馆”。

冰岛人把书本看作自己的心爱之物，并以喜欢学习而享有盛名。只有三十六万人口的冰岛，平均每人在一个月里买了两本书，创造了世界纪录。人均阅读量和出书量均冠于全球。

日本的一次学习情况调查显示，有六成日本人读书成风。一个月里读了十多本书的人有3%，读三本的为21%，读两本的占16%，另有46%的人想在日常生活中多读一些书。

在法国，许多人都有学习的好习惯。在人流较多的公交车候车亭或书报亭旁，大都有一两个报刊架，上面放满了最新的免费报刊，行人随手可取。有篇文章介绍说，在地铁里、公园内、高速火车或飞机上，人们都可以看到法国人专心致志地读书、看报的身影。在咖啡馆或酒馆，有人以一杯咖啡或一瓶啤酒，就能“煲”好几个小时的“书粥”。读书成为了大多数法国人生活中不可或缺的内容。

遗憾的是，中国人读书年均不足五本，除去教科书，国人年均读书不足一本。有人还戏称：“如今写书的人比读书的人还要多。”不读书，我们总能找出千万种理由。我仔细一想，国人不爱学习除了“工作忙，没时间读书”这个借口之外，还有以下七个方面的原因：一是国民文化素质偏低；

二是从小没有养成阅读的良好习惯；三是应试教育让孩子们没有时间和精力去读课外书；四是现在的好书越来越少了，内容不吸引读者，而且书价太高；五是网络对纸质图书的冲击；六是新的读书无用论充斥着整个社会；七是缺少良好的阅读环境。

我国每年出版四五十万种图书，连续多年成为世界第一出版大国，但是算不上第一出版强国。与此同时，由于出版的好书少，加之社会阅读量低下，造成大量库存。在这些库存中，有大量是无法盘活的“废纸”。而跟风出版、拼贴炮制是其不忍卒读的重要原因。

那么，让我们再来看看学习给犹太人带来的丰厚回报吧。犹太人是世界上唯一一个没有文盲的民族，就连犹太人乞丐也是离不开读书的；全世界的富有者中，40%是犹太人。诺贝尔奖获得者中最多的也是犹太人，包括1/5的化学奖、1/4的物理奖、27%的生理学或医学奖、41%的经济学奖、12%的文学奖，还拿到了1/3以上的普利策奖和奥斯卡奖，而犹太人仅占世界总人口的0.3%。

我们平时在乘坐飞机时，会发现一个很有趣的现象。坐头等舱的人，几乎人手一本书，静心学习；坐公务舱的人，大多带电脑办公，行色匆匆；而坐经济舱的人，一直在玩游戏、刷朋友圈、睡觉或看电视剧。

在国内，我们经常听到老师叮嘱学生的一句话就是：“回去尽快把作业做好”，而家长督促孩子的一句话也是：“作业做好了吗？”从来没有人问：“今天看了什么书？今天学习了什么？”

另外，我们去公共场所转一圈，就会发现人们不是在玩手机，就是在打麻将、看电视剧，几乎没有一个人在读书学习。即使在学习，也是为了完成任务，为了获得分数，根本没有主动学习和自觉学习一说。这是一种可悲的现象，也是一个很可怕的状态。

当下的年轻人以自我为中心，只关心自己半径三米之内的事情；虽然人们在网络上与人无话不谈，但在现实生活中，却不懂得面对面与别人敞开心扉；没有积极的追求、学习能力低下却丝毫不以为然；遇到困难，懒于思考，不会坚持而立即放弃；人云亦云，做什么事总愿意随大流，大力推崇佛系的生活方式。

遥想当年，马克思曾慨叹，法兰西不缺有智慧的人，但缺少有骨气的人。我想，今天的中国，同样不缺有智慧的人，但缺少有信仰的人，缺少静下心来好好学习的人。

学习既是文明的载体，也是一种享受，一种财富，让人一辈子受益。我们要实现中华民族的伟大复兴，传承和发扬历史文明是必不可少的一部分，而阅读无疑是传承文明最好的途径。

所以说，学习力，就其本身而言，代表的是一个国家最根本的优势。

日本管理学专家大前研一的著作《低智商社会》意外地触动了中国人的敏感神经。他在书中说，在中国旅行时发现书店寥寥无几。中国人均每天读书不足十五分钟，人均阅读量只有日本的几十分之一。

无独有偶，日本青年作家加藤嘉一用汉语写了一本《中国的逻辑》。他在书中提到中国人的读书情况，也是十分发人深省的。他说，中国的知识非常廉价，中国的成年人根本不把读书当回事，一本书的价格还不如一杯星巴克的咖啡。中国的物价、房价都在涨，就是书价不涨。

面对现状，面对事实，这种精神上的"东亚病夫"必须引起全社会的高度重视。我们不可一味地抱怨，即使在一个怀疑的时代，我们依然要保持自省和从容，我们依然要坚守信仰和神圣。无论中国怎样，请一定要记住：你所站立的地方，就是中国；你怎么样，中国便怎么样；你是什么，中国便是什么。

值得庆幸的是，我们已经在转变了。我国把孔子诞辰日——每年的9月28日，定为全民阅读日。2017年4月，全民阅读促进委员会成立。2018年1月1日《中华人民共和国公共图书馆法》正式施行，未来国民的学习进阶路线图已经越来越清晰了。

学习，就是要做到读有所悟，悟有所用，用有所得。

我想，全民阅读，就是一次精神和灵魂上的全民健身活动。

4月23日是"世界读书日"。这个日子是西班牙文豪、《堂吉诃德》的作者塞万提斯的祭日，也是加泰罗尼亚地区的"圣乔治节"。实际上，这一天也是莎士比亚出生和去世的纪念日，又是美国作家纳博科夫、法国作家莫里斯·德鲁昂、冰岛诺贝尔文学奖得主拉克斯内斯等多位文学家的生日。这样一个特殊的日子，我们会做一次宣传，也会搞一些活动，却忽视了节日设立的本意：召唤、鼓励人类读书，享受阅读的乐趣和快感，去追寻"读书这么好的事"。

与其说是知识改变命运，还不如说是学习改变命运，阅读改变命运。

阅读是人生的基本功，是最浪漫的教养，是门槛最低的高贵。无论从人生的意义和生命的价值，还是从功利的成功学角度来说，读书都是最好的一条出路。

应该这样说，现在的读书人可分为两种：一种是读书的人；另一种是会读书的人。

可以这样认为，读书的人常常事倍功半，而会读书的人常常事半功倍。

造成这两种不同结果的原因，就是学习力的差异。所以说，学习是一种能力，不是与生俱来的，需要培养和引导。

《阅读力》一书的作者聂震宁在谈起写作缘由时，说起过一件使他很受刺激的事情。2016年发布的一项中美大学生阅读状况调查报告，披露了中美两国各自排名前十位大学的学生年度借阅率比较，颇为引人关注，也能让中国人好好地思考一番。

美方借阅率排在前四位的是柏拉图的《理想国》、托马斯·霍布斯的《利维坦》、尼克罗·马基雅维利的《君主论》和塞缪尔·亨廷顿的《文明的冲突》；中方借阅率最高的是《平凡的世界》《三体》《盗墓笔记》《天龙八部》，还有一部是《明朝那些事儿》。

由此可见，中国大学生较少阅读有想象力、有国际视野的书籍，较少阅读综合类或有普遍意义的自然科学和社会科学相关书籍。中国大学生偏爱故事类书籍，古典的比例不大，而这些经典书籍恰恰针对现在和未来发展所面临的重大问题。美国的大学生更喜欢哲学类书籍，基本上不受当代互联网的影响。

其实，中国大学生的阅读类别以小说为主，这是有客观原因的。

纯娱乐类小说是阅读的起点。所以，在中国的婴幼儿和儿童时期，动画漫画、童话故事的阅读相对充分。但是中小学时代为了拼高考、中考，阅读功能基本上废掉了，到了大学才补回这一课，又开始了儿时的故事小说阅读。而对于传统经典、史哲和思想领域书籍的阅读，也就严重不足了。

要知道，阅读是一件慢功夫，不是一件功利性很重的事情，而学习力的培养也不可能是一举就可以成功的。

要知道，兴趣是打开学生学习大门的钥匙，而这把钥匙就挂在我们只要仔细观察就可以拿到的地方。

我一直认为，一些国家的教育理念值得我们好好学习借鉴。

以色列的教育以讨论作为教育的起点，“最重要的是教他们思考的方法，也就是让他们学会自己找答案。”让他们学会生存、学会关心、学会学习、学会创新、学会合作并学会负责。

芬兰的教育理念中没有竞争和压力，中小学的全过程没有任何标准化的考试。他们更关注孩子个性化知识的掌握，而学生则拥有更多的时间和空间，去发挥自己的想象力。

德国的教育理念中，兴趣是最重要的。德国老师的存在，不是为了教给孩子具体的知识，而是为了让他们具备自主学习的能力。

胡适说过：“凡一个人用他的闲暇来做的事业，都是他的业余活动。往往他的业余活动比他的职业更重要，因为一个人的前程往往会靠他怎样使用他的闲暇时间。”

他也曾经要求大学生多发展一点“非职业的兴趣”，并且给大学生开出了一个防身药方，而这个药方只有三味药。

第一味药叫作“问题丹”。

第二味药叫作“兴趣散”。

第三味药叫作“信心汤”。

英国十九世纪有两个非同寻常的哲人。一个是约翰·穆勒，苏格兰历史学家、哲学家。他一辈子担任东印度公司的秘书，然而他的“非职业的兴趣”，使其在哲学、经济学、政治思想史上都占有一个很高的位置。另一个是赫伯特·斯宾塞，英国哲学家、社会学家、教育家。他是一个测量工程师，然而他的“非职业的兴趣”使其成为了世界思想界的一个重要人物。

在我国历史上，以“非职业的兴趣”而流芳百世的人也比比皆是。

唐代的颜真卿历任吏部尚书、刑部尚书等要职，但其流传千古的却是书法。其书体被称为颜体，行书《祭侄文稿》被誉为天下第二行书。

明代科学家徐光启早年间屡次应试不中，只好以教书为生。从小对农业生产感兴趣的他，白天给学生上课，晚上广泛阅读古代的农书。因农业生产与天文历法、水利工程的关系非常密切，他又进一步博览天文历法、水利工程和数学方面的著作，最终成为了在数学、天文、历法、军事、测量、农业和水利等方面都有重要贡献的科学家。

学习力是有效学习与适应生活的关键能力，而学习力的构建也是一个复杂的循环过程。

我们大多数人都有一定的学习力。但是我们要知道，学习力一般与智商无关。因为书籍不是用智商来阅读，而是用知识和情商来学习的。

所以说，学习力是一种精神力，是一种心力。因为我们知道，“看过很多书”并不等于有学习力。

读完一本书，并不是终点，“学而致用”才是学习的必经之路。阅读之后要学会与人分享，这样就可以将阅读的效用发挥到极致。只有将学到的知识运用到实践和生活之中，学习才算是真正有用。

有人认为，大学期间所学，等到毕业之时，已经快忘完了；大学期间所学，70%可能还等不到毕业，就已经过时了；等到进入社会、上了班，发现一切都要从头再来，重新进入一个崭新的学习阶段。

哈佛商学院工商管理系的柯比教授就提出，唯有学习力，才能让孩子真正提升学习效率，成为学习的主人。

柯比教授认为，用传统方法去学习，是一个迅速减值的过程；而用学习力去获取知识，则是一个不断增值的过程。

从来没有一个时代，像今天这样需要不断地、随时随地地、快速高效地学习。在过去，一个人全部知识的80%是在学校里获得的，其余20%则依靠在工作阶段的学习；而现在则完全相反，在学校学到的知识不过20%，而80%的知识需要我们在漫长的一生中通过不断学习和实践获得。那种依靠在学校时学到的知识就可以应付一切而受用一辈子的时代，已经一去不复返了。

学习的终极目的是培养有反思性的、经过良好训练的、有知识的、严谨的、有社会责任感的、具有独立创造能力的人。所以，我们更要注意一些十分可贵的优秀品质：一是自信心；二是热情、激情与活力；三是创造精神；四是求知欲和主动性；五是责任感；六是对失败的态度。

《实用性阅读指南》的作者大岩俊之通过学习和研究，掌握了提高学习效率的方法。他建议我们要选择适合自己的书，而在选书时不要被他人的意见和专家的书评所左右。“去实体书店实际接触书，是发现一本好书最有效的方法。”

他还建议，要学会运用“二八定律”，“一本书的重要内容只占整本书的20%，这20%中最重要的仅有4%”。要紧扣自己的读书目的，找出这20%的重要内容和4%的核心要点去集中阅读。

学习是一件主动的事。学习越主动，效果就越好，探索能力就会更强一些，在阅读的世界里收获也会更多一些。

枯燥烦闷时，学习能使我们心情愉悦；迷茫惆怅时，学习能使我们的内心平静下来，看清前路，继续前行；心情愉快时，学习能让我们发现身边更多美好的事物，真正去享受生活的乐趣。

“人不学，不如物”，人不学，不自信。学习是一种提升自我的艺术。“人不学，不知道”，“人不学，不知义”。学习是一个不断提升的过程，更是一种感悟人生的艺术。因为学习，人生才会更精彩！

当我们遇到一本真正值得一读的好书，一定要慢慢地读，反复地读。只有反复读了，才能领会书中的深刻意义，才会对人生有启发意义，才会对一个人的发展有重要的作用。

但凡有所成就的读书人，他们只要爱好一本书，就会随时随地想读即读，并且一如既往地坚持读下去。

曾国藩在答复其弟想到京师读书以求深造时，说过这样一段话：“苟能发奋自立，则家塾可读书；即旷野之地、热闹之场，亦可读书；负薪牧豕，皆可读书。苟不能发奋自立，则家塾不宜读书；即清净之乡、神仙之境皆不能读书。”

读书艺术的真谛是写意，是主动。在女诗人李清照的自传中，有一段自己享受读书之乐的自述：“余性偶强记，每饭罢，坐归来堂烹茶，指堆积书史，言某事在某书某卷第几页第几行，以中否角胜负，为饮茶先后。中即举杯大笑，至茶倾覆怀中，反不得饮而起……其乐在声色犬马之上。”

每当拿起一本书的时候，我们就走进了一个不同的世界，一个沉思的心境和反省的境界。因为学习可以使人得到一种优雅和风味。这就是读书的全部目的，而只有抱着这种目的学习，才可以叫作艺术。

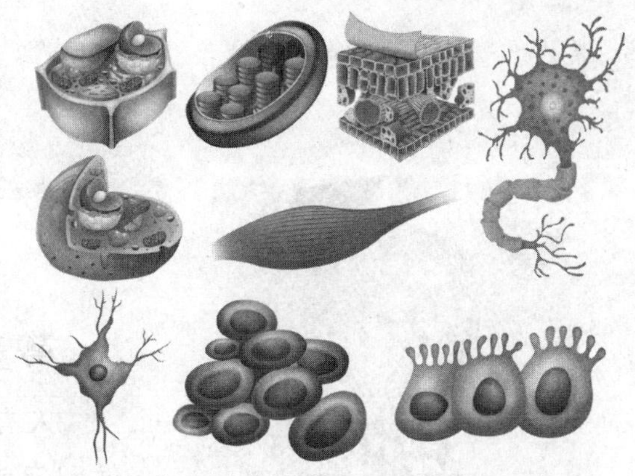

明代哲学家陈献章说过："学贵知疑，小疑则小进，不疑则不悟。"在学习过程中，如果对书中所提供的信息，不假思索地全盘接收，就丧失了自己思想上的独立性与判断力，比不读书更加有害。所以，我们最好是带着问题去学习、去阅读。

学习时要勤于思考，多写读书笔记。写读书笔记，不仅能纠正急于求成、一目十行、走马观花、不求甚解式的读书习惯，还可以慢读、细读、精读，帮助我们去思考和理解，促进书本知识的消化和吸收。

只有在学习过程中处理好勤与久、读与写、博与专、学与思、知与行的关系，才能把读书这门学问变成一种艺术。

要想优雅地阅读一本书，并让灵魂优雅地行走，就需要做到以下两点：

一是要主动去阅读一本书，跟上作者的节奏。

二是要给自己制造适当的约束条件。

大岩俊之认为，"在书店里浏览，或是在上、下班的地铁里阅读，有时反而会帮助人们加深对书的记忆。"他建议我们要以输出倒逼输入，输入知识时必须把书读"薄"，而在输出时必须把书读"厚"。

达尔文说过："一切知识中最有价值的，是关于学习方法的知识。"

爱因斯坦也说过："成功＝艰苦的劳动＋正确的学习方法＋少说空话。"

对于二十一世纪的青年来说，最重要的不是已经学会了多少知识，而是在于是否掌握了适合自己的、高效能的学习方法。

因为我们看的是书，读的却是人生。

# 第五章　身心与灵魂

人有身、心、灵三个部分，要是能做到三者合一，便会获得愉悦，活得自在。

著名学者傅佩荣在《完整人生》一书中说："认识自己，是人生的起点。我们谈论完整的人生，不能忽略身、心、灵三个部分……身体健康，是必要的；心智成长，是需要的；灵性修养，是重要的。"

"身"是指躯体、身体；"心"是指心理、情绪；"灵"是指灵性、精神，即人的意识、思想和思维活动。换言之，身、心、灵分别指自己与自己、自己与他人、自己与社会的关系。

人生的最高层次是实现身心灵合一、天地人自由。达到身心健康、灵魂安逸、身心灵和谐的境界，是一种活在当下的幸福境界。

然而，要做到身心灵三位一体、和谐发展，并不是一件容易的事。

身体是我们直接与外界接触的部分，它能感知冷暖、感知病痛、感知爱恨。同时它也能展示我们的形体美。身体是让外界认识我们的第一条通道。所以，我们要好好爱护它、用心呵护它。

我们要让自己身轻如燕，让自己面若桃花，要将身体最好的一面展示于人，让别人感到愉悦，让见到我们的每一个人如沐春风。

健康是一个人生命的基础，是人生幸福的源泉。

健康不能代替一切，但是没有健康就没有一切。

我们要创造人生辉煌和享受生活乐趣，就必须珍惜我们的身体，学会健康生活。人生是否幸福，或许有很多衡量标准，但是健康永远被列在第一位。失去了身体健康，没有了健全的体魄与饱满的精神，生命就会黯然失色、兴趣索然。

世界卫生组织指出：44岁以下为青年人，45～59岁为中年人，60～74岁为年轻的老年人，75～89岁为老年人，90岁以上为长寿老人。并提出了包括体格、心理和社会三个方面内容的健康“十大标准”：

一是精力充沛，能从容不迫地应付日常生活和工作。

二是处世乐观，态度积极，乐于承担任务，不挑剔。

三是善于休息，睡眠良好。

四是应变能力强，能适应各种环境变化。

五是对一般感冒和传染病有一定的抵抗力。

六是体重适当，体态均匀，身体各部位比例协调。

七是眼睛明亮，反应敏锐，眼睑不发炎。

八是牙齿洁白，无缺损，无疼痛感，牙龈正常，无蛀牙。

九是头发光洁，无头屑。

十是肌肤有光泽，有弹性，走路轻松，有活力。

对于生命与健康的重要意义，很多人都有切身的感受。特别是当生命与健康处于危机和困境之时，健康的意义才能真切地被感悟，生命的重要性才能真切地被感受。

由于小升初、中考和高考的考试制度，导致无数学生两眼不望窗外、双耳不听风雨。他们终日埋头于题海，上厕所跑着去，吃饭也没有多少时间。由此出现了无数的“泡面党”和近视眼。饮食营养不均衡，身体不是瘦弱就是过度肥胖，真正体形匀称的学生比较少。

没有健康的身体，事业就得不到保证；没有事业的进取，健康的意义将大打折扣。所以说，热爱健康就是珍惜生命，热爱健康就是热爱事业，就是热爱社会、热爱家庭，就是热爱自己、热爱别人。

活着就好，活着就有资本；健康就好，健康就是资本。

那么，决定健康的因素有哪些

呢？世界卫生组织的数据表明，生活方式占60%，遗传因素占15%，社会因素占10%，医疗因素占8%，气候因素占7%。

我国一直在倡导“合理饮食、适当运动、戒烟限酒、心理平衡”这十六个字的健康理念。

我想“合理饮食”这四个字，不是简单的宣传口号，而是实实在在的数字表达：每天100克荤菜（鱼肉等）、200克水果、300克粗细粮搭配的主食（含75克杂粮）、500克多个品种的蔬菜、8 373.6千焦（2 000大卡）以内的总热量、烹调油25克以内、食盐不超过6克、水6～8杯（1 500毫升左右）、每周坚果70克、鸡蛋5个。

“适当运动”这四个字也是一样，必须有定量的表述。每次运动总时间60分钟（有氧平地运动为主），其中热身准备活动10分钟，训练活动40分钟，结束整理活动10分钟，每周活动三五次。

如吸烟，应积极戒烟；如饮酒，男性每天饮用的酒精量不超过25克，女性不超过15克。另外，要做到“三乐”——助人为乐、知足常乐、自得其乐。

罗纳德·布瑞斯朗提出了健康生活习惯的几个建议：

一要防治肥胖。

二要少喝酒。

三要戒烟。

四要每天步行一小时以上。

五要吃饭七八成饱。

六要不过度摄取甜食。

七要保证深度睡眠。

八要少摄入脂肪。

九要饭后刷牙。

十要控制盐分。

生命不仅仅是躯体，而是心性，“不是你活了多少日子，而是你记住了多少日子”。

人生不仅仅是岁月，而是永恒，“不是你所站的位置，而是你所朝的方向”。

我们都知道人体中有一个给脏器供血的心脏。其实还有一颗隐形的心脏，我们并不太关注，它承担着给心灵供血的任务，不会因岁月的流逝而停下脚步。这颗看不见的心脏，就是我们的初心、本心。

我想，即使生活在五指山的重压之下，即使生活在龙卷风的肆虐之中，我们也要坚守好自己最珍贵的东西。那就是，勿忘初心，坚守本心。

初心人皆有之，贵在坚守。有人说，初心是孔子“居之不倦，行之以忠”的为政之道，是包拯“清心为治本，直道是身谋”的为官箴言。也有人说，初心是“人之初、性本善”的那份人性纯真，是“人生若只如初见”的那份人生美好，是“不畏浮云遮望眼”的那份勇气担当，更是“惯看秋月春风”的那份生命淡泊。

初心可以是最真实的自己，可以是最初的梦想，也可以是第一次对异性的心动。

其实，说到底，初心是一个人的根，是一个人的命根子。

然而，长大以后才发现，我们唱了一路的歌，却发现无词无曲，更没有了那份初心；我们走了很远很累，却忘了为何出发，更不知道路在何方。

伊芙琳·格兰妮八岁时就显露出了极高的音乐天赋，然而，十二岁时她却失聪了。

这对于一个音乐爱好者来说，简直就是一个致命的打击。但是关键时刻，她还是选择了坚持自己的初心，要将最初的梦想进行到底。她只穿长袜演奏，几乎用她所有的感官来感受这个美妙的音乐世界。

后来，她终于成功了，成为了世界上第一位打击乐女演奏家。

失聪仿佛是上帝给她开了个玩笑，在亲朋好友纷纷劝说她放弃音乐的时候，她没有被外界所改变。相反，她用初心改变了这个世界。

世界虽然很大，却始终大不过人的初心。所有真正改变世界的人，都只是把握了自己的初心而已。

心虽存于内，却能觉知身体的每一处变化。所以，人们常常说要用心去感受、用心去学习、用自己的真心换取别人的真心。

心在哪里，命就在哪里。所以说，心念是生命的总开关，一开是光明无限，一关便是黑暗无边。

我们每个人都能看到自己内心的光，而这种光，就是那颗初心、本心。所以，我们要时常和自己在一起，时常与自己的内心在一起。

人生靠的是一个梦，生活靠的是一颗心，这就是生命的真谛。

只要心态不老，只要信念不灭，人生一定不会后悔。不管路有多远，都会有尽头的时候；不论痛有多深，都会有结束的时候。

有时候，选择其实很简单，往自己心里感到踏实的地方走下去，静下心来倾听自己内心的声音就可以了。

心静了，才能听见自己的心声；心清了，才能照见万物的实相。所以，我们要停下来，笑看风云；坐下来，静待花开；沉下来，宁静如海；定下来，静观自在。

所以，无论山高，还是路远，我一直在寻找那一方乐土，以了却一段飘摇；无论风萧，还是水寒，我一直在反思那半生的得失，以求得一丝安宁和解脱。

“雁过长空，影沉寒水”“芦花两岸雪，江水一天秋。”

“水静极则形象明，心静极则智慧生。”所以，我们常常说，心境平静无澜，万物自然得明；心灵静极而定，刹那便是永恒。

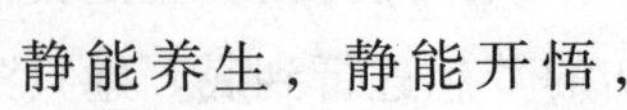

静能养生，静能开悟，静能生慧，静能明道。翁同龢说：“每临大事有静气，不信今时无古贤。”心静了，世界也一定随之安静了。心静，其实是一种最好的心境！

身空心静，云淡风来；“无念则静，静则通神。”心静者，就能“骤然临之而不惊”“于无声处听惊雷”。梁启超说：“每天静坐一两个小时，求其放心，常使清明在躬，气志如神，梦剧不乱，宠辱不惊。他日一切成就都基本上是这样。”

有时候，我们要好好反思一番，同样的春夏秋冬，同样的百年人生，为什么有的人活得乐观向上，有滋有味；而有的人却活得沉重不堪，悲观厌世。

我想，一个很重要的因素，就在于是否有“闲事在心头”的感知。

一个人的人生，就是简简单单，像诗一样生活着，如花一样绽放着。若如此，则自己精彩，别人也明白。

“演尽红尘千万事，却为过客未曾欢。”也许，生活很平淡，但也要在这平淡的生活里，流淌出诗意般的幸福。

有这样一则故事值得我们去反思生命、解剖人生：

三只青蛙掉进了鲜牛奶桶中。

第一只青蛙说：“这是命。”于是它盘起后腿，一动不动地坐着等待死亡的降临。

第二只青蛙说：“这桶看来太深了，凭我的跳跃能力是不可能跳出去的，我死定了。”于是，它渐渐地沉入桶底淹死了。

第三只青蛙打量着四周说：“真是不幸！但是我的后腿还有劲，我要找到一个垫脚的东西，跳出这只可恶的牛奶桶！”于是，它一边划一边跳，一边跳一边划，牛奶在它的搅拌下慢慢地变成了奶油块。在奶油块的支撑下，这只青蛙纵身一跃，终于跳出了牛奶桶。

“人非圣贤，孰能无过？”“过而能改，善莫大焉。”

所以，我们一直在生命里反省、改过，在流年里浅唱、祈福。

自我反省者可赞，及时悬崖勒马，回头就是彼岸；执迷不悟者可悲，身陷愚钝囹圄却一直浑然不觉；自欺欺人者可耻，早已路人皆知，却依然掩耳盗铃！

人生不必在意太多的东西，该留的要留，该丢的要丢！

这世间没有什么一定是你的，唯有自己的良知与品格；这世间也没有什么让你解不开的，安顿好自己的心态即可。

雄鹰说：“蜗牛可以奋力爬上金字塔的顶峰，而我勇于反省，可以展翅翱翔、傲视蓝天。”

绿叶说：“红花娇艳美丽、人见人爱，而我勇于反省，可以装点春色，为人们带来美的享受。”

小溪说：“雨滴可以奋力冲破云霄，而我勇于反省，可以滋润山川大地，为人类默默灌溉。”

“反省，是你在教我成长。”生命因时常反省而成长与成熟，生命也因时常反省而精彩。

人生如书，读不尽；人生如景，看不完。我们发现别人缺点的时候，越应反思自己，越应检点自己的言行，反观自己的内心，以取长补短，使自己不犯与别人同样低级的错误。

只有读懂自己的人，才能真正读懂人生这部大书。因为人生这部书的作者是自己，读者也是自己。

现代人忙忙碌碌，但许多人不清楚，忙是为了自己的理想，还是为了不让别人失望？我们已经忙得分不清欢喜和忧伤，忙得没有时间痛哭一场，忙得来不及去反省和总结，忙得顾不上去慰藉自己疲惫和受伤的心灵。

对于现代人来说，初心并非仅仅是指最初确定的目标和梦想，更是指做事的初衷和缘由；更进一步讲，是指人生的本意，是对生命本源的叩问，是对精神信仰的反思。

有的人经常埋怨外部环境，埋怨别人不理解自己，埋怨自己的辛苦付出没有得到应有的回报，埋怨世道不公和机会不来。这些人希望另外可以找到一个安身立命的地方，结果到了那里，也是一样的结果。

如果一个人不懂得自我反省，无论他到任何一个地方，结局都是比较糟糕的。

反省也是一种虚心。多反省、多责备自己，这是一种勇担责任的表现，也是一种远离失误，不再重犯错误的前提。

少埋怨、少指责别人，这是一种宽容大度的表现，也是一种使别人亲近自己的方法。

儒家认为，“不迁怒”是一种操守，“不贰过”是一种修养。

高尔基也说：“反省是一面莹澈的镜子，它可以照见心灵上的污点。”

人生百年，无过是一种假想，思过是一种成熟，而改过则是一种美德。

只有不断反省、知过、改过，人生才会圆满，生命才会远离祸害，命运才会真正改变。

能改的，叫作缺点；不能改的，那就是弱点了。

改过的核心和重点是耻心、畏心和勇心这“三心”。我们要改过，首先要知耻。如果一个人没有羞耻心，没有惭愧心，是不可能知过的，更不可能去改过。

严于律己，宽以待人，这是虚心的表现之一。严于律己就是一日三省，见过自讼，见过自改。只有做到内省，做到了有所约束，才会少犯错误，少犯大错误，甚至不犯错误。

对于内心的不安定和浮躁，世人应以心如止水的心境，练习静坐，感悟人生，认识自我，医治创伤，开发智慧。

我们应该少一些批评，多一些鼓励；少一些指责，多一些包容；少一些怨怼，多一些赞美。我们应该少贬低他人，多反省自己。只有这样，才能不断提升自己的生存价值，才能成就“人人自有、个个圆成”的境界。

车刹的一生，是阻碍车轮前进的一生。但车轮非常喜欢车刹，尽管车刹老是跟它过不去。驾驶员也非常重视车刹，每次上路，总要先试试车刹，看看它是否忠于职守。

下坡时，车刹要灵；上坡时，车刹也要灵。

遇红灯，要用车刹；遇绿灯，也离不开车刹。

车刹的存在，其实是为了前进。所以说，车刹的一生，就是前进的一生。

斗转星移，天有春夏秋冬；人海茫茫，难免悲欢离合。这都是不以人的主观意志为转移的客观存在，喜欢不喜欢它都会来的。关键在于，每个人如何去认识、去对待、去体验，这就是我们所说的“境由心造、事在人为”。

在一个乐观向上、生性豁达的人眼里，春有春的妩媚，夏有夏的热烈，秋有秋的幽静，冬有冬的安谧，天天都是好时节，每天都值得我们好好去回味一番。

而对一个消沉悲观、心胸狭窄的人来说，春日发困，夏有酷暑，秋多蚊虫，冬有严寒，简直是度日如年，没有一天是好日子。

认识自己的本心很难，认识

和回归初心的过程也很难，这正如尼采所说："离每个人最远的，就是他自己。"

但人生就是一个自己寻找自己、自己认识自己的过程。

"独坐幽篁里，弹琴复长啸。深林人不知，明月来相照。"我喜欢在空旷的深夜里，静静地独享子夜的宁静，好好地"想想自己"，去寻找灵魂深处那个当初的自己，以及那抹岁月的芳香。

我知道，在心尖上流淌的岁月，已悄悄从我的身边溜走，或悲，或喜，或苦，或乐。蓦然回首，昨日还是一个懵懂少年，今日已是五十而知天命。

子在川上曰："逝者如斯夫，不舍昼夜。"我只能在漆黑的夜晚，伤感地轻叹一声"盛年不再来，一日难再晨"。

世事变迁，人心不古，但是我们还是应该用一颗美好之心来欣赏这个世界的风景，用一颗快乐之心来对待每一天的生活琐碎，用一颗感恩之心来感谢生活磨炼带给我们的成长，用一颗宽阔之心来包容外界对我们的伤害，用一颗平常之心来看待人生的得失与成败。

要知道，在忙碌的生活中，谁都会有难处。因为人生一定会有太多的纠结，让我们茫然无助。在现实的生命里，谁都会有苦楚。因为生活一定会有太多的坎坷，让我们无可奈何。

那么心到底有多大的能量呢？要知道人无心便只是躯壳。心是身与灵的桥梁，可以通达人体的神经末梢。当情感受到挫折时它会生病；当人遇到开心兴奋的事时，它会心跳加速，同时会带动血液和神经活跃起来；身体长久不运动，或遇到事情不顺时，它就会唉声叹气……

一个旅人在路旁看到许多盛开的鲜花，他一边走一边采。

沿途的花一朵比一朵大，一朵比一朵美，一朵比一朵香。到黄昏的时候，将近旅程的终点，他看到一朵巨大的、奇异的花，在暮色中散发着沁人心脾的芬芳。

他喜出望外，抛掉了手中所有的花，奔跑过去。但是他的脚步却因跋涉的疲劳而显得异常沉重。等到他终于赶到那朵花的面前时，那朵花已经枯萎了。他绝望地握住花梗，一摇动，花瓣便一片一片掉了下来。

于是，有人为旅人感叹。如果他不留恋那些小花，而是大踏步地一直向前走，就可能得到那朵奇异的花。

其实，就算他得到了那朵令他喜出望外的奇异的花，当他回眸时，也会以同样的心情为自己错过那么多芬芳的无名小花而遗憾。也许就在这些不起眼的无名小花中，会有一朵更让他心驰神往，更让他感慨不已，更让他喜极而泣。

我们应该明白，说到底，生活是内心的生活，生存是内心的生存，生命也是内心的生命。对于未来的工作和生活来说，怎样工作一定比努力工作更重要，工作态度比工作能力更重要，而生活一定比工作重要。

如果我们的心中光明一片，人生就会畅达无阻；如果我们的心中有阳光一缕，事业就会飞跃上升。

我想教育最基本的人性，就是对一个孩子生而为人的尊重。因为这个世界上，没有什么可以成为剥夺一个孩子尊严，用精神暴力扼杀一个生命的理由。

德国有机化学家阿道夫·贝耶尔一直生活在父母的言传身教之中。当他十岁生日的那一天，原以为爸爸妈妈会像其他小朋友的父母那样，为他热热闹闹地庆祝一番。可是这一天，母亲一大早就把他领到外婆家里，在那里消磨了一整天，根本没有提过生日的事。在回家的路上，他很不高兴，一直嘟着嘴不说话。母亲见了，语重心长地说："我生你的时候，你爸爸四十一岁，还是个大老粗。现在他五十一岁了，可还跟你一样，正在努力读书，明天还要参加考试。我不愿意因为你的生日而耽误他的学习，时间对他来说实在太宝贵了。你现在还小，也要学会珍惜时间。"

母亲的话语，如雨露一般，点点滴滴滋润着贝耶尔幼小的心田。后来他回忆道："这是母亲送给我十岁生日的最丰厚的礼品。"

贝耶尔在大学读书时，有机化学家贾拉古教授的名字传遍了德国。不过，那时这位教授还很年轻。有一天，贝耶尔和父亲在一起闲谈，提起了贾拉古教授。贝耶尔说："贾拉古只比我大六岁……"言外之意是，这个人并没有什么了不起。

父亲听了后对贝耶尔说："大六岁怎么样，难道就不值得你学习吗？我读地质学时，老师的年龄比我小三十岁的都有，我一样恭恭敬敬地称其为老师，认认真真地听课。你要记住，年龄和学问不一定呈正比。不管是谁，只要有知识，就应该虚心向他学习。"

我们要明白，心理健康对孩子的重要性，高于一切。

但在现实中，身与心分离、重身轻心的想法，重物质轻精神、重技术轻人文的思想，使得我们很少有时间去照顾自己的内心世界，很少有机会去关爱孩子的心灵健康，使得这颗脆弱的内心没有了安家的地方，更没有了养护的机会。

叛逆期的青少年正处于心理过渡期，独立意识和自我意识日益增强，迫切希望摆脱成人，特别是父母和老师的监护。

“孩子突然像变了个人似的，真难管”，这是诸多家长对孩子叛逆期的共鸣。

这个时候的青少年常常和父母唱反调，不理睬父母，喜欢和父母对着干。如果父母再三叮嘱同一件事，会使孩子感到厌烦，反感父母的批评，厌学情绪严重，网络游戏成瘾情绪波动起伏大。

其实，一个人有三个叛逆期：二三岁时，称为宝宝叛逆期；六至八岁时，称为儿童叛逆期；而十二至十八岁时，就是大家熟知的青春叛逆期。

我在网络上看到过一位妈妈写给叛逆期孩子的一封信，摘录几段与大家共享：

孩子，你正站在人生的节点上。回首是悄然溜走的童年时光；向前是青春的帷幕在徐徐向你开启。

有些话，我们不跟你说，没有人会跟你说。

让我们彼此约定吧！做父母的要好好工作，而你则要好好读书，谁也不让谁操心。

人可以没有伟大的理想，但不能失去目标。你应该明白，作业多、书包重、没日没夜地学习，这不是父母的无情，而是现实的残酷！

在家里，子女个个都是“小皇帝”。但是在学校里，没有人会把你当回事，除非你的成绩更优秀，才艺更出众，表现更出色。社会也是如此，以后是被别人瞧不起，还是获得尊重，都需要自己负责。

在学校，学习是主要的，但不是唯一的。学习好却体质差，这与“读书读书，越读越猪”没有两样。

一个人的未来是由知识、能力、态度决定的。知识可以通过学习获得，能力也可以在实践中增长，而态度却是由习惯养成的。现在，端正态度应该还来得及。未来，我希望你所做的一切，是既利己，又利人。

在学校里，老师没有义务对你好，除非你首先尊重老师；同学没有义务关心你，除非你首先关心同学；在你的一生中，也没有人有义务要对你好，除了我和你爸。不要以为世界少了自己，地球就转不了；也不要以为个人太渺小，就自我放弃和自我抛弃。

孩子，早晚有一天，你是要谈恋爱的。我以过来人的身份忠告你：花前月下漫步总是美好的，甜言蜜语更是迷人，可是别忘了现实中还有风霜雨雪。爱情那点事，无外乎——你爱她，她不爱你；她爱你，你不爱她；你和她彼此相爱，但这种爱恋的概率不足10%。

为人父母，谁都渴望与子女的距离近些，更近些。但是随着儿女的成长，属于你们的天空肯定会越来越广阔，与父母的时空距离也肯定会越来越远。但是，你要知道，父母的天空与儿女的天空恰恰相反——随着一天天老去，而变得愈来愈小。

亲人的缘分只有一次。这辈子，即使无法与你一路伴行，但是在风雨交加的时候，总会想着为你遮风挡雨一程。这辈子，无论我们会和你相处多久，也请好好珍惜共聚的时光。因为下辈子，无论爱与不爱，可能都不会再见。

社会上有人戏称，现在的熊孩子是地球上最可怕的生物之一。其实，熊孩子的现象一直都有，过去就有俗语说“七八岁的孩子讨狗嫌”。

我们应该明白，每一个熊孩子的背后，必定会有一位熊父亲或熊母亲。

据报道，长沙一公交车上，一女子让男童抓住拉手练吊环。司机劝阻后，该泼妇怒怼，“关你屁事”，并对司机大吼：“我天天都这么吊，就你有意见，你有病啊！”后来还打电话投诉司机。最后，司机出于安全考虑只得将车停靠在路边。

2017年3月，在一火锅店内，年轻女子被一熊孩子毁容。起因竟是小孩非要玩姑娘的手机，其间，妈妈一直怂恿孩子：“你去跟姐姐说，让她给你玩玩呗！”

遭到拒绝后，熊孩子先是往女生的锅内吐口水。后来他竟趁着女生上厕所起身的时候，将滚烫的汤水劈头盖脸地浇在了姑娘的脸上。

所以有人说，比熊孩子更可怕的，是藏在熊孩子背后的那一对可恨的熊父母。

熊父母的每一次骄纵，其实就是一场恶毒的诅咒，会让自己的熊孩子慢慢地变成恶魔。

我以前读过一则寓言故事，叫《小偷和他的母亲》。从前有一个小孩，有一次他趁同学不注意，偷了同学的一块橡皮，高兴地回家交给了妈妈。他还把怎么偷到它的经过，详细地告诉了妈妈。没想到，妈妈非但没有批评他，反而还表扬了他。于是，这个小孩的胆子越来越大，经常偷东西，从同学的文具到老师的钱包，还从学校偷到了邻居的家里。

有一次，他在街上公开抢劫的时候，被见义勇为的路人绑送到了警察局。再后来，在他被押上刑场的时候，他请求跟妈妈贴耳说几句话。当妈妈低下头时，没想到他竟然一口咬下了母亲的耳朵，生气地说："当初我偷了一块橡皮时，如果你打我一顿，及时制止我的偷窃行为，我也不会落到今天这种地步了！"

此时，让我想起了日本作家伊坂幸太郎说过的这样一句话："一想到为人父母居然不用经过考试，就觉得太可怕了。"

这些叛逆的问题少年不是天生的，而是源于一种教育的缺失，尤其是家庭教育。

要知道，孩子的行为方式，或许在一定程度上有基因遗传的因素。但更重要的是，孩子对行为规范的认识，一开始受家庭的影响最大。家长的言传身教至关重要，甚至身教比言传更重要。

我们做父母的要反思一下，现在的孩子到底缺什么？

我想，至少存在以下几方面的"缺"点：一是缺劳动、自立和自信；二是缺锻炼和饥饿；三是缺批评和惩罚；四是缺正确的自我意识，以自我为中心的思想比较明显；五是缺同伴和合作精神、分享和爱心、自由和尊严。

当然，现在的孩子最紧缺的是读书的快乐和爱的陪伴。

马斯洛曾说过："对于那些向往明眸而不愿瞎眼，喜欢感觉良好而不希望感到难受的人，追求完整而不愿残缺的人，可以建议他们去寻求心理上的健康。”

所以，世人一定要明白，一切问题其实都是心和灵的问题。是否做好事、做好人，这完全取决于我们自己的心灵状态，取决于我们的心性所向。所以，我们的青少年要“野蛮其体魄，文明其精神”。

心灵若冰清玉洁而庄重高尚，世界就光明磊落而严正崇高；心灵若黯淡污秽，阴暗龌龊，生活也就阴暗龌龊。

经常乘坐飞机的人们都会有这样一种体验：当飞机上升到一定高度，超越了雷雨交加的云层，此时往下看去，云层下面电闪雷鸣、大雨倾盆，而云层之上却充满着朗朗阳光。这时的飞机，不会受云层下面恶劣天气的影响，平稳地按照既定的航线飞行着。

我们的心灵也是一样。在一定的“云层”之下，会有种种“乌云”遮蔽心性的光明，让我们生活在黑暗的阴霾里。然而，当我们的心灵超越了这个特定的“云层”，就会发现“云层”之上是晴空万里。此时，我们的心灵也将获得一种全新的解放和自由。

当我们带着这种更高的精神境界和追求，回到现实中时，智慧和聪明仿佛被提升到了一个更高的层次。此时，我们就能用独特的眼光来看事物，就能发现一些以往不会注意到的细节和规律，就能承受更大的压力和磨难，从而使自己的决策和行动成为神来之笔。

一个拥有健康身心的人，更容易保持积极乐观的心态，而这正是培养积极生活态度所不可缺少的条件。

一个生活丰富多彩的人，必定拥有健康的身体和良好的心态。他们往往更懂得健康之道，把维护健康看作生命的崇高责任。一个连自己生命都不爱惜的人，是不可能去体验幸福滋味的。

每次高考前夕，每一所学校都会发出各种各样的决战宣言：

“我拼命，我怕谁？只要学不死，就往死里学！”

“扛得住给我扛，扛不住，给我往死扛！”

“为了以后不辛苦，现在就要天天辛苦！”

“自己选择的路，跪着也要走下去！”

“眼泪不是我们的答案，拼搏才是我们的选择！”

“要成功，先发疯，下定决心往前冲！”

“宁掉十斤肉，不失半点分！”

……

这些决心和誓言，弥漫着一种另类的“恐怖”气氛，也会影响学生的身心健康。

我们每个人在静态上，就是有肉身、有思维、有情感，而在动态上，就是有行动、有思考、有感受。

英国诗人托马斯·艾略特的诗歌《空心人》描写了一群失去灵魂的现代人。人是空心人，头脑里塞满了稻草，人的声音完全没有意义，像风吹在干草上，而整个世界将在“嘘”的一声中结束。

空心人就是倒头便睡、没心没肺的人。这些人没有思维、没有思想，没事无所用心，有事也不会思考。

今天的人们空前烦躁，没有人性关怀，也没有关爱自己、爱护他人的时间和能力，更没有观照内心灵魂深处的方法和手段。

所以，我一直希望在这个星球上，有一些关注和仰望天空的人，有一些反思人心和人性的人，有一些关爱心灵和灵魂的人。

作为一个活生生的社会人，虽然无奈于世俗的模糊和人生的走向，但是我们依然要优雅地保持这颗初心。在生命的历程中，如果我们忘记了初心之本源，就无法始终如一，就等于输了全部。因为“不忘初心”与“失去初心”，只是一念之差。

如何守住初心？坚持初心是否就一定能到达理想的彼岸？是否就一定能拥有预期的人生轨迹与命运结局？面对这些问题时，我们会很犹豫、很迟疑，甚至很纠结。毕竟在现实生活中，这是一颗悸动在各种尘俗纷扰中的内心。特别是在意志动摇之时，就会在心中反复质疑，以致初心与现实之间不自觉地进行较量。

初心很美好，现实很骨感。坚守初心，或许会承受很多，甚至是痛苦，

是悲哀。在这个物欲横流的现实世界中，影响我们的杂音和杂念太多了，凡人很难去杜绝种种贪婪、诱惑、妄想、固执的滋生。

有人说，要想成为一棵大树，需要具备五个条件。其实，要想成就人生的辉煌，也同样需要这五个条件。

第一，需要充足的时间，因为时间是体验的积累和延伸。

第二，要拥有一份洒脱、一份淡定、一份与世无争、一份问心无愧，任凭风吹雨打，我自岿然不动。心如磐石，“咬定青山不放松，立根原在破岩中。千磨万击还坚劲，任尔东西南北风”。坚守信念，永葆初心，专注修养，必将成就正果。

第三，要不断学习，充实自己。因为只有扎好根，事业才能基业常青。

第四，努力向上长。因为只有向上，才会有更大的空间。

第五，积极阳光。因为只有阳光，才会有灿烂的明天。

有的人活着，其实已经死了；有的人死了，却还活着。因为不朽的是灵魂，腐朽的是肉体。灵魂是人的最后一层内衣，而这层内衣保护着我们的神圣与尊严。

人一定是有灵魂的。灵魂有时很大，有时却很小。当灵性很强大的时候，我们就会感觉身上仿佛有一团火光照耀着自己，满满的自信油然而生，感觉自己做什么事都能成功。此时，仿佛身后有一个坚强的后盾，在一直陪伴着自己；仿佛前方有一个高悬的太阳，在一直指引着自己。而当灵性虚弱的时候，我们的外表不会那么自信，就像受伤的小孩，需要得到家人的安抚和慰籍。

一个人一旦失去了理想，灵魂没有了归宿，也就失去了追求的目标，失去了对生活的希望，就会变成一具行尸走肉。

当一个人失去了灵魂，就等于失去了所有，包括生命。

仁爱是一种美丽的情怀，而赠予和奉献的本身，是一种对自己灵魂的润泽和慰藉。我多么希望，这个世界的每年每月每天、每时每刻每分，都充满着付出爱、奉献爱、传递爱的馨香。

如果我们常怀仁爱之心，仁爱就如一把人生的保护伞，会一路伴我们同行。如果我们常怀慈悲之心，行为就会规范，身心就会和谐，灵魂就会升华，生命就会有奇迹。

席勒说：“爱能使伟大的灵魂变得更伟大。”

罗曼·罗兰也说："爱是生命的火焰，没有它，一切会变成黑夜。"

人除了生存，需要生活，更需要一种体面、尊严的生活。一方面，我们追逐着繁华，追求着富有，为的就是要营造一种物质家园；另一方面，我们寻找思想的寄托，寻觅灵魂的栖息地，是为了创造一种精神家园。

所以，我们应超越现实的残酷，带着诗意去生活，带着心情去旅游，带着灵魂去远行。

对于世人来说，付出和奉献是一种善良，是一种灵魂的火花，也是一种仁爱。

付出一定会有回报。而这种收获，有时不是金钱和物质，而是一种美德、快乐和幸福。付出是一种既平凡又高尚的美。我们付出仁爱，就能拥抱美好的人生。

有时候，付出与收获并不一定呈比例。这是因为幸福不是一道证明题，也不是一道算术题，而是一种满足感。幸福其实很简单，幸福有时是一种拥有，有时是一种付出，而有时仅仅是一种感觉。

如果把一些人、一些情、一些事，都装在心里，心会很挤，人会很累、很塞。我们要懂得卸载，不可与别人比较，不可与自己计较；要用心做人，埋头做事；要脚踏实地，顺其自然。我们更要给心灵一个空间，让自己的身心得以喘息，让阳光有充足的时间去沐浴和净化我们的灵魂。

拥有孤独，就意味着拥有一种收获。我们应该学会在孤独中擦干自己的眼泪，包扎自己的伤口。我们还要在孤独中守护坚强，在孤独中释放悲哀。并且让悲哀渐渐远去，让心灵获得自由，让灵魂变得强大。

只有品味孤独的人，才更懂得生活；只有读懂孤独的人，才更懂得珍惜；只有领悟孤独的人，才更懂得完善自己。

只有拥抱孤独的人，才更能够从容面对春夏秋冬、笑迎岁岁年年；只有享受孤独的人，才更能够真正做到"淡看红尘飞舞，悠观世事沉浮"。

其实，孤独是另一种繁华。

因为在孤独之境中，没有世情纷扰，没有名利羁绊，更没有杂事缠身。

孤独之境界是一种优美的处世姿态和生命本源，是一种崇高的人生态度和生活原则，是一种浩然的精神境界和灵魂寄托。

人生最重要的，不是已经失去的，也不是尚未得到的，而是此刻所拥有的。所以，我们要怀有一颗感恩的心，懂得知足常乐，爱护现在所拥有的幸福，珍爱当下的生活。只有这样的当下人生，才是生命的富有、灵魂的安祥。

人淡如菊，要的就是菊的淡定和执着。因为它有一种“宁可抱香枝上老，不随黄叶舞秋风”的坚贞，而少一份“我花开后百花杀”的霸气。这样的淡，淡在荣辱和成败之外，淡在名利和诱惑之外，却浓在骨髓和灵魂之内。

如果生活越接近于素淡，内心就越接近于绚烂。只有内心的安宁，才是真正的安宁。因为它更干净，更纯粹，更接近灵魂。

人生，其实不是活在别人的眼里，而是活在自己的心中。淡逸知性、素衣优雅，这颗恬淡明净的心，就能过滤生活，感受美好。我们要以随和、平易、惜缘、随缘、从容、达观的态度，去面对人生，静静地看人，默默地做事。如果我们拥有淡然而又积极的生活态度，和灵魂对话，就能把生命中的这份感动，雕刻在心灵的石碑之上。

其实，灵魂无非就是一颗成熟了的童心。

人生通向未来的路，注定是一条身心流亡的路、灵魂乞讨的路，注定是一条要付出心血的路，一条必定会结束的路。一切随时间而逝去的东西，一切不会再现的场景，都与梦的性质别无二致，与梦的结局也一模一样。

信任和仰望指引着我们一路前行。一个没有内心支撑的人，一个没有灵魂滋养的民族，不可能对生命有一个完整的解读，不可能奉行良心和良知的导引，更不可能去敬畏天地、爱护自然、热爱生命、关怀他人。

哥白尼不辞劳苦，克服困难，每天坚持观测天象。他三十年如一日，终于取得了可靠的数据，提出了日心说。但是面对长期以来居于宗教统治地位的地心说，哥白尼一直不敢发表自己的研究成果。后来，伽利略为推广这一理论，在铁窗内度过了余生。而布鲁诺在烈火中捍卫了这一真理。如果没有伽利略的铁窗生涯，没有布鲁诺的烈火焚烧，人们也许要推迟好多年才知道，地球是绕着太阳旋转的。

每天，我们要给自己一个心灵的慰藉，让灵魂自由地呼吸。

每天，我们要给自己一个快乐的理由，让自己活得更加轻松自在。

每天，我们要给自己一个微笑，让好心情弥漫在海阔天空。

相传，人死后会失去二十一克重量，这就是灵魂的重量、爱的重量。而在那些不懂得如何活着，如何去爱的人身上，永远没有这二十一克。因为这些人只有肉体，没有灵魂。

周国平先生说过："老天给了每个人一条命、一颗心，把命照看好，把心安顿好，人生即是圆满。把命照看好，就是要保护生命的单纯，珍惜平凡的生活。把心安顿好，就是要积累灵魂的财富，注重内在的生活。"

有人认为，如果我们做到了无条件的平和，凡事荣辱不惊，泰然处之，永远谦卑和善；做到了无条件的喜乐，凡事充满感恩，发自内心感到喜乐；做到了无条件的真爱释放，就能让我们的身、心、灵真正地汇聚在一体。

安顿心灵，就要学会闭上一只眼睛去寻找幸福。

安顿心灵，就要学会为心灵找到一个支撑。

安顿心灵，并不是要求每个人无欲无求、碌碌无为。相反，安顿心灵，是为了让心灵更加丰盈、更加鲜活。

我想，安顿心灵，就是为心灵找一个故乡。

# 第六章 人欲与人道

欲望太多，意味着痛苦太多。所以说，一个充满欲望的人，是最痛苦的人。

红尘中所挂念的就是人欲，而清净之心就是天理。

人欲就是财、色、名、食、睡，天理就是仁、爱、德、礼、道。

人应该是有欲望的。而我们现在常常倡导的无欲，并不是让我们抛弃一切欲望，而是指要抛弃那些能让我们迷失自我的欲望。所以，我们讲究的是无贪欲、无多欲。

钱德苍在《解人颐》一书中，对欲望做了如下描述：终日奔波只为饥，方才一饱便思衣。衣食两般皆俱足，又想娇容美貌妻。娶得美妻生下子，恨无田地少根基。买到田园多广阔，出入无船少马骑。槽头扣了骡和马，叹无官职被人欺。县丞主簿还嫌小，又要朝中挂紫衣。做了皇帝求仙术，更想登天跨鹤飞。若要世人心里足，除是南柯一梦西。

人生不可贪婪，莫要放纵自己的欲望。因为纵欲是一种罪过。

人生多欲者累，寡欲者安，无欲者刚。所以，无欲者就能够得到快乐，就能够得到完全的解脱。

人生来就具有两面性。一面叫天使，另一面叫魔鬼；一面是虚伪，另一面是真实；一面是善良，另一面是邪恶。

当天使战胜魔鬼、善良战胜邪恶的时候，人的心里充满了爱，懂得了包容，也懂得了给予，知道了高尚、尊重和真善美。

而当魔鬼、邪恶占上风的时候，人的心里充满了仇恨，泯灭了人性，

丢弃了最初的良知，就会变得扭曲，变得堕落，不惜用各种各样残忍的手段去祸害别人，同时也毁灭了自己。

有一天，一位年迈的老者给孙子们讲解人生的真谛。

他说："在我内心深处，一直在进行着一场鏖战。交战是在两只狼之间展开的。一只狼是恶的——它代表恐惧、生气、悲伤、悔恨、贪婪、傲慢、自怜、怨恨、自卑、谎言、妄自尊大、自私和不忠；另一只狼是善的——它代表喜悦、宁静、谦逊、仁慈、宽容、友谊、同情、慷慨、真理和忠贞。同样，交战也发生在你们的内心深处，在所有人的内心深处。"

听完他的话，孩子们静默不语，若有所思。过了片刻，其中一个孩子问："那么，哪一只狼能获胜呢？"

饱经世事的老者回答道："你喂给它食物的那只。"

任何人都有善良的一面，亦有邪恶的一面。所以说，人性善恶并存。私欲少时，或私欲控制良好时，善的一面就占上风；私欲多时，或私欲失控时，恶的一面就会占上风。

我们只有心无杂念，将功名利禄看清、看穿，将毁誉得失看淡、看破，将胜负成败看开、看透，才会获得一颗平常心。世事无常，在各种磨难面前，在各种诱惑和欲望面前，我们若能保持一颗平常心，那么就能成圣得道、平安康健。

心中如果没有过分的贪求，痛苦自然就会少很多；口里如果不说多余的话，祸患自然就会少许多；思绪中如果没有过分的欲望，忧虑自然就会少一些。

有一天，梁实秋和朋友们一起吃饭。

甜熏鱼端上来了，梁先生没有动筷子。他说自己有高血糖，不能吃太甜的东西。冰糖肘子端上来，梁实秋还是没有吃一口。他说，这道菜里面加了冰糖，他更不能碰。什锦炒饭端上来，他还是说不能吃，因为淀粉会转化成糖。

最后，八宝饭端上来了。朋友们都猜他一定不会吃，就没有放到他的面前。没想到，梁先生居然急不可耐地说："这个我要。"

朋友提醒他："这里面既有糖又有淀粉呢！"

"我当然知道。就是因为知道有自己最爱吃的八宝饭，所以在吃前面的菜时，我才特别节制。"梁先生笑着说，"我前面不吃，是为了后面能吃啊！因为我血糖高，得忌口，所以必须计划着吃含糖的东西，把最大的余额留给最爱的食物……"

在很多人看来，节制是一件痛苦、压抑的事。因为它意味着一个人的欲望被压抑。但是梁实秋节制甜食一事，却让我们意识到，"节制"这两个字，在日常生活中，蕴含着多么睿智、美妙的体验啊！

这是因为，在生活中，我们只有在某一处有所节制，才能在另一处尽情释放。

我们普通人做不到没有欲望，只是要节欲，把欲望控制在一定的范围之内。因为我们达不到"做乞丐也快乐""没有一点地位也快乐""吃的很差也快乐"的境界。

满足欲望的快乐不是快乐，只能说是刺激、兴奋，是一时的、短暂的。一旦失去了这种刺激，便没有了快乐。我想这不是真乐，更不是一种心灵的升华。

欲望是人的生理本能。人作为高级动物，有血有肉、有灵有感，毕竟不是神话传说中远离尘世、不食人间烟火的神仙。

而健康的、正当的、向上的欲望恰恰是促进人类社会进步的原始动力。我们要做的，就是自觉地对自己的欲望和行为加以必要的限制和控制；就是强调"欲无可尽，则当节之"，以礼节欲，而"令众人各得其分，各得其乐"。

孔子曰："口欲味，心欲佚，教之以仁；心欲兵，身恶劳，教之以恭；好辩论而畏惧，教之以勇；目好色，耳好声，教之以义。"

一个真正为自己着想的人，都懂得节制。因为懂得节制，生活才能有高品质，我们才能主宰自己的人生。

节制是一种乐观的生活态度。因为节制，所以淡然；因为简朴，所以安乐。

当控制不住欲望时，请记住，广厦万间只睡卧榻三尺，良田千顷不过一日三餐，位高权重也不过沧海一粟。

欲望如油门，节制如刹车。只有欲望而不懂节制，好比只顾猛踩油门而不踩刹车。短时间内也许能够超速行驶，但最后必将收到生命的罚单。

曾经有人向一位智者请教，生活中应当如何去修行。

智者答："饥来食，困来眠。"

那人不解道："吃饭睡觉也算生活中的修行？"

智者答："常人吃饭时心里想着事，睡觉时心里想着事，自然不算修行。倘若吃饭就是吃饭，睡觉就是睡觉，那便是修行。"

很多人之所以活得很累，就是因为想得太多太多了。

生活原本没有痛苦、烦恼和忧愁，当欲望太多、计较太多、背负太多时，痛苦、烦恼、忧愁和沉重便产生了。

只有懂得节制欲望的人，才能享受到人生的真正乐趣；只有懂得不去计较的人，才能享受到左右逢源的和谐；只有懂得放下自己的人，才能享受到生活的自在从容。

我想，作为一个普通人，节欲就可以了，而不必去禁欲。

因为中华文化一直是比较缓和的。比如说西医说"消毒"，而中医说"解毒"，一个"解"字，完全没有了"灭"的杀虐之意。

节制的意义在于万事有度，适可而止，过犹不及。如果我们懂得节制，幸福就会如期而至。

所以说，节制是做人的最高境界。

不为名利羁绊，不为富贵折腰，采菊东篱下，悠然见南山。一屋、一人、一粥、一饭，人生如此，已是无欲无求。

人生，简单就行；生活，开心就好。

一个人爬到山顶，常常是两手叉腰，极目远眺，目空一切；常常是趾高气扬，俯身鸟瞰，万物皆小。因为人在巅峰时会感到最风光，所以常常是最得意之时。

其实，最得意之时，最容易忘形、疯狂、失去理智、傲视一切，不知天大还是地大。岂不知，到了山顶，也就意味着开始下山了。

人生，就像一步一步上山，然后一步一步下山，是一个上山下山的过程。可以这样说，上山的路就是下山的路，向山上走一步就意味着向下山的路逼近一步、缩短一步。因为人终归还是要回到山下的。

因此，当人处于人生的顶峰，即在金钱和权力欲望极度膨胀之时，必须高度小心。我们要时刻提醒自己，做人应知足，凡事应有度。存好心、说好话、行好事、做好人就是快乐的，就能够得到真正的满足。

道德“不可须臾离也，可离非道也”。君子应坦坦荡荡为人，堂堂正正做事，仰不愧于天，俯不怍于地，中间不负于自己的良心。

有一个富翁整天感到不快乐，便背着许多金银财宝，到处去寻找快乐。

然而，当他翻越万水千山后，依然没有找到快乐。他感到非常沮丧，便一屁股坐在路边唉声叹气。

这时，一个樵夫挑着柴走过来。富翁就问樵夫：“我家财万贯，衣食无忧，却找不到快乐的感觉。请问，我为什么没有快乐呢？”

樵夫放下那担沉甸甸的柴担，擦了擦脸上的汗水，舒心地说：“其实快乐很简单啊。对我来说，放下就是快乐。”

富翁听了，顿时恍然大悟。是啊！自己背负那么重的金银财宝，整天忧心忡忡，怎么会有快乐呢？

后来，他用携带的钱财接济穷人，专做善事。这样，他放下了压在心头上的负担，心灵由此得到滋润，终于找到了真正的快乐。

人这一生，最容易背负上一些东西而舍不得放下，所以常常被名利、权力等欲望所吸引，欲罢而不能，越活越累，越活越苦。

只有放下，才能卸去身心的重负，让生命的旅途变得更加轻松自在。

唯有心平气和地放下，方能真正做到宠辱不惊，看庭前花开花落；唯有心甘情愿地放下，方能真正做到去留无意，望天外云卷云舒。

大爱则无忧，大慈则无怨；无欲则无求，无怒则无敌。因为所有的烦恼，都是放不下的执着。

要知道，一切的痛苦都源自欲望。最要命的是，欲望会永无止境地扑面而来。所以，观诸世人，无论男女老少，皆是烦愁不断、苦痛缠身。

对于普通人来说，舍与得、欲与度，都值得我们好好思索一番。

“舍得”这两个字能开能合、能前能后、相辅相成、相融相摄，充满着先人造词的智慧，凝聚着通古达今的意蕴。

“舍得舍得，不舍不得，有舍才有得，要得就要舍。”

舍得，是亏也是盈；舍得，是出也是入；舍得，是因也是果。

舍得是一种抉择，是一种美德，更是一种境界。

乞丐一生过着“得”的日子，善人一世过着“舍”的生活。要知道，“大舍”是有大远见的一种境界，而大舍的必然结果是“大得”。

人生苦短，生命无常。我们必须学会放弃，才能真正享受人生的快乐。在人生的征途上，我们要放弃沉重的欲望，放下过度的需求，舍弃不必要的执着，还自己一片纯净的天空。

当我们放下足够多的时候，如脱钩的鱼、出岫的云……来去自如，表里澄澈。“风来疏竹，风过而竹不留声；雁渡寒潭，雁去而潭不留影”。此时此刻，我们就会发现，生命竟然是如此充实、如此美好，日日是好日，步步起清风。

放下便是拥有了。但是放下常常需要勇气和智慧。

人世纷繁，法事俗务，所有的名利地位、私心欲念和声色犬马，该放下的就得放下。如果我们什么都抓在手里，其实是一种累赘。

只有敬畏，才会放下；只有敬畏，才会明白舍得的真正意义。

如果与敬畏之心相随，自己就不敢心生邪念和贪欲；就能自觉遵纪守法，不做违规犯法的事；就能认认真真、踏踏实实地工作，使自己在工作中不犯或少犯错误；就能谦虚谨慎、戒骄戒躁；就能有良心善意，从而让自己夜夜安然入睡。

古人云：“凡善怕者，必身有所正，言有所规，行有所止，偶有逾矩，亦不出大格。”心有所畏、言有所戒、行有所止，并不是叫人不敢想、不敢说、不敢做，而是叫人想之有道、说之在理、做之合法。

人一旦没有了敬畏之心，往往就会肆无忌惮、贪得无厌，甚至为所欲为、胆大包天；而有了敬畏之心，就不会忘乎所以、无法无天。

敬畏之心是人类的本性和基本情感，是人生的一种态度、一种信念、一种生活的哲学。

正如德国著名哲学家康德所说："有两样东西，我们越思索它就越感到敬畏，那就是我们头顶璀璨的星空和我们心中的道德法则。"

有一颗种子骄傲地在天空中飞着，显得很兴奋，感觉痛快极了。

风一见种子就劝道："作为种子，你只有选择了泥土才能孕育出生命，而天空不可能帮助你实现这个梦想。"

可是得意的种子不以为然，并没有把风的话放在心上，继续在天空中尽情地享受着飞翔的乐趣。

它飘飘悠悠地飞着，忽高忽低、忽左忽右……

下面是一条溪流，它自然不愿意降落；下面是一片原野，它还是不肯降落；下面是一座山冈，它想："我还没飞过瘾呢！"

种子继续往前飞。后来，它渐渐地感到有些体力不支了，但还是强撑着身子继续飞着。

它忽然看到下面是一处建筑物，意欲避让过去。不料栽了一个跟头，撞在一堆混凝土上——晕了过去。

当它醒过来的时候已经晚了，它永远地成为了混凝土的一部分……

恋飞的种子终于彻底失去了生命！

古人云，傲不可长，欲不可纵，乐不可极，志不可满。

因为水满则溢，月满则亏；自满则败，自矜则愚。

因为乐极生悲，纵欲则败；无度则失，无禁则淫。

"海纳百川，有容乃大；壁立千仞，无欲则刚。"这句话已经成为了许多人的信条。

正因为无欲，才使生命自然显露出一种刚性，才有了壁立千仞的峻拔，才有了无欲则刚的傲岸。

然而，儒家眼中真正的无欲，是在生命中自然显示出来的一种柔性，而不是所谓的峻拔，更不是所谓的傲岸。无欲不可能呈现出刚性来。相反，在生命中，只会呈现一种淡定、从容、自然、和谐的柔韧。

克己就是自律，克己就是静心，克己就是反省，克己就是低欲望和低需求。

所以，只有节制，才能修身；只有明性，才能随缘；只有慎独，才能守心；只有守心，才能奉公。

我们要克制的是浮躁的情绪、无羁的怨恨和无边的私欲；而我们要忍让的是别人的误解、别人的过失和别人的恼怒。

如果我们能克制私欲这个人类最大的天敌，就能从患得患失的阴影中走出来，并坚定我们前进的脚步，在实践和成长中完善自己。

诸葛亮在《诫子书》的开篇，便谆谆告诫他的子弟，要“静以修身，俭以养德”，也就是要保持清心寡欲，以塑造高尚的道德情操。“非淡泊无以明志，非宁静无以致远。”显然，淡泊、宁静是明志、致远的必要条件，而明志、致远则是淡泊、宁静的最终目标。

心静了，才能听见自己的心声；心清了，才能照见万物的实相。所以，我们要停下来，笑看风云；坐下来，静待花开；沉下来，宁静如海；定下来，静观自在。

所以，无论山高，还是路远，我一直在寻找那一方乐土，以了却一段飘摇；无论风萧，还是水寒，我一直在反思那半生的得失，以求得一丝安宁。

恬淡虚无，就是生活淡泊质朴、心境平和宁静，就是外不受物欲之诱惑，内不存情虑之激扰。这是一种物我两忘、明善诚身的境界。

对我们现代人而言，只要做到了心情宽松、平静，就可以保持思想纯平、心神平静、情绪乐观的状态，就能做到“阴平阳秘、精神乃治”，这对身心健康是很有益处的。

我们常常急功近利，焦虑浮躁，早已把太极阴阳的“动之则分，静之则合”抛到了脑后，早已把归元和归零抛到了九霄云外，常常是“欲求宁静，愈不宁静；欲念无生，则念愈生”。

齐白石老年谋求画风变革，闭门十载，破壁腾飞，终成中国画之巨擘。国画禅师刘海粟也再三告诫学生要甘于寂寞，只有耐得住寂寞，内心才不会寂寞。

从巴金声明闭门谢客，到费孝通告示关门盘点，许多名家学者都努力为自己营造一个“结庐在人境，而无车马喧”的宁静天地。

事实告诉我们，只有宁静，才会有非凡的创造。心灵纯真、朴实无华、宁静安详，就会使我们远离烦恼、远离浮躁、远离痛苦。

为人处世懂得适度、知止，才不会曲高和寡。所以，凡事应适可而止、量力而行。生活就像喝茶一样，茶叶放多了会苦，放少了则无味。其实，适量、适度最好。

我们一贯的思维是，只要自己的欲望得到了满足，就会感到快乐。其实，长此以往，后面的一个个欲望就会接踵而来。如果换一个思维，去除奢欲就会快乐，我们就不会陷入那无休止的欲望怪圈之中而不能自拔。

有一个年轻人向智者请教：“为什么有的人不能容人呢？”

“因为有的人心太小，小到只能容下自己。”智者答。

“那为什么有的人常常迷失于自己的心灵呢？”

“因为有的人心太大，欲望太多。无边的欲望让他们迷失了人生的方向。”

“那怎样才能看见一个人的心呢？”

智者用笔在纸上画了几竿摇曳的竹、几朵飘逸的云、一湖荡漾的水。“这画的是什么？”年轻人问。

“风。”智者答。

“风无形，你是怎么把风画上去的呢？”

“风虽无形，但物有形。竹、云、水有形，通过这些有形的物体，我们便看到了风。”智者说，“心无形，但一个人的言谈、举止有形。同样，我们可以通过有形的言谈、举止，看到一个人的心，看到一个人的内心世界。”

在红尘中苦苦挣扎的凡人，常常被名利所累，被世事所烦，被旁人所牵。在过去，如果一个人衣食无忧，有一个舒适的生活环境，就不会有太多物质上的要求。

如今信息大爆炸、欲望大跃进，外界各种欲望和诱惑扑面而来，每个人不仅在外面不停地忙碌，而且内心也特别忙。虽然忙了一辈子，最后许多人却不知道自己到底在忙些什么。因此，寻找让内心宁静的智慧，尤为重要。

莎士比亚说过：“轻浮和虚荣是一个不知足的贪食者，它在吞噬一切之后，结果必然牺牲在自己的贪欲之下。”苏格兰历史学家卡莱尔也说过：“虚荣是虚伪的产物。”

需求与欲望是有本质区别的。我们要多关心自己的内心需求，特别是精神层面的需求。同时，要少关注自己的欲望，特别是物质方面的奢欲。

面对外界太多的诱惑，面对内心太多的私欲，我们要做的，是努力提升需求的层次，使低层次的物质欲望降低一点。

当今社会，人执迷于科学技术的发展和进步，却不知直面人体、人性、生命、心灵、宇宙的整体，无视人文精神的缺失；人陷入了钩心斗角、尔虞我诈、生死相搏、声色犬马的诸多欲望旋涡之中，却不知这些正是由于科学的浅陋与道德的缺失所致，正是由于趋利所致；人渐渐迷失了自我，出现了一叶障目、不见森林的现象，所以我们常常不从精神上体悟，不去追求大智和天道。

在物欲横流的今天，沉沦、麻木、冷淡和逐利，业已卑微到了无以复加的程度。在各种名利或情感的驱使下，任由身心饱受私欲、冲动与感觉的支配，得一分则喜不自胜，失一分则悲不自禁。从此，这些人再也没有追求真理的抱负，没有明辨是非的标准，更没有坚持正义的勇气。

今天的有些人，只要能得到名利，就可以为不择手段和卑鄙无耻找出许多理由。但是，现实是残酷的，这些人的结果必定是失去一切。

没有“有”也就没有“无”，没有“长”也就没有“短”。如果人们没有对美好事物的认定和追求，也就不会产生对丑恶现象的唾弃；当我们还沉浸在幸福或成功的喜悦中时，或许一场灾祸或不幸正在悄悄来临。

我们应当确定自己的人生坐标，从利欲熏心的旋涡中解脱出来，以寻求人性的解放和安详。要知道一个人执着到一定程度，便容易忘记他物、忘记自我。当然也要注意，一个人如果太过执着，可能也会忘记天道，以及人之所以为人的根本。

追求功利是人类的一种基本欲望。而功利心可以促使人们从善，也可以导致人们从恶。

只要是人，渴要饮，饥要食，繁衍需要性，这些都是正常的、正当的需求。正所谓“食色，性也”。但是，人不能有太多或过度的欲望，凡事当有度。所以，我们要懂得“不及难成，过之易夭”的道理。

我们不主张每个人都去过苦行僧式的生活，也崇尚物质的追求和合理正当的生活享受。如果没有艰苦奋斗、勤俭节约、苦中作乐的精神，一味地追求物质和感官刺激，就不可能有健康的人生，不可能有积极向上的进取精神，更不可能有大有作为的成就。

古希腊柏拉图说过：“自制是一种秩序，一种对于快乐与欲望的控制”。

“知足不辱，知止不殆。”这句话告诉我们，贪求的名利越多，付出的代价会越大；积敛的财富越多，失去的也就越多。要知足，对财富的占有欲要恰如其分，得休便休。只有这样，才可以做到“不辱”和“不殆”。

知足常乐，能忍恒安；知足常足，终身不辱；知止常止，终身不耻。所以，《大学》中说：“知止而后有定，定而后能静，静而后能安，安而后能虑，虑而后能得。”可见，知止然后才能知足，知足才能一生平安。

人的贪欲是个无底洞。得陇望蜀是普通人的心理常态，能够“得陇”而拒绝“望蜀”，没有大胸怀是绝对做不到的。人之所以不容易知足，更难得知止，究其缘由，皆因一个“利”字的诱惑。

心，只有一颗，不要装得太多；人，只有一生，不要追逐得太累。知止是人生的大境界、大道理，能够读懂这两个字的人，必是高人、智者和大擘。

我们要内不欺己、外不欺人，要上不欺天、下不欺地，君子要慎言、慎友和慎独。

只有慎独，才能成为真君子；失去慎独，都是伪君子。

有这样一句谚语：举头三尺有神明。要想人不知，除非己莫为。

慎独是柳下惠坐怀不乱；慎独是许衡不吃无主之梨；慎独是杨震不收黑夜之金。

所以说，慎独是一种操守和修养，是一种淡定和自律，是一种情操和坦荡。

慎独自律，修己安人。慎独是一种人生境界、一种自我挑战。慎独讲究个人道德水平的修养，看重个人品行的操守，是儒家修养的最高境界。因为在永远无人会知道真相的情况下，一个人的所做所为，最能反映其品质。

在这个世界上，有一种优秀叫努力，有一种蜕变叫自律。

"入虚室，如有人。"慎独是悬挂在心头的警钟，是阻止我们陷进深渊的一道屏障，是提升自身修养走向完美的一座殿堂。我们要竭力保持宁静的内心，以免受外界的渲染和名利的侵扰。

在充满诱惑的当今，只有做一个素心之人，享受纯水无香的幸福，才能长久地唯美人生。

静，在心里，不在山水间。所以，我们要知道，人生的幸福在于祥和，生命的祥和在于宁静，宁静的心境在于少欲，而少欲的心境在于童心。

永葆童心，素静做人，淡泊处世，是一种人生品位。

人生如梦，年华似水。要知道，我们的一个转身，便是一个光阴的故事；我们的一眼回眸，便是一处绚丽的风景。

走过红尘岁月，我想，不过是淡然最美；看尽人世繁华，我想，不过是平淡最真。

有人说，人生有三种境界。先是看远，才能览物于胸；再是看破，才能洞若观火；最后是看淡，才能超然物外。因为只有看远了，才能看破；只有看破了，才能看淡。

这个世界其实很简单，只是当今的人心很复杂；其实人心也很简单，只是眼下的欲望很复杂。

有个地主去拜访一位部落首领。部落首领对他说："你从这儿向西走，去做一个标记。只要你能在太阳落山之前回来，从这儿到那个标记之间的地都是你的了。"

直到太阳落山了，地主还没有回来。他因为走得太远，累死在路上了。

在纷繁变幻的世道中，只有饱经风霜、不贪无欲的人，才能看透人生，破译人性。

生活最大的苦恼，不是拥有的太少，而是想要的太多。所以，我们要保持一颗平常心，淡泊明志，于利不趋、于色不近、于失不馁、于得不骄，“达亦不足贵，穷亦不足悲”，永远不做欲望的奴隶。

应该是你的，才是你的；不应该是你的，连想一想都不要。

要知道一个充满欲望的人生，永远都不会有心灵的宁静，不会有恬静的陶醉，不会有精神的愉悦，更不会有人与自然的交融。

生命充满着欲望。如果一切欲望都得到满足，生命就会逐渐失去活力和创造力。正是生命中那部分没有满足的欲望，才激起了我们为之努力、奋斗、追寻的热情和力量。

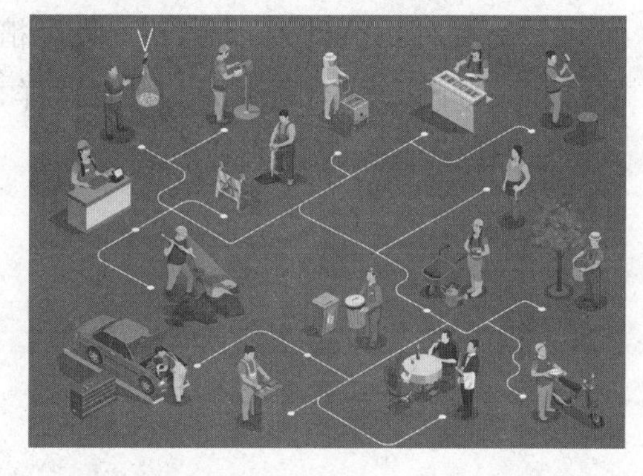

道德是一扇窗，是可以打开心灵的窗；道德是一道风景，是窗外令人心醉的美好风景；道德是一片天空，是头顶上使人神往的蔚蓝天空。

一个有道德的人，恰似戈壁沙漠中的胡杨。生，千年不死；死，千年不倒；倒，千年不朽；朽，千年传奇。

一个有道德的人，宛如无处不在的地衣，200 ℃的高温下能在烈火中永生；－200 ℃的低温下能在冰雪中长存；真空条件下放置六年也能顽强生长。

另外，我们千万别把欲望与理想混为一谈。因为欲望的尽头是物质的拥有，而理想的终极是精神的充盈。

我希望中国的年轻人应该有自己的信仰和道德，应该对这个国家负责，对天地间的这个“人”负责。一个人不可能长期地奉献，不可能只讲付出，不求回报。但是，在当今社会和现实职场中，必须学会忠诚、责任和感恩这三把利器。

忠诚是一种美德，责任是一种信仰，感恩是一种力量。

托尔斯泰说："欲望越小，人生就越幸福。"

现实世界往往是这样的，物欲满足了，幸福丢失了；生活富裕了，快乐没有了。如果一个人常常被物欲所桎梏，常常看不透境界，放不下心胸，久而久之，就会使心灵更加压抑，灵魂更加迷失。

我们应该明白，名是虚幻的，利是短暂的，而德是饱满的，也是永恒的。

"乐天下之乐。"我们应当听从内心的召唤，遵循道德的指引，以自乐影响他人，使人人共享快乐；以正向影响他人，使人人拥有正能量；用爱心、善意去帮扶他人，以换取人人奉献、和谐互助的社会大环境。

惊恐不安，烦恼不堪，这是俗世人生的真实写照。

我想尘世中每一个惊恐的生命，只有努力去除贪欲、嗔怒和愚痴的烦恼，才会生活得安宁自在，才能找到最终的精神乐园。

少一点对物欲的追求，多一些对精神的向往；少一点红尘世俗的拖累，多一分闲云野鹤的生活。只有这样，我们才能很从容地欣赏沿途的风景，悠然地调理自己的心境。

# 第七章　理想与梦想

我们应该相信，有理想的地方，地狱也是天堂；有希望的地方，痛苦也是快乐。

有一种东西，它承载着人们的希望，有虚有实，看不见又摸不着，却能在我们心中产生一股巨大的力量，这就是梦想。

人生有许多梦想，每个阶段也有各种不同的梦想。我们一直活在追逐梦想的过程之中，一直活在理想之下、现实之上。

但是，梦想往往不能照进现实，很多人都不知道怎样去打开这扇紧闭的门。究其原因只有一个，那就是这些人缺少一颗痴心，缺少一颗恒心。

梦想都是美好的。所以，美梦成真是人生最大的幸福。

梦想是人生活的最大动力。梦想的最大意义就是给予人们一个新方向、一个大目标。如果只把梦想当作梦，那么这样的人生可以说是没有什么亮点的。

梦想使人伟大，而人的伟大之处，就是把梦想作为目标，去执着地追求。

所以说，没有梦想的生命是空虚的，而拥有梦想的人生是丰满的。

有了梦想，生命就有了追求，就有了奋斗的目标，就有了前进的动力，就有了生命的色彩。

梦想因生命而存在，生命因梦想而永恒；生命因拥有了梦想而美丽，梦想因拥有了生命而灿烂。

有人说，梦想就是痴心，梦想就是目标。而目标是一盏明灯，照亮了属于我们的生命；目标是一个路牌，在迷路时为我们指明方向；目标是一只罗盘，给我们导引人生的航向。

人生的道路不可能一帆风顺，一定布满荆棘、充满坎坷。但只要我们有明确的目标，坚持坚持再坚持，就会见到曙光，看到希望。

我相信，带着目标上路，就可以去寻找内心的激情澎湃；带着痴心上路，就可以去采撷人生路上一颗颗璀璨的珍珠。

黑脉金斑蝶是北美洲最常见的蝴蝶之一，也是地球上唯一的迁徙性蝴蝶。

这种蝴蝶的翼展大约10厘米，重不足1克，却能长途跋涉6 000千米，去完成艰辛而漫长的迁徙旅程，并完成繁殖后代的任务。

每年春暖花开的时候，黑脉金斑蝶依靠体内的生物钟，根据太阳的方位，确定飞行的方向，开始大规模地从墨西哥往北方迁徙。

在迁徙途中，它们会交配、产卵，然后死去。下一代黑脉金斑蝶孵化出来后，继续秉承前辈的遗志，往北迁徙。总共需要三代，它们才能最终抵达加拿大或美国北部。然后，再孵化一代，从加拿大或美国北部飞回墨西哥，在那里越冬。

令人惊讶的是，它们居然能够奇迹般地找到自己曾祖父原先居住的那片森林、那棵树和那个巢。没有一只黑脉金斑蝶可以全程参与这样一个漫长的迁徙历程，这种执着的本能和一往无前的气概，让人类感叹！

人生是一条路，执着是路标，信念是目标，坚强是方向。所以，方向和目标必须明确、清晰，步伐和信念必须坚定、有力。

当站在人生的十字路口时，我们应该用执着的信念和坚强的意志，来衡量内心的抉择，用灵活的应对和变通的方式，来实现自己的价值和人生的理想。

梦想，是荆棘鸟执着一生演绎凄美动人的悲怆绝唱，是太史公忍辱负重谱写流芳千古的无韵离骚，是秋瑾奔赴东瀛建立巾帼同盟的轩亭碧血，是凡·高寄梦画笔描绘璀璨浩瀚的梦幻星空。

“雄关漫道真如铁”“人间正道是沧桑”“长风破浪会有时”。有梦才会有追求，努力才会使梦想成真。我坚信，有梦想才会有希望，有希望才会有激情，有激情才会有事业，有事业最终一定会有未来。

虽然这个世界上会有苦难，人生历程中会有挫折。但是，未经历的地

方、未经历的事，往往让人充满了希望和向往。

坚持，是在遇到坎坷时反映出来的积极心态，而不是在顺风顺水时的坚持。当遇到瓶颈时，一再坚持自己的信念和理想，就一定能突破瓶颈而达到新的高峰。

在荷兰，有一个初中文化程度的年轻人来到一个小镇，找到了一份替镇政府看大门的工作。也许是工作太清闲，他又太年轻，所以他得找点事做，以便打发空闲时间。后来，他选择了费时又费工的研磨镜片的工作，作为自己的业余爱好。就这样，他磨呀磨，一磨就磨了六十年。他是那么专注和细致，那么锲而不舍，磨出的复合镜片的放大倍数，比专业技师磨制的都要高。

借助自己研磨的镜片，他发现了当时科技界尚未知晓的另一个广阔的世界——微生物世界。

从此，他名声大震。只有初中文化程度的他，被授予巴黎科学院院士头衔，英国女王都亲自到小镇来拜会他。

创造这个奇迹的小人物，就是科学史上鼎鼎大名、活了九十岁的荷兰科学家列文虎克。他认认真真地把手头上的每一块玻璃片磨好，用尽毕生的心血，专心致志于每一个平淡无奇的细节。终于，他在自己的细节里，取得了属于他的成功。

有这样一句座右铭："努力到无能为力，拼搏到感动自己。"只有艰苦的努力和付出，才会有收获和成就。

要知道，没有耕耘，就不会有收获；没有付出，就不会有成功。凡事要从现在做起，从小事做起，从自己做起，踏踏实实，一步一个脚印地走下去。只有这样，理想就不是那么遥远的梦想了。

想着成功，成功的景象就会在内心形成；有了成功的信心，成功就有了一半的把握。成功，其实并没有想象的那么难，有时需要的仅仅是一点勇气。如果满怀信心，积极地想着成功的景象，那么世界就会变成自己想要的模样。

很多事情我们做不成，并不在于它们有多么难，而在于我们不敢想、不敢做。想着成功，自己的内心就会形成无穷的动力和激情。我们来到这个世界就是为了取得成功，所以要告诉自己“不放弃”“要坚持”。

我们每个人都有自己的梦想。殊不知，梦想不在于伟大，而在于坚持；梦想也不在于远大，而在于行动。

东汉有个叫陈蕃的少年，独居一室，屋内龌龊不堪。他父亲老朋友薛勤劝告他说：“孺子何不洒扫以待宾客?”他慨然道：“大丈夫处世，当扫除天下，安事一室乎?”薛勤反驳道：“一屋不扫，何以扫天下?”

人人都渴望梦想成真，可是通往梦想的道路往往是一个个平凡的日子，往往是一种枯燥乏味和日复一日的生活；人人都渴望梦想成真，但有时以退为进，却可以积跬步以至千里，为自己赢得更大的空间。

所以，我们要坚持最初的梦想，哪怕是白日做梦，哪怕是遥遥无期，也要在所不辞。

许多人不能持之以恒，总是在事情快要成功的时候失败了。究其原因，就在于事情将成之时，人们不够谨慎，开始懈怠，没有保持事情初始时的那种热情，而且缺乏韧性。所以，我们每个人都要记住老子“慎终如始，则无败事”这句话，要时常勉励自己做事要有恒心，最困难的时候也不要低头，也要咬牙挺住。因为在这个世界上，没有过不去的“火焰山”。

“千里之行，始于足下。”要想成功，必须勇敢地跨出第一步，扎扎实实地做好每一件事。我们每个人都有自己的理想和目标，只有行动起来，目标才会离自己越来越近，理想才会离自己越来越真实。

“路是脚踩出来的，历史是人写出来的。人的每一步行动都在书写自己的历史。”

没有比人更高的山，没有比脚更长的路。“敢问路在何方，路在脚下。”只要我们勇敢地朝前走，就一定能发现诗与远方。

“风雨中这点痛算什么，擦干泪，不要怕，至少我们还有梦。”梦想，注定是一场孤独的旅行，路上肯定少不了困苦和质疑，但是那又能怎么样呢?就算荆棘满路，我们也要“长风破浪会有时，直挂云帆济沧海”。

不想认命，就去拼命。我始终相信，付出总会有收获，或大或小，或迟或早。人生有一条不变的法则，那就是“一分耕耘，一分收获”。

有这样一段流行语值得我们深思：

只要不死，就往死里干！

累吗？累！死了吗？没死！没死就得干！想别的都没用。

累就对了，证明还活着，这就是生活。

春秋战国时期，越王勾践被吴王夫差打败。勾践佯装称臣，为吴王夫差养马。吴王患病，勾践还亲口为其尝粪，获得信任后被释放回国。回国后的勾践，体恤百姓，减免税赋，训练军队，和百姓同吃同住。他还在头顶挂上苦胆，经常品尝其苦味，回忆在吴国所受的侮辱，以警示自己不要忘记过去。经过十多年的艰苦磨炼，“十年生聚、十年教训”，勾践终于一举灭吴，实现了复国雪耻的理想。

心往哪里想，哪里就会有光明和力量；心往哪里思，哪里就会有创新和奇迹；心往哪里去，哪里就会有幸福和快乐。

梦想造就卓越，梦想成就未来，梦想催生激情，梦想指引希望，梦想也必定会促成伟大。

有了理想和梦想之后，如果方向不对，所有努力都是白费。所以说，方向比方法和努力更为重要。即使步子慢一点，只要方向正确，我们总能到达目的地。如果方向错了，我们将离目标越来越远。

战国时期，有个人驾着马车往北走。路人问他去哪儿，他回答说要去楚国。

路人告诉他，要去楚国，应该朝南走。

这个人说他的马好，他的车夫技术好，会很快到楚国的。

路人就更疑惑了，马跑得越快，车夫的技术越好，岂不是离楚国越来越远了吗？

南辕北辙这个故事告诫我们，人生当立志，立志要有正确的志向。正确的志向，才会使人生的道路朝着好的方向发展。

只要有理想、有梦想，发愤忘食，乐以忘忧，就能达到乐在其中、积极向上的境界。

我们常常会祝愿别人万事如意，但这四个字只是一个美好的祝福、深切的期愿。其实，人生十有八九不如意，烦心事、伤心事、痛心事、苦心事……常伴于我们的左右。

在现实生活中，如意的事情总是很少，遇到最多的却是失意和苦痛。所以说，人生总不会太如意，生活总不会都称心，事业总不会永远辉煌，前行路上也总会遇到各种各样的沟沟坎坎。

在漫漫人生路上，忧愁与伤痛常常伴于我们的身边，如影随形，时时不离。所以说，理想很丰满，梦想很美好，现实却很骨感。因此，生活的主题就成了苦难，生活的历程就成了苦旅。

我们只有在失意的生活中，找寻希望和出路，只有坚强地面对和回应苦难的生活，才能从迷雾重重的生活中走向光明。

人生就是一个圆缺的过程，“缺”了要自信，“圆”了要清醒。

人生有涯，心海无涯。我们每个人都渴望能够驶向幸福的彼岸，期待理想与现实的完美统一。但是，往往是心有彼岸，却没有终点。

心有多大，世界就有多大，这是对的；有梦想才会有追求，这也是对的。但我们每个人的人生起点不同，站的人生高度也不同，这就决定了梦想与现实之间的距离。

人不怕卑微，就怕失去希望。只要有明天和梦想，只要有阳光和方向，人就会从卑微中站立起来，去拥抱蓝天，拥抱幸福。

理想是理性的、理智的，而梦想是感性的、梦幻的。理想多数能实现，只要努力；梦想多数无法实现，即使非常努力了，也不太可能成功。

理想代表的是既定的、并且可能会实现的目标，是可以力所能及的；而梦想更多的是代表一些偶尔想想、实现的可能性不大，并且不太可能会去做的事情，可望而不可即。

但是，一般来说，梦想是基于理想而来，也应当源于现实。任何一种想法，如果脱离了现实，就是荒唐的，就是一种幻想。梦虽然是虚幻的，是难以实现的，但这并不妨碍人们对梦想的希冀和憧憬。

最使人疲惫的往往不是道路的遥远，而是心中的郁闷；最使人颓废的往往不是前途的坎坷，而是自信的丧失；最使人痛苦的往往不是生活的不幸，而是希望的破灭；最使人绝望的往往不是挫折的打击，而是心灵的死亡。所以，凡事我们要看淡些，心要放开一点，相信一切都会慢慢变好的。

梦想还是要有的，万一真的实现了呢?

梦想也许今天无法实现，明天不能，后天也不能。但重要的是，它一直在我们的心中；更重要的是，我们一直在为之努力。

小草一定都有钻出泥土的梦想；种子也一定有长成参天大树的梦想。但梦想终究是虚幻的，不去行动，它永远都只是一个不可能成真的梦。

梦想是彼岸，现实是此岸，而行动就是那座连接两岸的桥。

时间，抓住了就是黄金，虚度了就是流水；梦想，努力了才叫理想，放弃了那只是妄想。

拾起梦想的种子，我们要用一生的时间去播种、耕耘，在最后的一刻去收获。

所以，我们要坚持自己的梦想。可能在几十年后的某一天，当自己回想起当年的梦想，一定会很欣慰。因为自己坚持了梦想，即使最后失败了。

梦想是天边的星辰，永不熄灭地照亮着匆匆的人生；现实则是脚下的土地，踏实而厚重地记录着行路的足迹。

每一个人既不可活在华而不实的梦想里，也不要沉湎于现实的喧嚣声中。

在人生的道路上，应该是左边种植梦想，右边种植现实，同时采撷，一起收获，慢慢成长。

“人活一口气”的意思是，人不能没有精、气、神。信仰的确可以使人真正感觉到自我存在的价值，使人生充满意义和精彩，使生命获得力量和升华，并使自己的灵魂获得永恒的寄托和无限的慰藉。

能够激发一颗灵魂的高贵和伟大，只有虔诚的信仰。人生的信仰就是对真、善、美的无悔追求，就是不断地修炼心智、担当责任、一心向善，最后依靠心灵的力量去创造真、善、美。

理想是指路的明灯，没有理想就没有坚定的方向，就没有诗意般的生活。

年少时，我们常常喜欢谈梦想；长大后，渐渐明白了现实与理想之间的差距，往往喜欢谈现实。

小时候，理想比天高；长大后，现实很残酷。所以，只有带着一颗童心成长，人生才会有活力。

在一个人的人生历程中，如果没有礁石，就不会有美丽的浪花；如果没有挫折，就不会有壮丽的人生。所以，我们要用理想做纸，用勤奋做笔，用痴心做墨，抒写自己壮丽的青春和美丽的人生。

一个人要想成就一番事业，首先要树立勇于成功、敢于成功的心态。也就是说，要想成功，必先早立志、立大志。

只有敢于梦想、敢于挑战，才有可能会实现自己的人生梦想。

其实，我们每一个人都是成功者。因为一个人来到这个世上，本来就是一种成功。所以，我们要相信，自己一定会成功。

我们要掌握自己的人生，就要发挥我们生命的潜能，活出我们生命的意义。所以，从今天开始，我们就要把自己定义为一个成功的人。只有这样，才一定会有努力拼搏、展翅高飞的时刻。

在巴西的丛林中，有一种大鲵的变种，能够捕捉到天上的飞鸟。大鲵是一种两栖动物，俗称“娃娃鱼”，喜食蚯蚓、鱼虾、青蛙和各种水生昆虫。那么它是怎样捕捉到天上的飞鸟呢？

2009年，巴西动物考察学家威尔罕亲眼看到了大鲵捕食飞鸟的一幕。那是一个骄阳如火的中午，威尔罕在树阴下乘凉。突然，他看见一只大鲵在小溪中喝水。喝饱了水后，大鲵不回洞中，却爬到一棵树的枝丫上。大鲵抓牢树枝，迎着烈日，张开了大嘴……

不可思议的一幕出现了，只见大鲵将肚子里的水缓缓喷射出来，竟形成了一股清泉。接着，大鲵就保持着这种姿势一动不动，好像在等待着什么。

这时，一只口渴难耐的椰子鸟飞来了。由于密林深不可测，要找到水源非常困难，而“长”在树上的“清泉”却很显眼。当椰子鸟如痴如醉地饮着“清泉”时，大鲵大嘴一合，那只鸟儿就进入了它的口腹之中。

原来，由于干旱，密林中的水资源渐渐枯竭，大鲵的食物也日渐匮乏。出于求生的本能，它将目光转向了天空中的飞鸟。

一个人如果做事鼠目寸光，不能深谋远虑，不能运筹于帷幄之中而决胜于千里之外，那么他必有近忧。

人生和事业，就像一盘棋。有远见者，每走一步就能预测以后几步棋的走势；目光短浅者，只考虑眼前的一步，盯住的只是鼻子底下的事。

“善建者不拔”的意思是，善于树立信念的人，其信念一旦建立起来，就不可能再更改，永远也不会动摇。

“善抱者不脱”的意思是，善于树立信念的人会把信念牢牢地抱在怀里，谁也夺不走，谁也骗不走，谁也偷不走，永远也不会丧失。

所以，一旦拥有一个善于树立信念的意识，拥有一颗坚定信念的痴心，这个世界上，就没有我们做不成的事。

许多人一事无成，就是因为缺少雄心勃勃、舍我其谁的气概，缺少排除万难、迈向成功的动力，不敢为自己制定一个高远的奋斗目标。要明白，不管一个人有多么超群的能力，如果缺少一个既定的高远目标，必将一事无成。

设定一个高远目标，就等于达到了目标的一部分。开始时，如果心中怀有一个高远的目标，就意味着从一开始就知道自己现在在哪里，目的地又在哪里。坚定地朝着自己的目标前进，至少可以肯定，自己迈出的每一步，方向总是正确的。

信念到底值多少钱？要知道一时短暂的信念是不值钱的，它有时甚至只是一个善意的欺骗。然而，一旦我们坚持下去，它就会迅速升值。所以说，永恒长远的信念是无价的。

不管理想在何处，有多伟大，现实总是实实在在的。

成功总是藏匿在生活的喧嚣和浮华后面，它戴着面具，画了脸谱，穿梭在街头，停泊在港口，期待着有心人找到它。

如果我们将脆弱的鸡蛋放入水中煮，水开后，得到的是一个有韧性的鸡蛋；将坚硬的胡萝卜放入水中煮，得到的是一个柔软的胡萝卜；将坚硬、难吃的咖啡豆放入水中煮，得到的是一杯醇香的、令人回味的咖啡。

生活就如这开水，平淡无奇。但当你经历并发现其中的真理之时，生活就会变得丰富多彩，不再单调乏味，而是充满了机遇与乐趣。

有些人会抛弃理想，但理想却从来不会抛弃任何人；世界上总有人想背弃现实，但现实从来不会被任何人所背弃。

我们常常说，理想像把钥匙，现实像把锁，即使拿到了钥匙，打开了锁，得到的也未必是每个人想要的。所以，我们只能在理想中选择人生，

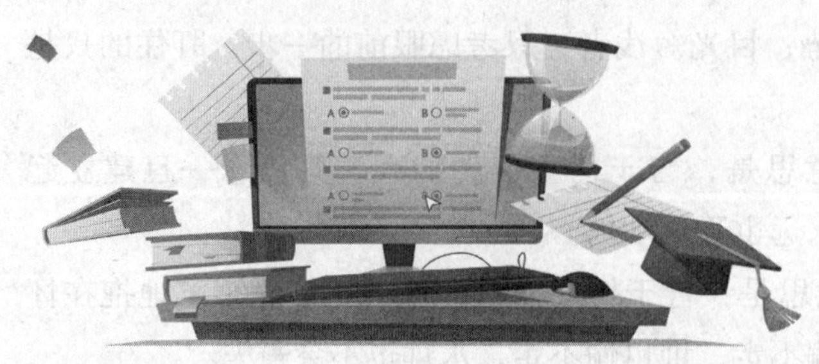

而在现实中接受选择。

理想如果失去了热情和激情，现实的灵魂则会长出皱纹。人生就是一场旅行，理想是旅行的路线，现实则是旅行的轨迹。如果我们失去了路线，就只得停止前进的脚步，而一旦失去了轨迹，也就失去了出发的勇气。

理想是主观的，现实是客观的；理想是完美的，现实是有残缺的；理想是未来的，现实则是当下的。

我们要正确看待理想与现实的矛盾，既要走出以理想来否定现实的误区，也要走出以现实来否定理想的误区。要解决理想与现实之间的矛盾，必须走出渺茫论的认识怪圈，不可对自己所从事的事业失望和绝望，因为希望总在前方；必须走出怀疑论的认识骗局，不可怀疑我们的职业，不可怀疑人生的目的，因为光明总在前方；必须走出实惠论的认识误区，不可一切向钱看，不可有这样的认识："理想理想，有利就想。前途前途，有钱就图。"我想人之所以为人，应该有自己更高层次的追求。

在一个小小的池塘边，有一片小小的芦苇丛。这里住着一只很老很老的蜗牛。它有一个很大很大的理想，就是一定要爬上世界的最高处。

于是，这只蜗牛为了这个理想，背起自己的房子起程了。它一直爬啊爬，七天七夜过去了，终于爬到了池塘边最高的那棵芦苇顶上。

蜗牛抬起头望着蓝天高兴地说："嘿嘿，瞧！我终于成功了，天空离我多近呀！"刚说完，蜗牛低下头，看到一只小蚂蚁背着一颗谷子从芦苇下路过，连忙大声喊道："小蚂蚁！小蚂蚁！快看，我在上面呢！"

小蚂蚁听到喊声，抬起头，朝芦苇上望去，看到了在上面的蜗牛，故意提高嗓门对蜗牛大声说："蜗牛爷爷，你好厉害！你是怎么爬上去的？"

蜗牛听了不由得得意起来，也因此更加深信自己已经站在了世界的最高处。它大笑着回答："怎么样？没有谁能比蜗牛爷爷爬得更高了吧，哈哈……"小蚂蚁低下头偷偷地说："嘿嘿，夸它几句就当真，真是老糊涂了！"

小蚂蚁走后，一条小蚯蚓路过芦苇丛。蜗牛朝着小蚯蚓大声说："小蚯蚓，小蚯蚓，快找找我在哪！”小蚯蚓朝着喊声的方向望去，看到蹲在芦苇上的蜗牛后，马上露出一丝诡异的笑容，大声回应道：“蜗牛爷爷，你爬得好高啊，那里一定是世界的最高处！”蜗牛听了更加高兴得不得了，“哈哈哈”的笑声传遍了整个小池塘。小蚯蚓却低声笑道：“呵呵，太容易上当了，真好玩！”

小蚯蚓走后，一只小青蛙路过芦苇丛，蜗牛又连忙朝着小青蛙大声说：“小青蛙，小青蛙，快看！我站在了世界的最高处。”小青蛙朝蜗牛望去，紧张地叫道：“蜗牛爷爷，你那儿不是世界的最高处，而且四周没有掩护的东西，很容易被小鸟发现，并且吃掉你，赶快下来吧！”

可是蜗牛已经听不进去了。它确信自己站在了世界的最高处。它对着小青蛙生气地说：“你胡说！你一定是在嫉妒我！我才不上你的当呢！这里就是世界的最高处，连小鸟也不可能飞得这么高……”

蜗牛话还没说完，只见一只小鸟飞了过来，把可怜的蜗牛吞进了肚子里。

我们常常会问自己，我们是在梦想里，还是在现实里？我们是为梦想生存，还是为现实继续？

其实，我们并不知道梦想有多遥远，现实有多迷离。

梦想是人类最天真、最无邪、最美丽、最可爱的愿望。所以说，有梦想的人，生活才会有意义。

梦想是人们在梦里大胆的想象，不一定会实现。但人们依然相信，梦想都是美好的。

梦想就是希望，人生最大的奖品就是梦想。当你灰心丧气的时候，梦想就在前面热情地看着你；当你得意忘形的时候，梦想就在前面冷眼地看着你；当你摔倒的时候，梦想还是在前面鼓励地看着你。

要坚信，有梦想，才会有与梦想相遇的缘分。

有一个人，求学、创业、求职，从来没做成过一件事，仿佛是一个天生的失败者。胸中有万千梦想，都只是七彩的肥皂泡，瞬间会破裂。

有一年春天，他的失意达到了顶点，甚至想就此结束自己的生命。这个时候，有人告诉他，在深山老林里，有一位智者掌握了人间成功的秘诀。

于是，他去找那位智者。他滔滔不绝地倾吐着自己的痛楚，智者只是漫不经心地抬手指示：“那边悬崖上有一丛草莓，如果你去摘下来，我便

告诉你该如何得到你想要的。”

山并不高，却极其陡峭。那小红灯笼似的草莓，看上去可望而不可即。“我怎么爬得上去呢？”他在悬崖下始终想不出好办法，不由得心烦意乱。他心想，这或许是智者骗人的小把戏吧，干脆就算了。但是他又想，这里或许有自己的机会。

他静下心来，对整座山认真地研究了一番。后来，他发现山的南面比较平坦，便向上攀登。但还不到三分之一，他力竭而返。抚着酸痛的四肢，他想到了放弃。但是在朦胧的月色里，依稀可以看见远处的草莓，他告诉自己必须坚持。

次日，他开始第二次攀登。终于，他成功了——摘到了娇艳芬香的草莓。他来到智者面前，急切地问：“现在您可以告诉我成功的秘诀了吗？”智者只将草莓纳入口中，笑曰：“很甜哪！”然后反问：“咦，你不是已经成功了吗。”这个失意者瞬间恍然大悟。

其实，人与人是差不多的，这是一个不争的事实。人与人之间本身并无太大的区别，真正的区别在于心态。

“要么你去驾驭生命，要么生命驾驭你，心态决定了谁是骑师。”这句话值得我们三思。

在面对人生低谷时，有的人向现实妥协，放弃了自己的理想和追求；有的人不低头认输，他们不停地审视自己的人生，分析自己的错误，勇于面对，从而走出了困境，坚持去追逐自己的梦想。

这两者的真正区别，就在于一颗心、一种心态。

# 第八章　人事与人情

人做对了，事也做对了；事做对了，人也做对了。为人处世要做到对上以敬，对下以善，对人以和，对事以真，对心无愧。

人事，就是人的事，涉及处事；人情，就是人的感情，涉及为人。

人的一辈子就做两件大事，一是做事，二是做人。其实，做人和做事常常体现在同一个过程之中。做人体现在做事的过程中，同时，做事也反映做人的道理。

但有的时候，做人和做事还是有些区别的。有些人做事可能很好，可做人就不一定优秀。所以说，为人处世的道理对人的影响是很大的。

为人处世的基本道理，其一是做事的道理——怎样才能把事做好？其二是在做事中探求做人的道理——在做事的过程中如何体现人的价值和尊严。

与人交往有其基本的原则，那就是你需要别人怎样对你，你就怎样对待别人。也就是说，要学会换位思考，将心比心，学会独立自强，学会理解、尊重和宽容，这既是一种做人的原则，也是做人的方法。

有人说，现代社会影响事业成功的因素，85%取决于人际交往的能力和品质，只有15%取决于其他方面的能力和水平。

如何做人？要做一个什么样的人？这是一门艺术，更是一门学问。

平时我们经常听到做人难，难做人的感慨，也经常能感受先做人，后做事的领悟。这也充分说明，做人不是个小问题，而是大问题，是每个人一生的必修课。

做人没有一定的法则和标准，但有一定的通则、技巧和规律。四书五经开篇就是《中庸》，中华传统文化的高明之处便是中庸，这是做人、做事的根基。

儒家的精髓是指入世要有理想和抱负，要进取不懈，但儒家的中庸融进了道家的思想。这是因为在现实世界中，做人难，做事也难。所以，一个人要有点出世的道家精神，要以出世的精神，去干入世的事情。

对于一个人来说，做人和做事都很重要。

如果一个人做人是一百分，而常常把事情做错，做事是零分，一百乘以零就等于零；如果一个人很会做事，做事的能力是一百分，而做人是零分，一百乘以零还是等于零。

人情这两个字，就是人与人之间融洽相处的感情，也就是要懂得人，也要懂得事。所以，我们常常说要懂得人情世故、待人接物。

这个人情还包括很多很多。

一是情感。一个人应该呵护与生俱来的善念，培养真情实感。感恩亲人，孝老爱亲；感恩他人，尊重朋友；感恩社会，和睦邻里，进而热爱国家。

二是情理。我们求学求知，就是要明白自然天理和社会事理，守正而知变通，圆滑而不世故。

三是情趣。情趣有雅俗之分，所以应该追求一些健康而高雅的乐趣，例如，爱好一点艺术，创造一点诗意，呵护一颗童心，知足常乐，幽默风趣。

四是情怀。没有情怀，我们会觉得少了点什么。因为没有情怀的人生，是不完整的。

悲悯情怀、家国情怀、宇宙情怀、浪漫情怀、故乡情怀……决定着人品的高下。

人情在于同理心，在于理解与包容。而世故在于约定俗成的规则，在于规矩，在于礼义和道理。

人情世故其实是一门很复杂的功课，很多人一辈子都读不透、做不好。

人情世故是一种智慧和能力，是情商的表现，不可一日或缺，是我们生活的一部分。

据传朱元璋做了皇帝后，有一天，他的一个儿时伙伴前来求见。朱元璋也很想见见这位儿时伙伴，可是又怕他讲出以前一些不大光彩的事情。犹豫再三，朱元璋还是让他进来了。

那人一进大殿就大礼下拜，高呼万岁，说："我主万岁，当年微臣随驾扫荡芦州府，打破罐州城。汤元帅在逃，拿住豆将军，红孩子当关，多亏菜将军。"朱元璋听完他的这番话，心里非常高兴，重重封赏了这位儿时的伙伴。

消息一传出，另一个当年一块放牛的伙伴也找上门来了。见到朱元璋，他激动万分，指手画脚地说道："万岁，你不记得吗？那时候我们一起给人放牛。有一次，我们在芦苇荡里，把偷来的豆子放在瓦罐里煮着吃。还没等煮熟，大家就抢着吃，把罐子都打破了，豆子撒下一地，汤也洒在了泥地里。你只顾从泥地里抓豆子吃，结果红草根卡在了喉咙里。后来还是我的主意，叫你用一把青菜吞下，才把那红草根吞进肚子里。"当着文武百官的面，这番描述让朱元璋又气又恼，只得喝令左右把他拉出去斩了。

朱元璋的两个朋友说的都是他们儿时放牛的一段经历。第一个说的极其含蓄得体，既勾起了皇帝对自己的旧情，又让不明就里的群臣听起来像是在述说皇帝曾经的丰功伟绩，可谓一举两得。第二个伙伴则说得非常直白露骨，让已是九五至尊的朱元璋颜面尽失，可谓伤人害己。

所以，说话一定要看场合，分时机，权衡利弊，千万不能不假思索，信口开河。须知害人的舌头有时比魔鬼还要厉害！

如今的人们并不重视人情世故，所以觉得朋友疏远，家人不亲，失去了彼此的关心和支持，丢掉了享受人际亲密感的机缘。这不但有碍生活的品质，而且对潜能的发展也会造成严重的限制。

有一个量表可以测验一个人对人情世故的掌握程度（很少：1分；偶尔：2分；经常：3分）。

一是情感表达方面：

（1）与人相处时，即使不喜欢对方，也不轻易显露出来。

（2）懂得根据场合来表达合适的情绪。

（3）要表达感受时，会想到自己的身份。

（4）对他人常怀感恩之心。

4～8分：说明你是个不太会看脸色的人，容易得罪人而不自知，需要加强对人际关系的敏感度。

9～12分：说明你懂得察言观色，往往能抓住时机，讲出合适的话，因而赢得别人的好感。

二是社交行为方面：

（1）在社交场合，尽量让宾主尽欢。

（2）与朋友交往，重视礼尚往来，做到礼节适度。

（3）重视参与朋友、同事或下属的婚丧喜庆。

（4）参加朋友的婚丧喜庆场合时，赠送礼金或礼物时会考虑到与对方的情谊。

（5）会记录朋友在婚丧喜庆所赠送的礼物或礼金。

（6）在合适的场合，反馈价值对等的礼金或礼物。

5～10分：说明你不太重视人际细节。若能在人情互动中，比对方付出更多些，就能拯救过去的声名狼藉。

11～15分：说明你是一个进退有据的人。通情达礼的做人风格，会成就你在朋友口中的好人缘。

三是冲突处理方面：

（1）重视人和，避免与人发生冲突。

（2）冲突发生时，能面面俱到而不得罪人。

（3）做人圆融，尽力让不同意见者获得尊重。

（4）与别人的意见相左时，会圆融地表达自己的感受，但不会过分坚持。

（5）善于协调众人的意见。

（6）与人沟通时，即使自己有理，在言语上也会十分委婉。

(7) 为人厚道，不会让人没有面子。

(8) 在组织内进行沟通时，会尊重伦理与职务位阶。

8～16分：说明你是个爱憎分明的人。请收起一些棱角，为别人留个台阶，也是为自己的将来留条后路。

17～24分：说明你成熟圆融，常常是团体中的协调员。请记得，要坚守心中那把尺，才不至于变成一个滥好人。

一个有道德的人，应克制追求物质享受的欲望，不应过多地讲究自己的饮食与居处等，而应在工作上勤劳敏捷、谨慎小心、经常检讨自己，并请有道德的人对自己的言行加以匡正，努力塑造自己的良好道德品质。

一个人除了有满足肉体欲望的物质追求之外，应有更高层次的追求，即追求自我实现，追求知识和真理，追求真、善、美。

我想，做人之难，主要难在我们要从躁动的情绪和欲望中稳定自己的心态；成事之难，主要难在我们要从纷乱的矛盾和利益中理出头绪。

“低调做人，高调做事”，就是把自己调整到以一个合理、适度的心态去踏踏实实做好人、做实事、做好事，就是树立信念、以诚待人、公正处世、同情感恩、努力学习、成熟思考、积极工作、持之以恒。

我们千万别把自己想的多么伟大，少说话多做事才是正道。因为低调做人，就会一次比一次稳健；高调做事，就会一次比一次优秀。

学习和修养的过程，是一个随着年龄的增长，思想境界逐步提高的过程；是一个学习、领悟和升华的过程；是一个循序渐进、自然天成的过程；更是一个需要艰辛付出的过程。

只有内心有触动，内心有感悟，内心有一种改变无序状态的迫切感，才能从要我做变成我要做。所以说，发自内心的冲动是主动做事、努力做成事的动力。

诚信是一种美德，放弃是一种美德，服从是一种美德，奉献是一种美德，欣赏也是一种美德。说得少一些，做得多一些，

行动应该比言谈更早些、更快些。

语言快于行动者，往往完不成任务；行动快于语言者，往往能自由完成任务。这是生活中的一般性规律。

一个人求学时要勤奋好学，积极向上；工作时要认真负责，努力上进；在家时要和睦相处，共同进步；在外时要诚实谦虚，有同情心。

内智外愚是一种大智慧、一种清醒和超脱，更是一种回归。内智外愚者常常能以一颗知足常乐的宁静之心，超越功利和世俗，善待世间的一切。

我们要知道，只有理想而不能实干的人，仅仅是梦想而已；而只有实干而无远大理想的人，也仅仅是务实而已。

有一位青年人，虽然非常刻苦，但是事业上收效甚微。为此，他很苦恼。

有一天，他向昆虫学家法布尔诉说："我不知疲倦地把自己的全部精力都花在了事业上，结果却收获很少。"法布尔问他从事什么事业。他说："我爱文学，也爱科学，同时对音乐和美术的兴趣也很浓厚。为此，我把全部时间都用上了。"

这时法布尔从口袋里掏出了一块凸透镜，做了一个小试验，让青年人看。当凸透镜将太阳光集中在纸上一个点的时候，很快就将这张纸点燃了。法布尔于是就说："把你的精力集中到一个点上试试看，就像这块凸透镜一样。"

每个人的精力都是有限的。有所放弃，才能有所选择；有所不为，才能有所为。我们只有将精力集中到一个点上，由点及面，拓展知识面，才能成就一番事业。

同情心是一个人崇高人格的表现之一；通情达理是一个人最基本的为人之道；对他人的尊重则是自己获得他人尊重的基础。

我想，一个没有同情心的人是麻木的，感情上有缺陷的；一个没有同情心的人不可能有进取精神和廉耻之心，也不可能与周围的人和环境和谐相处。

诚信是最宝贵、最高尚的一种品质和人格、一种责任和道义。"忍一时风平浪静，退一步海阔天空。"有时候，忍耐是一种坚持，是一种手段和策略，而不是表面上的逆来顺受和消极颓废。

一个有道德的人在独处或无人监督时，也会一如既往地注意自己的言语和行为，总是小心谨慎，临事而惧，从内心对自己的言行加以节制。

宽容别人就等于善待自己。所以，千万不可拿别人的错误来惩罚自己。人与人之间需要宽容和理解。因为宽容是一种催化剂、润滑剂、清新剂。

做事尽善尽美、一丝不苟、精益求精，可以使自己快速成长，可以使自己的品格得到提升，可以使自己的思维能力、判断能力和处事能力得到很大的提升。做事马虎偷懒、苟且偷安，这种习惯一旦养成，会对我们的品格、道德产生不良的影响。

快快乐乐是一天，闷闷不乐也是一天，为何不给自己一点理由快乐起来呢？生气是用别人的缺点来惩罚自己。如果一个人没有怨恨，没有忧愁，那么他的内心就会平静如水，清洁如镜。

兴趣是最好的老师。唯有热爱、乐在其中，才能全身心地投入其中，才能做好学问。一个人做一件好事并不难，难的是一辈子坚持不懈地做好事。

抱怨是失败的开始，感恩是成功的基石；厌烦工作是不幸的开始，喜欢工作是成功的基石。

做事要方，做人要圆。做事要方，即做事要遵循规矩和法则。“没有规矩不成方圆”“有所不为，才可有所为”。做人要圆，即做人要圆通宽厚、通融大度，要大智若愚、与人为善，要坚持自己的个性而不张扬，要有牺牲小我、忍辱负重的气量，更要有承受屈辱和误解的大度。

做人的心量有多大，人生的成就就有多大。

当然，事情可以做好，也可以做坏；可以高高兴兴和骄傲地做，也可以愁眉苦脸和厌恶地做。如何去做，完全在于自己，在于自己的态度。

世上没有卑微的工作，只有卑微的态度。一个人的工作，是其亲手制作成的雕像，美还是丑，可爱还是可憎，都是由其自己决定的。要尊重自己的工作，要把自己的工作看成创造和成就事业的要素，要赞美工作，要对工作产生感情，而不要抱怨工作，不要把工作当成谋生的手段，当成自己不得不承担的责任。

有个老木匠即将退休，老板非常舍不得，要他最后建一座房子再走。老木匠虽然口头答应，但心思已经不在工作上了。他用的是差料，出的是粗活。当房子建好的那一天，老板对他说，这就是我送给你的退休礼物。老木匠万万没有想到，他最后建的竟是自己的房子。他羞愧难当，后悔不已。

其实，人生每一件事都是为自己而做，要做就要做到最好，做到极致，做到完美。

态度第一，聪明第二。凡事必须用心对待，要精心谋事。用心做事吧，用负责务实的精神去做每一天中的每一件事；用心做事吧，不要放过工作中的每一个细节。

一个人的能力有大小，天分有高低，悟性有好坏，但这些不是决定命运的主要因素。天道酬勤，勤能补拙，一分耕耘一分收获，这才是掌握命运的方法和手段。

我们要做一个有志向的人，“自信人生二百年，会当击水三千里”“不想当将军的士兵，不是好士兵”。做人一定会有困惑，做事也一定会有困境，人活着更不可能一帆风顺。所以，我们要有信心和毅力，要有永不言弃的坚持。

成功时，不可陶醉沉迷，不可迷失方向；失败时，不可灰心丧气，不可怨天尤人。要知道，心在哪里，路就在哪里；志向在何方，前进的方向就在何方。

我们要做个善良、仁慈、真诚的人，把人性光辉中最温暖、最美丽、最让人感动的一缕大爱情怀奉献给周围的人。

善良是一切和谐、美好的基础。只有心中充满慈悲、善良，才能感动和温暖人间；只有心中存有善良，才能有内心的平和与世界的祥和。

一个微笑、一个简单的动作、一句发自内心的问候、一句礼貌的话语，这对我们并不难做到，却可能因此帮助别人走出困境，走向光明。

一个善良的人，就像一盏明灯，既照亮了周围的人，也温暖了自己。我们要做个有教养的人，让勤俭、忠义、谦让和孝顺等传统美德在日常工作中充分体现。

教养，就是将心比心、通情达理，就是知深浅、明尊卑、懂高低，识轻重，就是讲规矩、守道义。

著名演员陈道明说："教养和文化是两码事。有的人虽然很有文化，但是很没教养；有的人虽然没有什么学历和学识，但是很有教养、很有分寸。"

的确如此。因为在这个世界上，真正决定一个人层次高低的，不是物质的富足和身份的高贵，而是一个人的教养和分寸。

美国小说家杰克·凯鲁亚克曾经说过，教养是一种不用说出来的美好。的确，教养这东西，藏不住，也装不出来；说不出来，也不用说出来。

其实，教养就体现在一个人的举手投足之间，是植根于内心的善意，是深藏内里的温柔，像夏日清风，如冬日暖阳，处之舒适，见之安心。在不动声色的细节里，这个被称为"第二个太阳"的教养，会使人感觉很舒服、很温暖。

非洲某部落中有一位老人，正悠闲地坐在一棵大树下面，一边乘凉，一边编织着草帽。他把编完的草帽放在身前一字排开，供游客们挑选购买。这些草帽造型非常别致，而且颜色搭配也非常巧妙，可以称得上是巧夺天工了。游客们十分喜欢，纷纷驻足购买。

这时候，一位精明的商人看到了老人编织的草帽，立刻盘算开了。他想，这么精美的草帽如果运到美国去，一定可以卖个好价钱，至少能够获得十倍利润吧。

想到这里，他激动地问老人："这种草帽多少钱一顶呀？""十块钱一顶。"老人冲他微笑了一下，继续编织着草帽。他那种闲适的神态，真的让人感觉他不是在工作，而是在享受一种美妙的心情。

“天哪，如果我买十万顶草帽回到美国去销售的话，一定会发大财的。”商人欣喜若狂，不由得为自己的经商天才而沾沾自喜。

于是，商人对老人说：“假如我在你这里定做一万顶草帽的话，你每顶草帽可以优惠多少钱呀?”

他本来以为老人一定会高兴万分，可没想到老人却皱着眉头说：“这样的话，那就要二十元一顶了。”

“为什么?”商人冲着老人大喊。最后，老人讲出了他的道理：“在这棵大树下没有负担地编织草帽，对我来说是一种享受。如果要我编一万顶一模一样的草帽，我就不得不夜以继日地工作，不仅疲惫劳累，还成了精神负担。难道你不应该多付些钱给我吗?”

我们要做一个乐观的人，有乐趣、幸福的人，拥有一颗快乐之心，带着满足、感恩之心去工作、学习和生活。

我们要做一个宽容的人，以海纳百川之心包容世间一切。尺有所短，寸有所长；金无足赤，人无完人。所以，我们要赏识别人的优点，包容别人的不足。善待别人，就等于善待自己，要学会忘记和放弃、学会感恩和行善。

我们要做一个智慧的人，锻炼和培养自己的洞察力和判断力。要知道只有方向，而没有智慧，方向本身是没有意义的。对弱者，光关心不够，要帮助；对下属，光公正不够，要善良；对别人的失误，光原谅不够，要忘记；对自己的未来，光梦想不够，要行动。

我们要做一个正直、谨慎的人，正直做人、低调做人、正派做事、虚心做事。做人像水，做事像山。做人尽量往低处走，让着别人，遇见利益和名声尽可能往后退，给自己留下更大的余地。做事一定要有自己的主见和目标，像山一样挺立在那儿，才能把事做好。

一只小鸟在飞往南方过冬的途中，由于天气太冷，小鸟冻僵了，从天上掉下来，跌在一片农田里。它躺在田里的时候，一头母牛走了过来，而且拉了一泡屎在它身上。冻僵的小鸟躺在牛屎堆里，发觉牛粪真是太温暖了。牛粪让它慢慢地缓过劲来！它躺在那儿，又暖和又开心，不久就开始高兴地唱起歌来了。一只路过的猫听到了小鸟的歌声，走过来查看究竟。顺着声音，猫发现了躲在牛粪中的小鸟，非常敏捷地将它刨出来，并将它吃了！

我曾在日本学习、生活过，亲见日本医生的专业精神和工作状态。他们在职业精神的驱动下，争分夺秒，不愿浪费一分钟，没有八小时内外的概念，只要工作需要，无论白天黑夜，一心扑在工作上；他们积极进取，高度负责，不愿忽略每一个细节，团结协作，一丝不苟；他们的眼里没有为别人、为单位工作的概念，他们始终认为，工作是为了自己，为了实现自己的理想，体现自己的价值。

另外，日本人融入血液和骨髓的细节管理、礼貌待人、高效简洁、职业化观念和习惯，以及德国人极强的时间观念和规范的做事风格受世人尊重，值得我们反思和学习。

时至今日，学校里出现了“驯服的绵羊”“精致的利己主义者”，我们必须高度重视这种异动。如何培养高情感的学生，仍然是世界各国大学面临的难题。

1995年3月，日本的奥姆真理教成员在东京地铁站投放“沙林”毒气，造成5 000多人受伤，15人死亡，震惊了世界。后来警方调查，在奥姆真理教成员中，有相当一部分成员是大学生。在科学技术如此发达的今天，反科学、反人类、反社会的活动在世界范围内也没有熄灭。正是由于这种情况，世界未来学家托夫勒·奈斯比特等人提出：“高科技时代需要高情感的人。”

生命是美好的、神圣的、崇高的。因为有了生命，我们可以去爱，也可以去恨；可以去快乐，也可以去哭泣。

生命因爱而美丽生动，生命因爱而丰富多彩。

用自己的双手去温暖别人的双手，是一种奉献，是一种仁爱。

在学校里，要教育学生学会用道德规范约束自我，还要教育学生一些为人处世的基本道理。学会与人交往，学会与人相处，是最基本的素养，也是一种艺术和能力。

孔子一生以学习和传道为乐，所传的就一个“仁”字。不足16 000字的《论语》中，“仁”字就被提到有109处。可见，仁爱思想是儒家哲学的根基，是基石中的基石、重点中的重点。

仁爱是一个人发自内心的力量。它能影响别人，也能影响自己。同时，它还能改变我们生命的状态，让我们以快乐的信念去面对世界，在世界与自我之间建立起一种和谐的关系。

从前，有一个小镇，德高望重的智者坐在村口，来来往往的路人都在向他打听世界上最好的居住地。

一个年轻人走过来问：“请问你们的小镇是否适合我居住？我原来的那个小镇不好。人人都很自私狭隘，每个人都蜚短流长，他们很不完美。我住在那里，周围都是仇人，生活太不开心了。所以，我一定要找一个特别好的地方，每个人都是正人君子的地方。”

老人听了，说：“对不起，我们镇上的人跟你以前在一起的人一样坏，这里不适合你居住。”

第二个人走过来，问道：“我想找一个好的小镇。我原来的小镇特别好，大家都很勤劳朴实，温柔善良，互相来往，仁爱有加。我住在那儿，人缘也一直很好。但是，现在不得已要离开了，我的内心充满着眷念。我还想找一个同样的小镇居住。”

老人高兴地说：“欢迎你，你找对地方了。我们镇上的人跟你原来镇上的人一样好，你就住这吧。”

同一个小镇，老人的回答却截然不同，这说明了什么呢？其实，心地善良的人，所见的无不是善人；心胸狭窄的人，所见的无不是恶徒。

在现实生活中，我们对世界的态度，促成了世界对我们的态度。

从心里发出，然后流淌到别人的心里，在人与人之间搭建起一座长长的爱心之桥，这就是爱的奉献，这就是爱的传递。

爱，往往有着意想不到的力量。世界上最强大的不是坚船利炮，而是一颗仁慈的爱心。在生活中，我们应该具有仁爱之心，保持对真、善、美的追求。地位、财富固然重要，但真正使人获得永久尊重和帮助的，还是那一颗善良的仁爱之心。

有一位孤独的老人，无儿无女，又体弱多病。他决定搬到养老院去安享晚年，就宣布要拍卖他的住宅。

这是一栋有名的漂亮住宅，购买者闻讯蜂拥而至。住宅的底价是八万英镑，但人们很快就把它炒到了十万英镑，而且价格还在不断攀升。

要不是健康状况不行了，老人是不会卖掉这栋陪伴他大半生的住宅的。

连日来，购买者没有一个如他所愿。老人深陷在沙发里，满目忧郁。

后来，一个衣着朴素的青年人来到老人面前，弯下腰低声说："先生，我想买这栋住宅，可是我只有一万英镑。"

"可是，它的底价就是八万英镑啊。"老人淡淡地说。

"如果您把住宅卖给我，我保证会让您依旧生活在这里，和我一起喝茶、读报、散步。相信我，我会用整颗心来照顾您!"

老人站起来，挥手示意人们安静下来。"朋友们，这栋住宅的新主人已经产生了，就是这个小伙子!"

青年人不可思议地赢得了胜利，终于梦想成真。

其实，在现实世界里，真正让一个人成为人生大赢家的，往往是那颗至善之心。

所以，我一直坚信，仁爱是做人的根本。仁爱不仅是一种行为方式，更是一种人格情怀，它表现为一种高风亮节的风范，一种胸怀大志的气度。

爱是一种奉献，而奉献是不计报酬的给予，是有一分热发一分光，是一种我为人人的大爱无疆。

"善有善报，恶有恶报"。古人也求福禄寿，但他们知道，这是要以善念、诚意和爱心为前提的。所以，就有了"谋事在人，成事在天""生死有命，富贵在天"的说法。

一个生活贫困的男孩为了积攒学费，挨家挨户去推销商品。傍晚时分，他感到疲惫万分、饥饿难挨，而他的推销工作很不顺利，甚至有些绝望。这时，他敲开一扇门，希望主人能给他一杯水。开门的是一位美丽的年轻女子。她给了他一杯浓浓的热牛奶，这令男孩感激万分。

许多年后，这个男孩成了一位著名的外科医生。一位妇女由于病情严重，当地的医生都束手无策，便被转到了这位医生所在的医院。外科医生为妇女做完手术后，惊喜地发现，这位病人正是多年前在他饥寒交迫时，热情地给予他帮助的女子。当年，正是那杯热牛奶使他又鼓足了信心。

结果，当那位妇女为昂贵的手术费发愁时，却在她的手术费单据上看到了这样一行字：手术费=一杯热牛奶。

感恩也是一种爱。人要有感恩之心，要感恩别人的给予，感恩生命、感恩事业、感恩父母和周围的人、感恩师长。一个没有感恩之心的人，是没有责任、没有情感、没有仁德的人。

有一次，一位旅行者乘坐火车，他的一只鞋子掉到了铁轨旁。此时，火车已经开动，鞋子无法再捡回来。他急忙把穿在脚上的另一只鞋子脱下来，扔出车窗。

邻座的乘客不解地问："您为什么要这样做?"

旅行者说："这样一来，路过铁轨旁的穷人就能得到一双鞋子了。"

这，就是智者与俗人的区别。俗人遇到事情时，更多考虑的是自身的处境，智者则在想方设法地为他人着想。

爱有五种语言，我们可以用自己的手指来表示：

第一种语言是赞美的语言，用大拇指表示。我们要经常对周围的人竖起大拇指。因为有些人非常在意赞美，对赞美有一种强烈的渴望。

第二种语言是倾听，用食指表示。我们要学会静静地倾听。因为有些人喜欢全程被关注着，特别是女性，只要另一半给她充分倾听的时间，她就感到幸福和快乐。

第三种语言是牵手，用中指表示。我们要常常接触对方。因为有些人渴望得到爱人的牵手和拥抱，渴望与所爱的人相伴一生。这是一种心灵的接触。

第四种语言是礼物，用无名指表示。我们要不时地制造点惊喜。因为有些人特别在意礼物，我们要想方设法给对方一点浪漫。

第五种语言是行动，用小指表示。我们要常常为家人做点小事，为家人烧餐饭，为家人做点家务活。因为我们的家人其实非常在意这些小事。

生命从来都不是属于一个人。因为我们的生命前接父母，后承子女，围绕于亲朋好友，缠绵于鸳鸯伴侣。

父母的爱，是一种惊天地、泣鬼神的大善，是一种催人泪下、感恩一生的大仁。父母为子女付出了毕生的心血，作为子女就应该尊重父母、孝顺父母、敬爱父母。黄香扇枕温席、董永卖身葬父、孟宗哭竹生笋，这些历史人物一直是我们学习的楷模。

我们要敬畏父母。因为是他们赋予我们生命，竭尽全力养育我们，培养我们成人，教会我们生活，给予我们无私的爱，为我们撑起一片晴朗的天空。

人之发肤，受自父母；舐犊情深，深如大海。

羊羔跪乳、乌鸦反哺……低等动物尚能如此，而作为高等动物的人类，更应该有感恩父母之心。

“尊前慈母在，浪子不觉寒”，“慈母手中线，游子身上衣”。即使我们左肩挑父，右肩担母，研皮至骨，穿骨至髓，绕须弥山，经百千劫，血流决踝，犹不能报父母之深恩。

老鹰常常会把巢筑在树梢或悬崖峭壁上。生态学家用望远镜仔细观察后发现，母鹰先衔一些荆棘放在底层，再叼来些尖锐的小石子铺放在荆棘上面。后来又衔了些枯草、羽毛或兽皮盖在小石子上，做成一个孵蛋的窝。

雏鹰慢慢长大，羽毛也渐渐丰满。母鹰认为，该是雏鹰学会自我独立的时候了。

母鹰就开始搅动窝巢，让巢里的枯草、羽毛掉落，露出尖锐的小石子和荆棘。雏鹰被扎得疼痛难耐，嗷嗷直叫，而母鹰却无情地加以驱赶。雏鹰只好忍着痛振起双翅，离巢他飞。

母鹰真的是那么残忍无情吗？不！母鹰深爱着自己生养的雏鹰。但是母鹰更渴望它们能成为翱翔天空的雄鹰。因此，它必须无情地逼迫雏鹰飞离舒适的窝巢，勇敢地学会独立。

刹那间，这颗心，盘根错节，蔓草丛生。

刹那间，这段情，千山万水，亘古长存。

因为情感是复杂多变的，而爱情从来都是苦的。如果爱是一朵莲花，那最美丽的爱一定是那清苦的莲心，一直处在最深处，一直苦到心底里。

但是爱情也是温馨的、甜蜜的。

雨果说："人生是花，而爱是花蜜。"

泰戈尔也说："爱就是充实了的生命，正如盛满了酒的酒杯。"

爱，其实就是一个人对另一个人欠下的债，是一个人对另一个人习惯的认同。

爱情从来不是一个人对另一个人的施舍。

如果你爱我，就把你的手给我，我会一直牵着你，直到生命的尽头。

如果你爱我，就把你的心给我，我会把它和我的心放在一起，直到我的心脏停止跳动。

爱是什么？爱就是一种修行。

有时，爱心是一杯寒冬里浓浓的热茶；有时，爱心也只是彼此间的一句问候、一个眼神、一个拥抱……

一颗爱心，其实就是一颗星星。只要大家都有一颗爱心，在我们的天空中，便会永远繁星满天。

正因为有了爱心，才使人包容，才有宽广的胸怀、从容的心态；正因为有了爱心，人与人相处才更优秀，世界也会变得更加完美。

有一位单身女子刚搬了家。她发现隔壁住了一户穷人家—— 一个寡妇和两个小孩。

一天晚上，这一带突然停电了。那位单身女子只好自己点起了蜡烛。

没一会儿，她忽然听到有人敲门。

原来是隔壁邻居的小孩，只见他紧张地问："阿姨，请问你家有蜡烛吗？"

单身女子心想："他们家竟然穷到连蜡烛都没有吗？千万别借给他们，免得今后被他们依赖了！"

于是，她对孩子吼了一声说："没有！"

正当她准备关上门时，那穷小孩笑着说："我就知道你家一定没有蜡烛！"说完，从怀里掏出两根蜡烛，说："我妈妈怕你一个人住又没有蜡

烛，所以让我送两根给你。”

此时此刻，单身女子非常自责。她感动得热泪盈眶，将穷小孩紧紧地拥在怀抱里。

爱心，就是一颗爱人爱己的心，用爱充满我们的生活，对人对事做到理解与体谅。

一个浅浅的微笑，会让我们拥有一股勇气；一句安慰的话语，会让我们更加自信。

人的一生，其实，就是一个寻找爱和学习爱的过程。

上善若水，厚德载物。踏实善良为人，本分真诚做事。这就是为人处世的原则。

有些待人接物、为人处世的建议值得我们重视：

一要保留意见、把握尺度。过分争执于己无益，且有失涵养。要明白谨慎的沉默就是精明的回避。为人处世，外圆内方；适者生存，德者居之。

二要认识自己、厚积薄发。了解自己的优势，把握并促进自己最突出的天赋，同时可兼顾其他。

三要克制自己、绝对不夸张。夸张有损真实，并容易使人对你的看法产生怀疑，有损你的风雅和才智。精明者表现出小心谨慎的态度，说话简明扼要，绝对不夸张抬高自己。

四要适应环境、适者生存。不要花太多精力在杂事上，要维护好同事之间的关系。

五要谦虚包容、取长补短。学习别人的长处，弥补自己的不足。把朋友当作教师，将有用的学识和幽默的言语融合在一起，你所说的话一定会受到赞扬，你听到的也一定是学问。

六要言简意赅、简洁明了。说话冗长累赘，会使人茫然，使人厌烦，会使自己达不到目的。

七要谦虚内敛、甘居人后。不可在别人面前炫耀自己的优点，这会贬低别人而抬高自己，其结果则是别人会看轻你。

八要目光远大、绝对不抱怨。要勇于承认自己的不足，并努力使事情尽量圆满。适度检讨自己，并不会使人看轻你。相反，如果总是一味地强调客观原因，抱怨这，抱怨那，只会使别人轻视你。

九要诚实守信、不可失言。对朋友同事说谎会失去朋友同事的信任，使朋友同事不再相信你。要避免说大话，要说到做到，做不到的宁可不说。

十要严于律己、宽以待人。懂得宽容，有时候不是原谅对方，而是原谅自己。懂得换位思考，才能看到别人内心的想法，才能更好地理解对方，并替对方着想。

另外，还有人总结了为人处世的三十六计：

友谊第一，以礼相待，与人为善，和蔼可亲，不卑不亢，充满自信。

善于沟通，一视同仁，换位思考，助人为乐，谅解宽容，以诚待人。

拾金不昧，遵纪守法，谦虚谨慎，掌握分寸，尊重惯例，通情达理。

尊老爱幼，不忘故人，宽宏大量，仗义疏财，见义勇为，感恩报恩。

互利共赢，居安思危，韬光养晦，赞扬他人，讲究方法，善始善终。

讲文明，不发怒，不贪婪，不嫉妒，守信用，和为贵。

做人要有良心，更要有爱心；做事要细心，也要尽心。

做人的胸怀有多宽广，人生的成就就有多大。不虚伪、不做作、直率、干脆，这是真；以同情之心待人，以恻隐之心爱人，这是善；沟通心灵和仪表，融合人类与自然，这是美。以真善美的品位做人，其乐无穷。

成熟的人不问过去，聪明的人不问现在，豁达的人不问未来。

在人之上，一定要把人当人；在人之下，一定要把自己当人。

学会做事要方，做人要圆。

处世是一种艺术，是一种哲学，也是一种功夫。善处世者，无论在任何环境之下，常能逍遥自在，怡然自得，淡然自安，欣欣自乐。

大凡善处世者，随处皆海阔天空、鱼跃鸢飞；不善处世者，则是遍地荆棘、狼环虎伺。

老子认为："为学日益，为道日损。损之又损，以至于无为。"谈学问，谈事功，谈治平之术，宜用进法、加法；谈为道，谈处世，谈为人之本，则宜用减法、退法。

花宜半开，酒宜微醉。所以曾国藩说，做人要收敛。

做人的最高境界是什么？那就是苦而不言，喜而不语。

为人处世确实需要一些大智慧，这些智慧需要我们好好去品味。

一是糊涂的智慧。表面上似乎什么都不知道，其实内心比谁都清楚。少说多做，少说多听，这是一种高情商的表现。

二是守拙的智慧。心里洞明，表面却痴呆愚顽。抱朴守拙，不张扬，不高人一等，平易近人，反而更易得到众人的欢迎。而聪明外泄、锋芒毕露、炫耀虚荣之时，则容易遭人妒忌。

三是口讷的智慧。不逞利舌，不论人短。爱背后论人长短、搬弄是非者，往往会被人道听途说、断章取义，惹上许多烦恼，以致千古之恨。

四是隐忍的智慧。知雄守雌，以退为进，能伸能屈。没有谁一辈子都是顺顺利利的，所以得意时固然值得扬眉吐气，失意时却不能一味消沉，应积蓄力量，以待东山再起。

五是包容的智慧。以和为贵，宽容大度。得饶人处且饶人，多个朋友多条路。海纳百川，有容乃大；人有包容，谋事易成。

六是做人的智慧。表面愚拙，内心精明。不可太精明、太计较，应放眼远望，别死盯住别人的缺点不放，要懂得吃小亏才能赚大利的道理。

七是生存的智慧。灵活应变，从容谨慎。要想不碰到头，就要学会低头。

八是交际的智慧。精于糊涂，广结人缘。凡事不去太较真，也就避免了冲突，可以左右逢源。

九是处世的智慧。故意示弱，假装糊涂。想，要壮志凌云；干，要脚踏实地。认真做事是一种态度，我们要把事情做到位、做完美。

十是修身的智慧。达观生活，知足常乐。想要达观，就要怀一颗平常心，凡事顺其自然，不去计较是是非非，笑看庭前花开花落。人生不满百，何必怀千岁之忧呢？

# 第九章　人格与人品

一撇一捺写个人，一生一世学做人。人品是底牌，人格是底线。骨气不能无，良心不能丢。

最硬的底牌就是人品，最大的魅力就是人格。

山有脊梁，人有人格。人格主要是指一个人整体的精神面貌和道德品质，是气质、能力、性格等特征的总和，而人品主要是指人的品质。

人格是我们每个人所特有的、与他人相区别的、相对稳定的思维方式和行为风格。

人格可以离开人的肉体，离开人所处的物质生活条件，而独立存在于人类的精神文化维度之中。

人格是金，人格的光辉是任何邪恶、任何势利都无法泯灭的。因此，人格之美是美中之美。“岁寒三友”梅、松、竹，“君子之花”兰、莲、菊，风骨高洁，品节丽质，说的就是人格之美。

很多年以前，一位年轻人向大提琴演奏家卡萨尔斯讨教：“我怎样才能成为一名优秀的大提琴演奏家?”

卡萨尔斯面对雄心勃勃的年轻人，意味深长地回答：“先成为优秀而大气的人，然后成为一名优秀和大气的音乐人，再然后成为一名优秀的大提琴演奏家。”

卡萨尔斯的回答很有深意。怎样才能成为一个优秀的人才呢？人格的魅力永远是第一位的。

一般来说，人格具有独特性、综合性、功能性和稳定性四个特征。

一是独特性。一个人的人格是在遗传、环境、教育等因素的交互作用下形成的。不同的遗传、生存及教育环境，可以形成各自不同的心理特点。所以说，人与人之间，没有完全一样的人格特点。所谓人心不同，各有其面，这就是人格的独特性。

人格作为一个人的整体特质，既包括每个人与其他人不同的心理特点，也包括人与人之间在心理、面貌上相同的方面。

二是综合性。人格是由多种成分构成的一个有机整体，具有内在的统一性，受自我意识的调控。人格的综合性是心理健康的重要指标。当一个人的人格结构在各方面彼此和谐统一时，他的人格就是健全的。否则，可能会出现适应困难，甚至出现人格分裂。

三是功能性。人格决定一个人的生活方式，甚至决定一个人的命运，因而是人生成败的根源之一。当面对挫折与失败时，坚强者能发愤拼搏，懦弱者却会一蹶不振，这就是人格功能性的表现。

四是稳定性。个体在行为中偶然表现出来的心理倾向和心理特征并不能表征他的人格。俗话说，“江山易改，秉性难移”，这里的“秉性”就是指人格。

当然，强调人格的稳定性，并不意味着它在人的一生中是一成不变的。随着生理的成熟和环境的变化，人格也有可能产生或多或少的变化，这是人格可塑性的一面。正因为人格具有可塑性，我们才需要去培养和发展人格。

奥地利心理学家阿德勒阐述了健全人格的三个特征：

一是合作共赢。即当和别人发生冲突的时候，尤其是利益冲突，永远要习惯性地想到和别人共赢，而不是吃独食。

二是予多于取。永远维持一个不等式：予大于取。

三是关注他人。时刻对他人的感受、利益和观点保持深度关切。

人格完整健全的主要标志包括以下几点：

一是人格的各个结构要素都不存在明显缺陷与偏差。

二是具有清醒的自我意识，不产生自我同一性的混乱。

三是以积极进取的人生观作为人格的核心，并以此有效地支配自己的行为。

四是有相对完整统一的心理特征，且心理行为符合年龄特征。

一个人的心理行为经常严重地偏离自己的年龄特征，一般都是心理不健康的表现。而心理健康的标志包括：身体、情绪十分协调；适应环境，在人际关系中能彼此谦让；有幸福感；在职业工作中，能充分发挥自己的能力，过着有效率的生活。

另外，我们要注意一个人所具有的五个维度的人格特质：

一是外倾性。正面表现为健谈、好表现，面部表情丰富，并喜欢做出各种姿势；果断，好交友，活泼，富有幽默感；容易激动，好刺激，趋向于好动、乐观。负面表现为沉默寡言、呆滞。

二是宜人性。正面表现为善于为别人着想，似乎总是在与别人互动；富于同情心，直率，体贴人。负面表现为充满敌对情绪，不友好，给人不信任感，缺乏同情心。

三是责任感。正面表现为行为规范，可靠，有能力，有责任心；似乎总是能把事情做好，处处让人感到满意。负面表现为行为不规范，粗心，做事效率低，不可靠。

四是情绪性。正面表现为情绪理性化，冷静，脾气温和，有满足感，与人相处愉快。负面表现为自我防卫，担忧；情绪容易波动，易产生负面情绪，还易产生非理性的想法，难以控制冲动，抗压能力差。

五是开放性。正面表现为对新鲜事物感兴趣，尤其是对各种知识、艺术形式和非传统观念的赞赏；勤于思考，善于想象，知识丰富，富于创造性。负面表现为自我封闭，循规蹈矩，喜欢固定的生活和工作方式，不善于创造性思考。

蔡元培先生在《中国人的修养》一书中说："决定孩子一生的不是学习成绩，而是健全的人格修养。"

教育是人的灵魂的教育，而并非单纯的理智、知识和认识的堆积。否则，你拥有的知识愈多，对人类和生命的危害则愈大。

人接受教育的目的是有层次的。由低到高可以分成四个层次：

一是为了生存或生活。

二是为了自身的发展。

三是为了幸福。

四是为了寻求精神上的信仰。

与此相对应，教育的境界也可以分为功利教育、全人教育、幸福教育和崇圣教育四个层次。

德国学者鲁道夫·奥伊肯认为，人只有追求独立的精神生活，也就是信仰真、善、美，追求自由自主的人格，才可能重获生活的意义与价值，才能摆脱非人化的危险。人只有在信仰的引导下，使自己成为有意义的存在，才可能将世界变成有意义的世界。

所以说，独善其身和兼善天下就是人格教育的目的。

在一个技术统治一切的时代，教育的真义被遮蔽了，教育的真正价值失落了。教育被窄化为智能，而智能又被残缩为分数。教育成为了训练、练习的代名词，成为了塑造单向度的人的工艺流程。真正的教育应该关注“完整的人”的成长与发展。完整的人的教育至少应该包括信仰教育、人文素养教育、科学精神教育和公民教育。

所以，我们要教授知识并赋予学生知识理智，启蒙学生并引导学生获得德性，教导学生热爱生活并成为深入生活的人，塑造学生人格让学生成为有公民人格的人，影响学生并通过学生影响未来，并使教育回归到人的原点——保持真诚、健全和完整的人格。

教育的目的是把学生培养成一个人格健全的人。主要包括以下几个方面：

一是自信心有所增强。一个人格健全的人，对生活充满希望，对学习有强烈的求知欲望。受到表扬，信心倍增，而受到批评，也不丧失信心。如果因受到批评而“破罐子破摔”，不求上进，那就是人格上的一种扭曲。

二是具有面对现实的态度。通过相对评价，可以确定个人在团体中的地位；通过绝对评价，可以确定个人达到目标的程度。一个人格健全的人，能够正确地面对这个现实，反之，就可能采取逃避现实的做法。

三是协作意识有所增强。讲竞争是否还讲协作，这对人格力量是一种考验。没有协作意识和团队意识的人，不能算是具有健全人格的人。

四是拥有激发智慧的力量。不断地学习，增长学识，具有求知、创新的心态，并能广泛地培养情趣和兴趣，这是一个人格健全的人的重要特点。

五是意志力有所增强。一个人格健全的人，必定意志坚强，勇于克服困难，努力去实现自己的理想目标。如果一个人人格不健全，碰到困难就会自暴自弃，甘心落后，不求上进。

六是具有同情同理之心。一个感情丰富的人，不仅体验着自己的成功与失败，而且能为别人的成功而高兴，也能对别人的失败表示同情。如果别人碰到了困难或失败，不但不伸出友谊之手，反而在边上幸灾乐祸，那就不是一个人格健全的人了。

七是适应性有所增强。如果一个人具有健全的人格，不仅能适应客观环境和人际环境，而且能对环境条件作出恰当的判断，并发挥积极的作用。

八是独立性有所增强。一个成熟的人，办事理性，态度端正，能控制自己的心情和情绪，不感情用事，能独立地解决所遇到的问题，并能适当地听取别人的合理化建议。

九是价值取向正确。一个具有健全人格的人，其世界观、价值观和人生观这“三观”是正向的。有的人，只顾个人价值，而忽视社会价值。甚至为了既得利益而损害社会价值，那就是一种人格的不完善。

十是自我评价能力有所增强。一个成熟的人，能够主动地进行自我反省，对自己的言行作出客观的评价。并能根据评价结果，对自己的心理状态和行为进行有效的控制和调节，从而促进个体社会化。

心理学家从各方面描述了健全人格的特征：美国人格心理学家高尔顿·威拉德·奥尔波特认为，具有健全人格的人才算是成熟的人。他对这个成熟的人制定了七条标准：

一是专注于某些活动，在这些活动中是一个真正的参与者。

二是对父母、朋友等具有显示爱的能力。

三是有安全感。

四是能够客观地看待世界。

五是能够胜任自己所承担的工作。

六是客观地认识自己。

七是有坚定的价值观和道德心。

美国心理学家卡尔·兰塞姆·罗杰斯认为，具有健全人格的人是充分起作用的人。他

对这个充分起作用的人确定了五个特征：

一是情感和态度上是无拘无束的、开放性的，没有任何东西需要防备。

二是对新的经验有很强的适应性，能够自由地分享这些经验。

三是信任自己的感觉。

四是有自由感。

五是具有高度的创造力。

健全人格就是个体人格结构中的各种成分和特质都得到健康、全面、和谐和均衡的发展，即个体的身体、心理、文化等各方面素质都得到协调发展，人格内部各方面不发生对抗、冲突和分裂。具有健全人格的人应具备以下基本特征：

一是良好的社会适应能力。人格健全的人能和社会保持良好的密切接触，以一种开放的态度，主动关心社会，了解社会，观察所接触到的各种事物和现象，看到社会发展的积极面和主流。并在认识社会的同时，使自己的思想、行为跟上新时代的发展，与社会的新要求相符合，并能很快适应新的环境。

二是和谐的人际关系。人际关系最能体现一个人人格健全的程度。人格健全的人乐于与他人交往，能与别人建立良好的关系，与人相处时，尊敬、信任等正面态度多于嫉妒、怀疑等消极态度；常常以诚恳、公平、谦虚、宽容的态度尊重他人，同时也受到他人的尊重和接纳。和谐的人际关系既是人格健全水平的反映，同时又影响和制约着健全人格的形成发展。

三是正确的自我意识。具有健全人格的人，对自己的认识应是全面的、丰富的、客观的。能够作出恰如其分的评价，认识到自己的长处和短处。总体上是认可自己、接纳自己，充满自信，并能扬长避短，在日常生活中能有效地调节自己的行为。

四是乐观向上的生活态度。乐观的人常常能看到生活的光明面，对前途充满希望和信心，对自己所从事的工作或学习抱有浓厚的兴趣，并在工作和学习中发挥自身的智慧和能力，并获得成功。即使在生活中遇到困难和挫折，也能耐心地去应付，不畏艰险、勇于拼搏。相反，悲观的人常常看到生活的阴暗面，对任何事情都没兴趣、没心情，遇到一点挫折就会情绪低落、怨天尤人，甚至自暴自弃。

五是良好的情绪调控能力。积极的情绪体验能使人振奋精神，增强人的信心，提高人的工作效率；消极的情绪体验会降低人的工作效率，长期积累甚至可以致病。人格健全的人情绪反应适度，具有调节和控制情绪的能力，经常保持愉快、满意和开朗的心境，并富有幽默感。当消极情绪出现时，也能合情合理地宣泄、排解、转移和升华。

六是能有效运用智慧与能力。人格健全的人，被强烈的创造动机和生活激情所推动，能把自己的智慧与能力有效地运用到工作、学习和生活之中，从而使他们勇于创造、善于创造，有所发现、有所发明、有所革新、有所建树。而成功往往又为他们带来满足和愉悦，并形成新的兴趣和动机，使生活内容更加充实。

七是个体心理的和谐发展。人格健全的人，他们的性格和气质、兴趣和爱好、需要和动机、智慧和才能、理想和信念、人生观和价值观都能和谐发展。他们的内心协调一致，言行统一，能正确认识和评价自己的所作所为是否符合客观需求和社会道德准则。一个人如果失去人格的内在统一性，就会出现认识扭曲、情绪变态、行为失控等。

人格不健全，是指人格缺陷或人格障碍，是一种病态。

在学生中，常见的人格缺陷有自卑、抑郁、怯懦、孤僻、冷漠、悲观、依赖、敏感、自负、自我、多疑、焦虑或敌视、暴躁冲动、破坏等等。这些不良心理因素可具体表现为：

一是反社会性人格缺陷。例如，不断违反法律法规，以欺诈的言行去谋取利益，行为冲动、不计后果、好斗易怒，有打架或攻击他人的历史。这些人常常由于行为鲁莽而使自己或他人陷入危险的境地。

二是回避性人格缺陷。例如，由于害怕批评、不满意或被拒绝而回避他人；不会与别人保持很密切的关系，除非确定对方很喜欢自己；很害怕在亲密关系中被羞辱和嘲笑等等。

三是边缘性人格缺陷。例如，拼命努力以求不被抛弃；人际关系既热切又不稳定；常常不是把别人理想化，就是诋毁别人；自我意识和自我意象长期不稳定等等。

人格需要后天的培养。那么我们应该如何去培养孩子健全的人格呢？

一要营造一个民主型家庭氛围。民主型的定义就是不含敌意的坚决，不带诱惑的深情。如果父母在表达禁止或拒绝时，带有愤怒的严厉，可能使孩子产生过分的恐惧和焦虑。如果父母在表达关爱与深情的同时，过于带有诱惑性，或许会使孩子对父母产生过度的依赖，难以形成自己独立的人格。

二要培养孩子的独立精神。真正具有独立精神的人会对自我意识有一种强烈的需要。当孩子独立意识产生时，他会优先考虑自己完成任务的可能性，而不是直接寻求家长的帮助。有些主意要自己拿，特别是关乎自己前程或命运的决定。要不违背自己的初心，该做决定的时候，就要果断地做出选择。

三要培养孩子的自信心。拥有自信，才能让迷航的孩子从惊涛骇浪中看见远方的灯塔。只有足够的自信和勇气，孩子才敢于积极乐观地挑战自己所面对的困难。不管是赢是输，都要感激他们的努力，这一点非常重要。

四要培养孩子的爱心。可以经常带孩子参加一些公益活动，培养孩子的动手能力、交际能力和待人接物能力；还可以培养孩子的实践能力。阳光的性格，有利于孩子品质和人格的形成。要克制自己，不要伤及别人。如果由于某些矛盾而伤及别人的话，是一件得不偿失的事情。每个人都不可能是完美的，要给别人犯错的机会和权利。而对于一些无伤大雅的错误，要学会包容。

五要帮助孩子树立正确的世界观、人生观和价值观。这一点要在生活的点点滴滴中潜移默化地进行。例如，见到地上有垃圾，要及时捡起来投入垃圾桶中，并且告诉孩子为什么要这样做等。在生活中，一个有责任心的人，不仅会更加爱自己，也会受到别人的尊敬。

六要让孩子多接触正能量和积极向上的事物和观点，而不是暴力、邪恶等。当然，也要让孩子知道暴力、邪恶等是不对的，自己应该远离。要学会拒绝别人，千万不要由于不好意思或者顾及自己的面子，而一味地被动接受。

七要让孩子能够收获友情，多结交朋友，多接触社会，让别人了解自己，树立正确友情观。要让孩子管理好自己的情绪，有些情绪可以适当地发泄出来，而某些情绪则要加以克制。

八要培养孩子的抗压能力和管理情绪的能力。

另外，需要家长和老师以身作则，树立榜样，让孩子感同身受，从小知道自己应该成为一个什么样的人。

人格是人个性化的品质特征，它的形成既有先天性遗传因素的痕迹，又有后天社会文化教育与熏陶的烙印。

莎士比亚说过，品行是一个人的内在，名誉是一个人的外貌。

人格有多高，魅力就有多大。

人格魅力是指一个人在性格、气质、能力、道德品质等方面具有的、很能吸引人的力量，是一个人所能输出的正能量总和。在当今社会里，一个人能受到别人的欢迎、容纳，实际上就具备了一定的人格魅力。为人处世是否成功，很大程度上取决于一个人的人格魅力。如果一个人具备了人格魅力，事业就成功了一大半。

人生可以让我们有品位，也可以让我们无所谓；可以让我们很讲究，也可以让我们很将就；可以让我们很浪漫，也可以让我们很散漫。

人格是做人的品牌。人格如金，纯度越高，品位越高。做人一辈子，必须用人品做底子。人品就是道德品质，就是当下所谓的德商（MQ）。

意大利诗人但丁说过，一个知识不全的人可以用道德去弥补，而一个道德不全的人却难以用知识去弥补。

道德是石，可以敲击出希望之火；道德是火，可以照亮人生之路；道德是路，可以引导人们走向灿烂辉煌；道德是玉，可以融汇人世间最美好的一切。

南非的纳尔逊·曼德拉因领导反种族隔离运动而获罪，在罗本岛服刑二十七年。1990年被释放后，他并没有报复那些狱卒。相反，在1994年，他还邀请白人狱警克里斯托·布兰德出席他的总统就职典礼。

不仅如此，曼德拉出狱二十周年纪念时，他也邀请了克里斯托·布兰德。另一位看守曼德拉的狱警詹姆斯·格雷戈里，也曾谈及并记录了与这位“政治犯”的友谊，以及人们对曼德拉深深的敬仰之情。

克里斯托·布兰德后来说，曼德拉对他的影响，足以改变自己的一生。

在当今社会，必须学会忠诚、责任和感恩。忠诚是一种美德，责任是一种信仰，感恩是一种力量。做人的最高标准是仁，学习的最高标准是乐，做事的最高标准是和。做人要中庸、中正，要有修养、正气，要有原则地和谐，要多做减法，以期达到适道和适度，要如水一般做人、行事。

人有两种力量最具魅力：一种是人格的力量；另一种是思想的力量。所以，做人应该以德为先，待人应该以诚为先，做事应该以勤为先。

做人要有厚度、有气度、有纯度，更要有风度；做事要有浓度、有热度、有尺度，更要有密度。生命的纯度在于心灵的理解，在于善解人意，在于善悟人生。

北宋的苏轼，在逆境中保持坚贞气节和独立人格。他不忘初心，为官一地，造福一方。徐州防汛、杭州筑堤、儋州授馆、兴修水利、架桥凿井、赈灾施药……即使身处绝境，也保持乐观、豁达的心态和积极向上的追求。

杜甫生活在社会动荡、政治黑暗之时，仍然有“致君尧舜上，再使风俗淳”的宏伟抱负，心系苍生，胸怀国事，狂放不羁，豪气干云。

尊重就像一个善解人意的小姑娘，她透明的微笑叫理解，她淳朴的心灵叫高尚；尊重又像一位德高望重的学者，饱含待人处世的智慧，尽显人格操守的高贵。

人们在人格上都是平等的，都需要被尊重、被认同。所以，要容纳个性、允许差异；要容人所短、允许缺陷；更要包容他人、允许张扬。

人有地位高低之分，而无人格贵贱之别。生命是永恒的，但生命也是短暂的。尊重生命就是要关爱生命，应该让有限的生命焕发出无限的光彩。我们应该学会尊重自己，不可瞧不起自己，要有足够的自信，这是对自己最好的尊重。

一个真正懂得尊重他人的人，必然会以平等的心态、平常的心情去面对所有的人，不论他是幸运或者倒霉，成功或者失败。尊重与肉麻的拍马吹捧、无原则的廉价逢迎是有根本区别的。前者是一种人格上平等和独立的表现，而后者则是丧失人格尊严，对人有所企图的拙劣行为。

人活着，一分靠行事，九分靠爱心、靠人品、靠正直；处感情，一分靠缘分，九分靠爱惜、靠真心、靠信任。

有人说，做人，人品为先，才华次之；做事，明理为先，结果次之。

有时候生命不仅是一种过程，还应该是一种结果。

英国哲学家约翰·洛克认为，感恩是精神上的一种宝藏。法国思想家卢梭说过，没有感恩就没有真正的美德。因为感恩是尊重的基础。在道德价值的坐标系中，坐标的原点是“我”，与他人、与社会、与自然等之间的关系都是由“我”形成的。尊重是以自尊为起点，进而去尊重他人、社会、自然和知识。每个人都在自己与他人、社会相互尊重，以及与自然和谐共处中追求生命的真谛，展现和发展独立的健全人格。

感恩挫折和困境，可以使我们在失败时看到差距和世态冷暖，在不幸时得到慰藉和温暖，激发我们挑战困难的勇气和信心，进而获取前进的动力和能量。就像罗斯福那样，坐在轮椅上，以另一种角度去看待人生的失意与不幸。对生活时常怀有一分感恩的心情，则能使自己永远保持健康的心态、完美的人格和进取的信念。

人品是命中的黄金，是一生的至宝，是一个人身上最重要的东西。

没有好人品，外表再美也是垃圾。

在现实生活中，人品好的人，能得到贵人相助。如果人品不过关，谈什么都是没用的。

人品是一个人最强的靠山，是一个人最硬的底牌。

好的人品主要表现在以下几个方面：

一是做人厚道，乐于吃亏。多为别人着想，才能成就事业，并得到别人的尊重。

二是善良为人，常怀一颗感恩之心。多存善心，多兴善举，方能使人敬仰，才能坦荡做人，达到“平日不做亏心事，半夜不怕鬼敲门”的境界。

三是诚实守信，讲究言必行，信必果。做人只有实实在在、老老实实，才会赢得别人的尊重，才能在社会上站稳脚跟。如果一个人在社会上不讲信用，那么肯定没有人愿意与其交往，更不会赢得别人的信任。

四是宽容待人，能容天下难容之事。我们要学会宽容那些与自己看法不同的人，特别是与自己有矛盾的人。宽容别人实际上是给自己的心灵松绑，否则，只会给自己的心灵加压，受累的还是自己。所以说，凡事争则两败，让则两利。

五是谦虚退让。无论什么时候，都要把自己看低一些。凡事退让一步，既有利于自己进步，又可以与人和谐相处。“无论做何等人，总不可有势利气，无论习何等业，总不可有粗浮心”。要牢记谦虚使人进步，骄傲使人落后。

六是正直公正，不忘初心，坚持真理。要有正确的是非观念，遇到问题要有自己的见解，绝对不能一团和气，你好、我好、大家都好。清代王永彬云，“求个良心管我，留些余地做人”，说的就是这个道理。

七是人贵有恒。干任何事情都要有决心、恒心和耐心，要有执着追求的精神，这是成就事业的关键。否则，将一事无成。所谓滴水穿石，铁杵磨成针，讲的就是这个道理。

人无信不立，贾人渡河的故事就是深刻的教训。

从前，济水的南边有个商人，渡河时不慎落水，漂在水中的浮草上，在大声呼救。有一个渔夫刚好在附近捕鱼，听到呼救声，就去救他。还没有靠近，商人就急忙嚎叫道：“我是大富翁，如果你救了我，我就给你一百两金子。”渔夫把他救上岸后，商人却只给了他十两金子。渔夫说：“当初你答应给我一百两金子，现在只给十两，这岂不是不讲信用吗？”商人勃然大怒道：“你一个打鱼的，一天的收入有多少？你突然间得到十两金子还不满足吗？”渔夫失望地走了。后来有一天，这个商人乘船过河，船触礁沉没，他再一次落水。上次救过他的那个渔夫正好也在那里。然而，渔夫没有再次去救那个商人。商人很快就溺水而亡了。

人品并不缥缈，可以实实在在地通过一个人的言行充分显示出来。人品在事物发展变化的各个方面，都发挥着不可忽略的决定性作用。

秦末有个叫季布的人，一向说话算数，信誉非常高。许多人都同他建立起了深厚的友谊。当时甚至流传着这样一句谚语："得黄金百斤，不如得季布一诺。"

后来，他得罪了汉高祖刘邦，被悬赏捉拿。结果他的旧友不仅不被重金所惑，而且冒着灭九族的风险来保护他，终使他免遭祸殃。

人品属于道德范畴，主要讲个人行为、处世准则。一个人的人品怎么样，应该从客观的角度去衡量，主要看其言行是否符合社会道德的认可。

上帝有一架天平，专称人品的重量。上帝在天平的一端放一个砝码做标准。超过这个砝码重量的是上品，轻于这个砝码重量的属于下品。

一个穷汉走过来，他光着身子跳上天平一称，其重量大大超过砝码。上帝称赞说:"好！你是上品。"

一个富翁走过来，他唯恐自己不够重量而被列为下品，便在腰上绕一条很粗的黄金腰带，满有把握地走上天平去称。谁料富翁这一端翘起很高，大大轻于砝码的重量。上帝摇摇头，说:"你是下品！"富翁抗议说:"这架天平不准！那穷汉什么也没有，我身带万金，怎么重量还不及他呢?"

上帝说:"我这天平不称贫富，专称人品。不说别的，单说那穷汉的骨头就比你重得多。除去黄金，你的骨头轻得几乎没有分量了！"

"办大事，一半在人，一半在天。吾等应该尽人力之所能为，而人力最重要的则在谋、在心、在计。"

做人要有高尚的品质。对人生而言，技巧只是方法和手段，而品质才是决定人生成败的关键因素。对于一个初出茅庐的年轻人而言，做人的首要品质是诚实、勤奋、节俭和正直。这些品质比什么都重要，他们是任何时代都不能缺少的。一个人如果没有这些品质，必定一事无成。

应该这样说，人品是真正的最高学历。

人品和能力，如同一个人的左手和右手。单有能力，而没有人品，人将残缺不全。

中国书法史上的"北宋四大家"，蔡襄、苏轼、黄庭坚、米芾一起造就了宋代书法的高峰。但是，历史上对这个四大家一直存在争议，那就是这个"蔡"到底是蔡京还是蔡襄？其实最初的"北宋四大家"里面的

“蔡”的确是蔡京。只是因为后来蔡京成了遗臭万年的大奸臣，所以被蔡襄所取代。如果单论书法成就，蔡京是高于蔡襄的。

秦桧是仿宋体的发明者，也是一个大书法家。按照惯例，秦桧创立的字体应该叫秦体。但是，由于秦桧是奸臣，这种字体就只能命名为仿宋体了。

古人云：“吉人自有天相。”孔子则说：“德若水之源，才若水之波。”清道光年间，曾国藩在写给弟弟的信中讲：“吾人只有进德、修业两事靠得住。”也就是说，人这一辈子，只有人品和能力这两件事情靠得住。

好人品可以弥补能力上的不足，而能力却永远弥补不了人品的缺陷。这就是为什么自古以来的选人标准都是“德才兼备，以德为先”。

人品比技术、才能、创新更重要，人品比智慧、情商、激情更重要。人品与工作业绩、生命质量密切相关。优秀的人品是一个人最重要的资本，是一个人最核心的竞争力，是推动人生不断前进的最大动力。

哪怕是一个清洁工，也要对自己的工作倾注最大的热情，全力以赴，就如同米开朗基罗作画、贝多芬作曲、莎士比亚创作戏剧那样投入地工作，倾注全力所取得的成就，会让每个人驻足，称赞你是一个杰出的清洁工。高标准做事是一种责任、一种气魄，是一种精益求精的风格、执着追求的精神，是一个人安身立命的优秀品格。

正直是一个人应该具有的优良品德，也是中华民族最为崇尚的传统美德之一。“刚正不阿”“人正不怕影子斜，脚正不怕鞋子歪”，一个人有了正直的品德，会对自己要求严格，不谋私贪利，不文过饰非，不偷奸耍滑；也不会对他人阿谀奉承，不溜须拍马，不阳奉阴违，不包庇坏人坏事。

一个正直的人敢于主持公道，伸张正义，抨击邪恶，不怕打击报复；一个正直的人能堂堂正正、光明磊落做人，也能认认真真、全心全意做事。

所以说，人品以正直善良为贵；情感以真挚坚韧为贵；待人以诚恳谦让为贵。

如果用“八味心”去感受人生，才能使我们欣赏到人生的美好和幸福。第一味是爱心，凡事包容，诸事忍让；第二味是虚心，谦虚为人，低调做事；第三味是清心，找寻心灵的平静；第四味是诚心，将心比心，广结善缘；第五味是信心，积极心态的力量；第六味是专心，使人生更有效率；第七味是耐心，机会总在等待中出现；第八味是宽心，学会选择，懂得放弃。

我们要学会用加减法来丈量人生。知识要递增，烦恼要递减；友情要递增，怨恨要递减；善心要递增，灰心要递减；自信要递增，失信要递减；肚量要递增，妒量要递减。

如果把人生看作一段旅程，那么快乐与悲伤就是那两条长长的铁轨，在我们身后紧紧跟随。

原宪是孔子的弟子，以清静守节、安贫乐道而受人尊敬。他的房子是稻草搭成的，门是蓬草编成的，门枢是桑树条做成的。屋内上漏下湿，原宪依然端坐其中，丝毫不觉清苦，以修习礼乐教化的儒道为乐。

有一天，子贡去找原宪。他乘坐马车，穿着华丽的衣服。因为小巷容不下他宽大的马车，子贡只好下车步行前去敲原宪家的门。只见原宪戴着用桦木皮做的帽子，拄着手杖出来开门迎接。看见原宪一副穷困寒酸的样子，子贡嘲笑说：“嘻！先生这是生病了吗？”

原宪回答道：“我听说没有钱财叫作贫，学了道却不能身体力行去做才叫作病，我现在是贫而不是病。”子贡听后非常惭愧。

孔子还有个弟子叫颜回。他一箪食，一瓢饮，住在简陋的小巷中。别人都受不了这种苦，但他却一心向道，始终以此为乐。孔子称赞道：“贤哉！回也。”

睿智的人看得透，故不争；豁达的人想得开，故不斗；得道的人晓天意，故不急；厚德的人重谦和，故不躁；明理的人放得下，故不痴；自信的人肯努力，故不误；重义的人交天下，故不孤；浓情的人淡名利，故不独；宁静的人行深远，故不折；知足的人常快乐，故不老。

人世间，每个人都是匆匆过客，都是独来独往的行者，沿途的风景再好，也只能尽情欣赏，而不能带走一片风景；每个人都是悠悠异乡客，路上的客店再舒适，也只能暂时安顿，而不能带走一丝气息。

“任凭弱水三千，我只取一瓢饮。”“繁华三千，只为一人饮尽悲欢。”无论是君主还是囚徒，是富豪还是乞丐，每个人都是赤条条地来到人世间，也是赤条条地离开人世间。要知道生时我们没有带来任何东西，死时也不会带走任何东西。

# 第十章 智商情商与逆商

智商低、情商高的人总会有贵人相助，情商低、智商高的人总会觉得生不逢时。

智商（IQ）、情商（EQ）和逆商（AQ），并称3Q，是人们获取成功必备的不二法宝。有专家断言，100%的成功＝20%的IQ＋80%的EQ和AQ。

智商相当于电脑的CPU，就是一个人的智力水平，智商高的人用相同的时间可以取得更大的成绩。情商就是对环境的适应能力，对情绪的调节能力，情商高的人为人处世面面俱到，不慌不忙，能够从容应对；逆商就是面对逆境时不屈不挠的精神，战胜逆境的勇气与能力，逆商高的人抗压能力强，能身处困境而游刃有余。

智力通常叫智慧、智能，是人们认识客观事物，并运用所学知识解决实际问题的能力。智力包括多个方面，包括观察力、记忆力、想象力、分析判断能力、思维能力、应变能力等。

智力的高低通常用智商（IQ）来表示。智商的高低反映了一个人智力水平的高低，它直接影响个体心理的发展状况和未来工作、学习的成就。

情商（EQ）又称情绪智力，主要是指人在情绪、情感、意志、耐受挫折等方面的品质，是指一个人控制情绪、管理情绪的能力。

情商包括五个方面的能力：一是认识自己的能力；二是控制自己的能力；三是为自己的目标奋斗的能力；四是理解别人的能力；五是处理人际关系的能力。

总体来讲，人与人之间的情商并无明显的先天性差别，更多的是与后天培养相关。情商是一种能力，主要由后天习得，经人指导后可以大幅度提升。智商与情商既相互独立，又相辅相成、互为影响。

过去人们认为，一个人能否在一生中取得成就，智商是第一重要的。即智商越高，取得成就的可能性就越大。现在人们则普遍认为，情商的高低对一个人能否取得成功也具有重要作用，有时其作用甚至超过智商。

情商包括以下几个方面的内容：

一是认识自身的情绪。只有认识自己，知道自己的优势和劣势，扬长避短，增强自信力，才能成为自己生活的主宰。

二是能妥善管理情绪。调控自己，临危不乱，具备抗挫折的能力，有过硬的心理素质。

三是不断汲取知识以丰富自己、完善自己。同时持之以恒，坚韧不拔，自我激励，就能够使人走出生命的低潮，重新出发。

四是认知他人的情绪。这是与他人正常交往，实现顺利沟通的基础，能理解人性，处理事情才会周到得体，富有人情味却不失原则。

五是能处理好人际关系。会处理人际关系意味着有较强的语言文字表达能力、组织协调能力和良好的环境适应能力等。

清道光年间，京城的裁缝基本上是宁波人。

有人拿着一匹布，请裁缝裁剪衣服。

但是裁缝迟迟不动手裁剪，而是一个劲儿地询问衣服主人的性情、年龄、相貌，以及科举及第的年份，却唯独不问尺寸。

那人很奇怪，就问其中缘由。于是裁缝说出一通他裁衣的经验："少年登科的人，一定很自负，胸必直挺，衣服要前长而后短；老年取得功名的人，早已心灰意冷，背必弯驼，衣服应前短而后长。胖的人腰宽，瘦的人身窄。性急的人衣服适宜短一些，性子慢的人衣服适宜长一点。至于尺寸，已有成规，何必再问呢？"

一般来说，情商高的人具有以下一些特点：社交能力强，外

向而愉快，不易陷入恐惧或伤感，对事业较投入，为人正直，富有同情心，情感生活较丰富但不逾矩，无论是独处，还是与多人共处，都能怡然自得。

情商是一种能力，情商是一种创造，情商是一种技巧。情商的价值是无穷的，是通过后天培养与修炼都能达到的。

情商不等同于智商，它是非智力因素的总和。但是情商不能用图表、数字等抽象符号简单加以表示，而表现为一种素质和潜能。

情商主要是指那些与认识自我、控制情绪、激励自己，以及处理人际关系等相关的个人能力。在情商所描述的各项能力因素中，自觉、同理心、自律和影响力对现代人的事业成败起决定性的关键作用。

提高情商的途径有以下几种：

一是多读书。以拓展知识面，完善知识结构，增强自信心和心理承受能力。

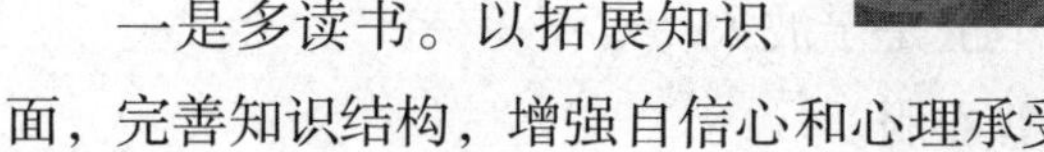

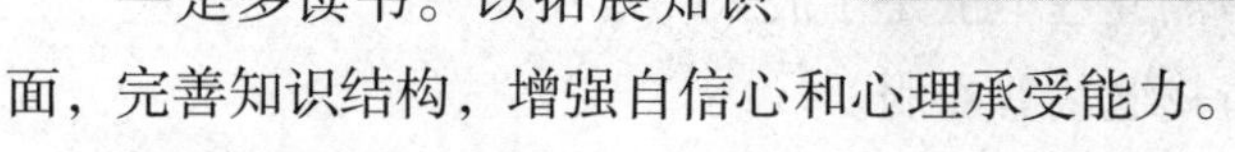

二是多思考。通过主动思考，消化吸收知识，加强自我修养，培养敬业精神。

三是多总结。总结归纳可以使知识不断加深、巩固和完善，经验不断丰富，人际关系协调能力也不断增强。

四是多实践。将所学的知识与实践相结合，在实践中不断检验修正，进而提高自己的水平、综合素质。

以下是提升情商的几种具体办法：

一是要多和情商高的人接触，多听听他们的说话聊天技巧，而不是故步自封，沉浸在自己的小世界里。

二是平时要多看一些情商类书籍，以拓展自己的知识面。

三是要多尝试新鲜事物，以开阔视野。只有自己接触、了解的东西多了，自然而然就可以和很多人交流，以拉近距离、增进彼此的关系。

四是要管理好情绪，不要轻易为一件小事而生气、发怒。良好的情绪

管理可以让自己身心愉悦，延年益寿，也可以感染周围的人。当然，这是发自内心的，而不是假装出来的，要一切从内心出发。

五是要有兴趣爱好或特长，把自己培养成更有自信、更有魅力的人。

有位绅士在花店门口停下车。他打算订一束花，寄给远在故乡的母亲。绅士正要走进店门时，发现有个小女孩坐在门口哭泣。绅士就问："小朋友，为什么坐在这里哭啊？"小女孩说："我想买一朵玫瑰花送给妈妈，可是我的钱不够。"绅士听了，牵着小女孩的手走进花店，先订了一束送给母亲的花。然后，他给小女孩买了一朵玫瑰花。走出花店时，绅士向小女孩提议，要开车送她回家。

"真的要送我回家吗？叔叔，那你送我去妈妈那里好了。只是，我妈妈住的地方离这里很远。"

绅士按照小女孩说的路线一直开了过去。没想到，走出市区大马路之后，随着蜿蜒山路前行，竟然来到了一座墓园。小女孩把花放在一座新坟旁边。原来，一个月前，她妈妈因病去世了。后来，绅士将小女孩送回家中，然后再折返花店。他取消了要寄给母亲的花束，而是重新买了一大束鲜花，开车五个多小时，亲自将鲜花献给了母亲。

一个人是否能够从事某种职业，完成某项工作，不仅取决于他掌握的相关知识有多少，更决定于他是否具有胜任某项任务的主观条件。衡量一个人的强弱，人们关注的不是其掌握多少知识，而是其所具有的解决问题的能力和水平。在当今社会，起作用的不仅仅是我们已有的知识，而是如何运用我们的知识。对知识的运用，已经超越了知识的本身，而上升为能力、心智和情商的范畴。

对于现代人来说，情商比智商更重要。心理对人的健康有影响，而情商对人的发展至关重要。情商每天都在影响着人们的生活，如上下级之间、同事之间、家庭成员之间、朋友之间、师生之间的关系等等。

作为生活在社会这个大环境中的普通人，智商代表脑力，情商代表与人相处的能力。脑力强而不能与人和谐相处，这样的人不可能很好地融入社会，常常会被他人排斥。

当自己被他人排斥或者感到无法与他人深入交流时，会感到孤单和无助，进而产生消极情绪，对于自身的发展极为不利。情商高的人更容易成功，在生活中也更容易获得幸福。

情商高的人，自信心强、好奇心强、自制力强、人际关系良好、情绪良好、同情心强。这些人生活比较快乐，能维持积极的人生观，适应能力比较强，不管做什么，成功的可能性都会比较大。情商高的人一定是真心待人，是真心英雄。

有一位婚后不久的女子回娘家省亲，一直在父母面前诉说丈夫的种种不是，历数他的缺点。父亲听了不以为然，他拿出一张白纸，在上面画了一个点，然后拿着纸问女儿："你看到了什么？"女儿不假思索地说："黑点。"父亲再问，女儿又说："是黑点啊。"父亲说道："难道除了黑点，你就看不到这一大块白色吗？"女儿听了若有所思，她明白了。从此以后，她不再在爹娘面前数落自己的丈夫，两口子的感情也比以前好多了。

高情商的表现包括以下几个方面：

一是不抱怨、不批评、不指责。高情商的人只会做有意义的事情，而不做没有意义的事情。

二是富有热情和激情。高情商的人知道如何调动积极情绪，并让积极情绪伴随每天的生活和工作。

三是能包容和宽容。高情商的人不斤斤计较，心胸宽广，能容人所不能容，能忍人所不能忍。心有多大，眼界有多大，舞台就有多大。

四是善于沟通与交流。高情商的人以坦诚的心态，用心做事，真诚又有礼貌。

五是善于赞美别人。高情商的人能看到别人的优点，自己的进步也会更快。

六是始终保持好心情。高情商的人每天都会送给自己一个微笑，并且鼓励自己，告诉自己是最棒的。

七是善于聆听别人说话。高情商的人善于多听多看，而不是自己滔滔不绝、口若悬河。

八是有责任心、敢担当。高情商的人敢做敢为，不推卸责任。遇到困难时能分析问题、解决问题，并正

视自己的缺点或不足。

九是每天进步一点点。高情商的人说到做到，有行动力和执行力，而不是光说不做。

十是善于与他人分享。高情商的人会将好东西分享给朋友，独乐不如众乐。因为分给别人的越多，自己得到的也越多。

我们要学会“五多五少”。多说宽容别人的话，少说抱怨的话；多说尊重别人的话，少说讽刺的话；多说关怀别人的话，少说做不到的话；多说鼓励别人的话，少说批评的话；多说商量的话，少说命令的话。只有这样，才会拥有成熟度、信赖度、忠诚度、柔软度和兴奋度。

享受每一刻的感觉，欣赏每一处的风景，这就是人生。

一个高情商的人，必然是一个心胸开阔的人，能够正确地看待自己与他人的差别。他既不会自轻自贱，把任何人看得比自己优越；也不会盲目自信，通过贬低别人来彰显自己。他所追求的是自己内心的从容和快乐。

一个高情商的人，一般都具有强大的内心驱动力，希望把一件事做好、做完美。只有拥有强大的内心驱动力，我们才能主导自己的人生。

有一幅温馨的画面值得我们深思。有一位绅士走进一家花店，要求把橱窗里的花取出一部分。店员照着他的话做了，并问他要买多少花。这位绅士出人意料地回答：“我不想买花，只是看到它们太拥挤了，怕它们被压坏，想让它们轻松一下。”这位绅士就是英国著名文学家奥斯卡·王尔德。

学会倾听远比学会说话更重要。在生活中，你会发现那些人缘好、在事业上有所建树的人，通常不是因为他们有多么幽默风趣，而是因为他们能够静静地听完身边人说的话。

学会倾听是对别人极大的尊重，是真心关心别人的表现，也更容易获得别人的信任。

但是我们身边总有这样一些人，不分场合，开别人的玩笑，戳别人的痛处，拿自己的无知当幽默。我们都喜欢风趣幽默的人，但幽默一定要恰到好处。什么地方可以说，什么地方不可以说，一定要把握好分寸。情商高的人大多数善于自嘲，既取乐了别人，又能够肯定对方。

在日常生活中，我们可以看到高情商的人常常是这样和人交流的：在别人帮助了自己之后，不是说“谢谢”而是说“谢谢您”，或者在“谢谢”后面加上对方的名字。

聊天中，高情商的人都是这么和人对话的：“您说的好像也有道理，但是这样会不会更好?”

聊天中，高情商的人一般会说“您觉得怎么样?”而不是说“不，你这样不行”“不，你这样做错了，你应该……”

高情商的人会考虑对方的感受，一般会在句末加一句“好吗?”这样不仅发表了自己的意见与建议，也给了别人抒发自己情绪的机会，是一种尊重别人说话聊天的方式。

高情商的人常常不以批判性思维去评判他人。这样做也更容易管理好自己的情绪。

在当前快节奏的社会，我们每天接触大量的负能量，也会遇到很多不顺心的事情。面对这些，有人变得浮躁不堪，在消沉中迷失自我。而高情商的人能够理性地控制情绪、释放情绪，把一些负面情绪转化为积极向上的动力。高情商的人做事富有热情，能够感染别人，平时也会尊重身边的每一个人。

一个高情商的人懂得替别人着想，能够站在对方的角度考虑问题，不拿自己的价值观去评判别人，不试图去改变别人。一个能够理解别人的人，自然也会被别人理解，别人也会由于受到尊重而感同身受。

一个高情商的人，不仅富有热情，乐于帮助别人，更会笑着对不合理的要求说不。如果一味地容忍退让，不只自己受累，也是对别人的不负责任。

有位太太请了一个油漆匠到家里粉刷墙壁。油漆匠一走进门，看到她的丈夫双目失明，顿时流露出怜悯的眼光。男主人一向开朗乐观，油漆匠在那里工作了几天，他们谈得很投机。油漆匠也从未提起男主人的缺憾。

工作完毕，油漆匠取出账单，那位太太发现比谈妥的价钱打了一个很大的折扣。她问油漆匠：“怎么少算这么多呢?”油漆匠回答说：“我跟你先生在一起觉得很快乐。他对人生的态度，使我觉得自己的境况还不算最差。减去的那一部分，算是我对他表示的一点谢意。因为他使我不会把工作看得太苦!”

油漆匠对她丈夫的推崇，使她感动而落泪。因为这位慷慨的油漆匠只有一只手。

压力是一个人的身心对外界变化的紧张反应，具有主观性、评价性与活动性的特点。压力管理就是个体在压力之下的生理、心理唤起，是将人的压力程度调到最佳点，以达到最佳绩效。同时可以避免受到与过度压力有关的心理与身体伤害。

压力可以是一种驱动力。人的一生中，不可有持续、过强的压力感，但不可完全没有压力。因为适当的压力是我们前进的推动力。我们的很多职业突破与成功就源于压力。如果压力管理不当，就会导致很难高质量地完成工作，甚至会造成心理疾病，包括焦虑、抑郁等。

一个人是否面临压力，可以从他的情绪、心理、生理和行为反应中体现出来。情绪上的反应如紧张、敏感、多疑、不稳定、焦躁、烦恼、忧虑、难以放松、恐惧、抑郁、悲伤、愤怒和沮丧等。心理上的反应如注意力不集中、应变力下降、判断力变差、记忆力减退、自信心降低和分析抉择能力减弱等。生理上的反应如失眠、血压升高、呼吸加快、心跳过速、消化不良、身体酸痛、易疲劳、食欲不振等。行为上的反应如抱怨、争执、挑剔、责备、哭泣、暴力、攻击、酗酒、坐立不安、依赖、敌对和昏睡等。

压力对个人工作的负面影响主要体现在以下几个方面：工作效率下降；对工作缺乏兴趣；与上、下级或同事关系不良；工作失误增加；由非疾病导致的缺勤增加；病假次数增加。压力对个人生活的负面影响主要体现在：出现失眠或其他睡眠问题；产生消极情绪；出现生理性疾病；吸烟或饮酒量增加；与伴侣关系不良；与子女关系不良。

压力管理可分为三个部分：第一是针对造成问题的外部压力源本身去处理，即减少或消除不适当的环境因素；第二是处理压力所造成的反应，即情绪、行为及生理等方面症状的缓解和疏导；第三是改变个体自身的弱点，即改变不合理的信念、行为模式和生活方式等。

压力管理其实是在寻找一种平衡。在这种平衡状态下，人们可以健康、快乐、

高效地工作。压力管理的目标，既不是要避免压力，也不是要消除压力，而是防止由压力产生的负面影响。

现代人的职业倦怠和疲劳现象已经不再少见。这是一种心理综合征，是在长期紧张和压力情绪下产生的。职业倦怠与高科技、高情感、高风险、高奉献的职业特性，以及对其知识、智慧、情感与体力的高要求有很大关系。

职业倦怠的具体表现：工作热情和激情消失，工作效率下降，做事敷衍马虎；人际关系冷漠，对周围人疏远，与同事、领导相处不融洽；工作、学习和生活的压力巨大，不堪重负。

一般来说，职业倦怠的后果很严重，既影响自身的健康和发展，又会产生负面的社会影响。所以，我们应该加强自我素养的培养，增强应对困难和抗压的能力；建立积极、乐观、健康的心态，保持豁达；在生活与工作中建立良好的人际关系，善于沟通；树立正确的职业信念，恪守职业操守，尽最大努力为人民服务，促进人际关系的和谐发展。

工作枯竭是指从业人员因工作时间过长、工作量过大和工作满意度过低而导致的一种疲惫不堪的状态，包括情绪衰竭、情感疏远和成就感缺乏三个维度。

职业枯竭的原因：工作环境日益严峻，每天要面对的是痛苦、抑郁、悲伤和愤怒等消极情绪；工作负担过重、工作时间长；职业风险过大使得人们总是处于高度紧张的工作状态；作为社会人需要扮演多重角色，极易导致角色冲突；组织支持程度过低；付出与回报不平衡等等。

职业枯竭所产生的负面作用是巨大的。不仅会对枯竭者自身的身心健康造成巨大危害，如失眠、头痛、高血压及慢性疲劳等，还会导致个体的工作效率下降，从而影响组织的整体绩效。

面对压力时，需要采用一定的方式进行干预，以有效降低压力反应，提升自己的满意度和工作效能。一方面要从客观的环境和制度入手，如改善工作环境、加强组织内部的沟通和理解等；另一方面，从个体层面来看，不同人格特质的个体，对待压力的反应也是不一样的。外向性格的个体，容易将压力归因于外界，从而产生一些负面消极的影响；而内向性个体倾向于把压力归因于内在，容易用一些积极的方式去面对。

情绪是人的一种主观感受、生理反应和认知互动，并表达出一些特定

的行为，包括喜、怒、忧、思、悲、恐、惊七种；是个体对外界刺激产生的主观的、有意识的体验和感受；是对客观事物和主体需求之间关系的反应，具有心理和生理反应的特征。

情绪包含情绪体验、情绪行为、情绪唤醒和对刺激物的认知等复杂成分。情绪是信心的一部分，是信心在生理上的一种暂时的、较为剧烈的评价和体验。

人的情绪在某种程度上反映了人对外界事物的态度，是一个人内心世界的窗口。情绪对人行为的影响作用，包括积极、消极两个方面。积极情绪可以充实人的体力和精力，提高人的工作效率和能力，促使人发挥出自己的正常水平，有利于人的身心健康；而消极情绪会使人感到难受，抑制人的工作能力，降低人的自控力和工作效率，不利于人发挥出自己的正常水平，经常让人做出一些后悔的事。

情绪管理是指对自身情绪和他人情绪的认识、协调、引导、互动和控制，充分挖掘和培植个体和群体的情绪智商，培养驾驭情绪的能力，以确保良好的情绪状态。

情绪管理是对个体和团队的情绪感知、控制、调节的过程。人的情绪是内心的可知感受经由身体表现出来的状态，是一种重要的生命资源。

有一个小孩跑到山上，无意间对着山谷喊了一声："喂……"声音刚落，从四面八方传来了阵阵"喂……"的回声。大山回响了，孩子很是惊讶。他又喊了一声："你是谁?"大山也回音："你是谁?"孩子喊："为什么不告诉我?"大山也说："为什么不告诉我?"

孩子忍不住生气了，喊道："我恨你。"他哪里知道这一喊不得了，整个世界传来的声音都是："我恨你，我恨你……"

孩子哭着跑回家，告诉了妈妈。妈妈对孩子说："孩子，你回去对着大山喊'我爱你'，看看结果会怎样，好吗?"

孩子又跑到山上。果然，这次孩子被包围在"我爱你，我爱你……"

的声音中。孩子笑了，群山笑了。

有时候，我们总是在抱怨别人的态度太冷漠、情绪不太好。殊不知，自己就是对方最好的镜子。想让别人爱你，你得先去爱别人。

只有对情绪进行合理的管理和引导，才能实现团队和个人的相互促进。一个人产生消极情绪是不可避免的，与其压抑它，不如给予恰当的机会让它释放出来。

负面情绪也是我们人类情感合理的、不可分离的组成部分。我们唯一能做的不是回避它，而是利用它，让它最终发挥出积极的作用。

生活的压力需要常常放下，使得我们有时间焕发精神，挑战压力。工作了一天，疲惫地回到家里，应当将工作中的压力抛到一边。因为明天我们还要扛起它。休息，放松……是为了明天更好地学习和工作，是为了明天更好地生活。

逆商（AQ），也称为挫折商或逆境商，是指人们面对逆境时的反应方式，即面对挫折、摆脱困境和超越困难的能力。

通俗地说，逆商就是明白“活着就有希望”这件事儿。

如果说智商和情商是与他人打交道的能力，那么逆商就是与自己打交道的能力。

在现实生活中，不同的人，面对不同的人生困境，其表现是不一样的。有的人活得风生水起，有的人郁郁不振；有的人步步高升，有的人节节败退。这其实就是一个逆商高低的问题。

逆商不仅是衡量一个人应对工作挫折的能力，还是衡量一个人应对任何困难和失败的能力。同样的打击，逆商高的人产生的挫折感比较低，而逆商低的人就会产生强烈的失落感。

当代学生从入学起，他们就承受着较大的思想压力。例如，学业上的压力、综合素质的提高、未来就业的不确定感、环境的不适应等等。另外，学生正值青春年少，缺乏人生经验，抗挫折能力与调控能力较差。面对困境与重压，青少年很容易沉陷在消极的泥潭中而不能自拔。

一些学生不能承受学习成绩下降、失恋等带来的身心压力，呈现焦虑、失眠、抑郁或恐惧；个别学生甚至精神崩溃、跳楼自杀……身心失衡不仅影响其智力的正常发挥，而且还会使其潜能的挖掘、能力的培养、人格的完备受到抑制。

有时候，逆商可以决定一个人的历史地位。因为有时候逆商比情商和智商更为重要。

李嘉诚说过：“你想过普通的生活，就会遇到普通的挫折。你想过最好的生活，就一定会遇上最强的伤害。这个世界很公平，想要最好的，就一定会给你最痛的。”

有这样一则小故事：有个人看见一只蝴蝶正在破茧欲出，便好心伸手帮蝴蝶剥开茧，让它不用再费力挣扎。结果，蝴蝶没有经受充分的挤压过程，翅膀没有成长到足够强健而无法飞翔。最终成为了一只残疾蝴蝶。

可见，适度的逆境和困境，对一个人的成长其实很有好处。

人活一辈子，不可能总是顺风顺水。人生不如意之事十之八九。遭遇工作或生活中的逆境、磨难和挫折，都很正常。关键在于我们应该怎样去面对。我们要正确面对低谷和逆境，培养积极正向的心态，为生存插上一对翅膀，将低谷和逆境看成是促使自己成长的一种磨炼。

逆境生存，思维必须活跃一点。要善于换个角度看问题，尤其是要看到低谷和逆境的积极意义，从中获得生存的勇气和改变生活的态度，并以此将自己从低谷和逆境中拯救出来，解放出来，最终走向成功。

巴顿将军说：“衡量一个人的成功标志，不是看他登到顶峰的高度，而是看他跌到低谷的反弹力。”

保罗·斯托茨认为，智商、情商固然重要，但是人生成功的程度常常取决于逆商的高低。逆商对一个人的人格完善与事业成功起着决定性作用，因为它往往决定了一个人在深陷困境之时，是否能够以锲而不舍的勇气和毅力达成目标。在计算逆商时，他给出的公式是：逆商＝控制＋归因＋延伸＋两倍的耐力。

如果把情商比喻成人生之树的绿叶，把智商比作人生之树的枝干的话，那么逆商就是人生之树的根。

我们不仅要拥有接受挫折、磨难、痛苦等逆境的心理准备，还要从根本上认识到任何逆境都不是不可逾越的障碍，而且都是对自己最好的挑战，甚至是很好的机遇。只要你能保持一点耐心，跨越障碍，改变逆境，保持一种积极乐观的态度，并拥有一种坚持的精神，那么或许在下一刻你就已经摆脱了逆境。

逆商往往和一个人的成长经历有关。在年少时，如果是一帆风顺地成长，到后来具备高逆商的人是少之又少。因为他们年少时过得很平顺，没有遇到过太多的困难和坎坷，没有经历过风吹雨打。

要生存，面对不幸就是必然的一课。特别是当我们的生活被不幸遭遇所撕裂时，更要学会坦然接受人生的种种不幸和不公。

“黑夜给了我黑色的眼睛，我却用它寻找光明。”身处逆境和低谷时，高逆商的人不会放弃对生活的热爱，他们对未来始终充满热爱和希望，既不会痛苦地活在当下，也不会对未来充满绝望而自暴自弃。

工作不顺、事业受阻、遭遇失败、感情破裂、疾病困扰……面对这些逆境和低谷，逆商低的人感觉生存太难，自己完全无法与生活抗争。而逆商高的人，则可以激发他们的无限潜能，唤醒他们在顺境中未曾开发出来的天分和能力，挺身反抗，浴火重生，并坚信自己能笑到最后。

有一点必须牢记，那就是不要把时间浪费在别人的世界里，要在自己的世界里坚定前行。

要相信，能吃常人不能吃的苦，能做常人不能做的事，才能比常人更大步地走向成功。

更要相信，在最深的绝望中，一定可以遇见最美的意外。

美国作家罗伯特·里德在《恰到好处的挫折》一书中提出，最伟大的人所取得的最大成功与他们所遭受的最大挫折仅有一步之遥；我们能够在

多大程度上放慢脚步，喘口气，并采用新视角，我们就有多大机会从挫折中找到机会。

冰心也曾经说过这样一句话：“成功的花，人们只惊羡于它现时的明艳，谁知道它当初的芽儿，却浸遍了奋斗的泪泉，洒遍了牺牲的血雨。”

一般来说，高逆商的人往往有以下几个特质：非常自信，能够掌控局面；不会放大自己的挫败感；失败时更倾向于从自身找原因；在逆境中拥有更高的忍耐力。

纵观历史，有很多成就大事的人，如越王勾践、苏轼、塞万提斯等，都曾经历过人生的低谷。但是他们并没有一蹶不振，而是默默蛰伏着、奋斗着，等待东山再起的机会，最终成就了一番事业。逆商高的人，可以在瞬息万变的时代中，做到固守初心，一次次去挑战，直到最后成功。

提升逆商的方法包括以下几个方面：

一要努力追求完美，接受不完美的自己。否则就会徒生许多挫折感。要把批评当成礼物。看看哪些可以改变，就勇敢地解决它；哪些无法改变，就坦然地接受它。

二要当挫败感袭来的时候，不要试图对抗，要敢于接受负面情绪，勇敢面对挫败感。保持一种生命激情，绝对不让年龄、性别和身体缺陷，阻挡自己去实现成功愿望的脚步。

三要客观看待失败，不可沉浸在失败之中而无法自拔，不可自卑自怜、自怨自艾、自暴自弃，也不可把失败的责任全部推给外部环境。应该冷静地观察、分析失败的原因，并勇于承担相应的责任。

四要限定事件影响的范围。一旦遇到困难，完全不必怀疑自己的能力。不可将工作中的负面情绪带回家，也不可将家里的负面情绪带到工作中去，这样做只会造成恶性循环。

五要结交一些乐观开朗、积极向上的朋友。因为志同道合、能互相激励的朋友会帮助我们早点克服挫折。

六要面对各种不利状况，都要保持自信的积极心态。要相信办法总比问题多，永远不要气馁。遇事要学会冷静，勇敢面对工作、学习和爱情中可能遇到的挫折。

七要屡败屡战，少抱怨多行动，要有再次爬起来的勇气。丘吉尔有句名言：“成功根本没有什么秘密可言。如果真有的话，就是两个：第一个就是坚持到底，永不放弃；第二个就是当你想放弃的时候，回过头来看第一个秘诀。”

八要当身处逆境时，不要忘记给自己设立一个目标，使自己的内心始终充满光明和希望。

在人生的低谷和逆境中，逆商高的人往往能表现出积极、乐观的精神和顽强的信念。面对无人理解的孤独，他们能够矢志不移；面对一时的贫困和潦倒，他们能在心态上淡然接受，并顽强追求改变；遭遇打压和挫折时，他们能始终坚守自己的信念……这种高逆商的人，其生存空间必然是越来越大，其未来也必定是光明的。

人生不仅是一段生命，还应当是一段有质量的生命。判断一段生命是否有质量，就要看每天是不是你真正想过的日子。“朝闻道，夕死可矣。”只要找到了自己真正喜欢的事情，即使只有一天，那也是幸福的、高质量的生命。

柏拉图说：“谁会讲故事，谁就拥有全世界。”

著名未来学家丹尼尔·平克在《全新思维》一书中所说：“未来，职业的成就和个人的满足将越来越多地取决于这六大必备能力：设计感、故事力、交响力、共情力、娱乐感和意义感。这六大必备能力将日益指引我们的生活，重塑我们的世界。”

也就是说，未来的成功人士，不是一个会走路的书架，而是有品位，会讲故事，能跨界，有人味儿，会玩儿，而且是一个有追求的人。

我们要坚信。你拥有的痛苦，全世界所有人都拥有过；你没有拥有过的、更加深刻的痛苦，这个世界早就有过。这个世界容不得抱怨，容不得仇恨。我们唯一要做的，就是解放自己、解放思想，让自己长出隐形的翅膀，飞向遥远的高空。

# 第十一章　世界观人生观和价值观

问天，即为世界观；问心，叫作价值观；问道，是为人生观。

人才是一个完整的词，但我们常常把人才简单地落脚为“才”。所谓领军人才、拔尖人才、创新人才、杰出人才，都是指“才”。但是要知道，人才是由“人”与“才”两个汉字组成的。

“才”有“三力”，那就是创造力、分析力和领导力。而人还有“三观”，那就是世界观、人生观和价值观。一般来说，我们度量“才”的词是成绩、成功和成就，而形容“人”的词则是自由、快乐和幸福。

所以说，“人”比“才”更重要，育人比育才更要紧。这是因为学习和教育的最终目的是为了“人”。

而作为“人”，应包括人文、人格、人生三个方面。所以，关于人的教育，应该包括人文精神的教育、人格养成的教育和人生发展的教育。

世界观、人生观和价值观是人的重要组成部分，这三者体现了一个人的综合素养。

世界观、人生观、价值观就好比天、地、人。天地相依，人才能活在其中；少了天地，人便无法生存；而少了人，天地的存在也毫无意义。

世界观支配和指导人生观、价值观；而人生观、价值观又反过来制约和影响世界观。

世界观是指处在什么样的位置，用什么样的眼光去看待与分析事物。它是人对事物的一种判断。

换句话说，世界观是一个人对这个世界的基本看法和观点。

世界观指导我们私人的、社交的和政治的生活面，也影响着我们对自己的看法、与他人的相处之道、处理困境的方式、人生的目的、做事的动机，以及我们的价值观。

世界观不仅是一个认识问题。而且还包括坚定的信念和积极的行动。

另外，世界观具有实践性，是一个不断更新、不断完善、不断优化的过程。而一个人的世界观首先来自家庭教育，其次是学校，再次是社会文化，包括文学、艺术、电影、电视和网络。

当前，我们将世界观划分为两种根本对立的类型，即唯心主义世界观和唯物主义世界观。当然，正确的世界观应该是唯物主义的。也就是说承认世界是可知的，而否认神的存在。

泰戈尔说："天空没有痕迹，但是鸟儿已经飞过。我们把世界看错了，反说世界欺骗了我们。"

世界是客观的，是发展的，又是博大的。而与之相对的人类，却是主观的，停滞的而又渺小的。但真正可悲的是，人类往往把自己看作世界的中心，以为自己是世界的主导。但是幻影和泡沫终究会有破灭的一天。当人类真的意识到自己的渺小之时，又会感慨自己的不幸，从而怨恨这个世界。

世界观主导一切。所以说，正确的、科学的世界观可以为人们认识世界和改造世界的活动提供正确的方法，而错误的世界观则会给人们的社会实践活动带来方法上的错误。

人生观是指人们对人生目的、价值和意义的根本态度、根本看法，是世界观的重要组成部分。

人生观就是要解决三个问题，那就是"我是谁?""我从哪里来?""我要到哪里去?"

人生观主要回答人为什么活着，涉及人生的意义、价值、目的、理想、信念和追求等问题。人生观的基本内容包括幸福观、苦乐观、荣辱观、生死观、友谊观、道德观、审美观、公私观和恋

爱观等等。

由于人们所处的社会地位、生活环境和文化素养不同，因而不同社会或阶级的人们有着不同的人生观。

曾经有一位记者遇到一个贫困山区的放羊孩子，问："你放羊干什么?""放羊挣钱。""挣钱干什么?""挣钱娶媳妇。""娶媳妇干什么?""娶媳妇生娃。""生娃干什么?""生娃放羊。""放羊干什么?""放羊挣钱。""挣钱干什么?""挣钱娶媳妇。"……

这就是贫困山区孩子的生存课，也是他们的人生观。我们现在要脱贫，不仅要远离物质贫困，最重要的还是要扶志、扶智，使他们远离精神贫困。

人生观是指对人生的看法，是一定社会或阶级的意识形态，是一定社会历史条件和社会关系的产物。人生观的形成，是在人们实际生活过程中逐步产生和发展起来的，受人们世界观的制约。

人生观主要涉及三个方面的问题：一是关于人生目的，正确的人生观倡导为人民服务的人生目的；二是关于人生态度，正确的人生观倡导积极进取的人生态度；三是关于人生评价，正确的人生观倡导"主要看奉献"的人生价值标准。

而拜金主义、享乐主义和极端个人主义，都是错误的人生观。

那怎样的人生观才是我们应该倡导的呢?

首先，应该是对自己人生的目标、价值和意义有一个正确的定位。我们的人生目标应该是积极向上的，应该做一个对社会有贡献和有价值的人，应该通过努力对自己和他人产生影响。也就是说，我们的人生不是碌碌无为的，不是灰暗的，也不是毫无用处的。

其次，我们要学会做人，做一个真正的人，一个有品位的人，一个高尚的人，一个纯粹的人，一个有道德的人，一个脱离了低级趣味的人，一个有益于人民的人。

第三，我们应该具有优良的品德、高尚的道德和优秀的品质。要学会谦让，学会关爱，学会用一种博爱的心胸去对待一切。要幸福、快乐地走好人生的每一步，平平淡淡，知足常乐。

最后，正确的人生观不应该仅仅是对自己，也包括对他人。我们的人生绝对不是一个人独自走过的，我们还有父母，有朋友，有伴侣，有孩子，他们肯定都对自己产生过影响。人活着不仅是为了自己活得好，同时也是为了让别人活得更好。只有为了这个目的，去不断努力并从中找到乐趣，我们的人生才会更美丽、更有意义。

德，是立身之本，立国之基，亦是生命的底色。

“因为道德是做人的根本。根本一坏，纵然你有一些学问和本领，也无甚用处。”这是教育家陶行知的一句名言。

只有追求幸福完整的教育生活，才能让我们的教育离功利远一些，离“人”近一些。也只有注重德性的健康成长，教育才能回归本真，中国的教育才有希望，实现中华民族伟大复兴的中国梦才能得以实现。

我兼任医学院院长也有八个年头了，除了注重人文教育之外，也一直在倡导“四生教育”，即生命教育、生存教育、生活教育和生态教育。

生命教育就是让每一位学生认识生命、尊重生命、珍爱生命，关心自己、家人和他人。

生活教育就是从学生的走路、吃饭、说话、交往、感恩等日常生活入手，让每一位学生珍惜当下的生活，了解生活常识，掌握生活技能，养成良好的生活习惯，关心集体和家庭，树立正确的生活目标。

生存教育就是让每一位学生学习生存知识和常识，强化生存意志，提高生存的适应能力和创造能力。

生态教育就是让每一位学生学会与自然、与社会、与他人、与自己的内心和灵魂和谐相处，保护和珍惜生态环境，关心社会和自然，观照自己的内心。正如爱因斯坦所说：“学校的目标始终应当是青年人在离开学校时，是作为一个和谐的人，而不是作为一个专家。”

价值观代表一个人对周围事物的是非、善恶和重要性的评价。人们对各种事物的评价，如对自由、幸福、自尊、诚实、平等、服从等，在心中有轻重主次之分。这种排列，构成了一个人的价值体系。

价值观是一种内心尺度。它凌驾于整个人性当中，支配着人的行为、态度、观察、信念和理解等。另外，价值观也为那些自认为正当的行为提供充足的理由。

价值观和价值体系是决定人们期望、态度和行为的心理基础。在同一的客观条件下，具有不同价值观的人会产生不同的行为。

价值观对人们自身行为的定向和调节起着非常重要的作用。价值观决定人的自我认识，它直接影响和决定一个人的理想、信念、生活目标和追求方向。

奥地利心理学家阿尔弗雷德·阿德勒说，错误的价值观是心理疾病的根源所在。所以，千万别让错误的价值观，伤害了真正的幸福。

物欲的膨胀会伤害人们的情感世界，扭曲人们之间的亲情、友情，阻滞人们的精神交往与沟通。当然，精神这片高尚的领地也会受到功利主义的污染。

我们会经常听到好多家长对孩子苦口婆心地说，你现在要好好读书，考上好的大学，然后找个好工作，就会有高的收入。有了钱以后，自然就可以吃香的、喝辣的，披金的、戴银的，一辈子不愁没钱花。真是可悲啊！难道我们孩子的人生价值就是如此而已吗？这样的家庭教育会让孩子认为，今天的学习就是为了明天的享受。

当下盛行的过分追求物质享受、金钱至上和一切向钱看、追求权力、爱慕虚荣，以及好逸恶劳、嫌贫爱富、不思进取、不劳而获、不尊重劳动和普通劳动者等不良心态，全社会都要引起高度重视。

那么，正确的价值观是什么呢？

一是尊重每一个人。因为人无完人，要用善意去拥抱世界。

二是不要抗拒接受新鲜事物，要学会培养自己的创新能力。

三是懂得发现机会，善于抓住机会。

四是努力工作。因为没有什么比努力工作更能证明自己。

五是永不抱怨。每个人都有自己的心理负担和压力，但是要把注意力放在好的事情上。只有这样，好事才会围在我们身边。

六是永远不要担忧如何做。确定前进的目标，并向成功进发，而不是为不存在的事情做无谓的担忧。

七是服务其他人。因为把注意力转向外界，会改变自己的世界观。

八是保持个性，做真实的自己。

九是要有强烈的责任感，努力做好自己分内的事情，并不断加以完善。

十是培养独立性。当然，这并不等于拒绝和他人合作。

坚守初心，对我们每个人而言，是一种生活态度和生活方式。我们生活在一个多元价值观的世界，而这个世界到底是天堂还是地狱，关键在于我们对这个世界的理解。

如果我们用善良去维护理想与信仰，用精神去坚守自己的本心，用恒心去认识和充实自己，便能收获一份快乐和感动，以及一些无法用金钱来衡量的财富。在现实生活中，无论前路如何艰险，毕竟还是有一些人选择了坚守。他们吞咽着苦涩，怀揣着无奈，盼望着曙光，并朝着梦想一路向前。也正是这些人，引导了人类前进的方向，推动了历史前进的脚步。

坚守初心和本心，就是不丧失理想与信念。“宁愿坐在宝马车里哭，也不愿坐在自行车上笑”的“豪言壮语”，便是负面言行的奇葩。

坚守初心和本心，不随波逐流，能使人端正高贵、内心明净，能使人拥有宁静的心态和正直的精神，能使人保持高尚的情操，也能使人走好自己的道路。

“长风破浪会有时，直挂云帆济沧海。”我们常常在喧嚣中祈求一份难得的宁静；在污秽中觅寻一片可贵的净土。我们要知道，只有坚守本心，勿忘初心，方得始终，方得圆满。

草木枯荣本无意，人世消长也无心；若是万事顺人意，何须神明坐高堂。生命其实很简单。只要寸草有心、率性而为，生命就会在绿色的初心中绽放，就会如清水出芙蓉般回归自然，就会泰然自处、天然无瑕、超然朴实。

大道至简，我们要让生活回归简单；初心永存，我们要让生命回归平静；坚守本心，我们更要让灵魂回归自然。

我相信，真正的生活一定在内心，真正的人生也一定在内心。

我们应该明白，聪明是一回事，智慧

是另一回事，聪慧更是另一回事。同样道理，优美也并不等同于优雅。

聪明的人不一定拥有智慧，但拥有智慧的人一定很聪明。因为智慧的人懂得换位思考，会给予他人更多的包容与理解。

聪明是一种生存能力，而智慧则是一种生存境界。

聪明的人总能保全自己个人的利益，不会吃亏，而智者绝对不会追求最大收益，常常能吃亏。

聪明的人知道自己能做什么，知道什么时候该出手，而智者明白自己不能做什么，明白什么时候该放手。

聪明的人拿得起，总把自己闪光的一面表现出来，而智者放得下，总让别人把闪光的一面表现出来。所以，聪明的人可以获得更多的知识，而智者能使人更有文化。

值得庆幸的是，我们已经意识到了这一点。中国人正在中华优秀传统文化的引领下，用现代人的智慧和力量，重建中华民族的价值观和精神家园，重构我们的自信和信仰。

其实，对于每一个凡人来说，人生所有的经历，都是岁月最好的安排。因为没有什么人能一路单纯到底。我们要记住，别忘了最初的自己，别忘了最初的本心。

守住本心，不忘初心，似琉璃，如水晶，这就是纯净，这就是常青，这就是人生，这就是生命的本源。

彼岸花，永远在彼岸悠然绽放；

此岸心，唯有在此岸兀自彷徨。

多少烟花事，尽付笑谈中；

多少尘世梦，尽在风雨中。

只有不忘初心，坚守致远，才能不问西东，依心而行。

儒家提出了仁爱的核心价值观，认为“仁者爱人也”。道家提出了慈爱的主旨思想，认为道法自然、天人合一。从这里可以看出，慈与爱是相通的，仁与爱也是相连的。所以说，“慈悲”这两个字，用当今的话来讲，就是我们平常所说的“爱心”，就是大慈之中有大悲、大悲之中有大慈。

在德国，喜欢吃鱼的家庭常年备有一种药丸。这种药丸是专门为鱼制造的。其功用是鱼服用后，会很快进入昏迷状态。德国人在杀鱼做菜之前，会把这种药丸给鱼喂食，待鱼昏迷后，再进行宰杀。他们之所以这样做，目的是为了使鱼在死亡的时候感觉不到痛苦。

这是一种对生命的尊重，也是一种仁慈的表达。

我们还要倡导少私寡欲、除妄灭伎，这是因为，身外之物容易扰乱我们的心神。但若心神寂然不动，则身处闹市而犹居幽庭，视若未视，闻若未闻，食而不知其味，恍惚不知其象，则天道自得。

一个人越是投入外在物质化的旋涡之中，则越会流连忘返，产生自我疏离感，其心灵也会日益空虚。

不断地占有与无节制地消费，让世人身心俱疲；过度的物欲与生命的物化，使世人形神欠安。声色犬马只能使人视觉迟钝、听觉不灵、味觉丧失，最终导致世人心神不宁、放荡不羁、德行败坏。

我们应该去除浮华易逝的生活享受，留下朴实无华的基本生活要素，以消解人与自然、人与人、人与自我之间越来越紧张的关系。

有一位哲学家带着他的一群弟子在郊外的草地上坐了下来。

哲学家说："你们看，这周围都长满了杂草。现在我想知道，你们将如何铲除它们！"

一个弟子首先开口："老师，只要有一把铲子就够了。"哲学家点点头。

"用火烧也是很好的办法。""撒上石灰，可以除掉所有的杂草。""斩草除根，只要把根挖出来就行"……

等到弟子们都讲完了，哲学家站起来说："你们回去后，各人按照自己的办法去除一片杂草。一年后的今天，我们再来相聚。"

一年后，他们都来了。不过他们发现，原来相聚的地方不再是杂草丛生，而是一片长满谷子的庄稼地。他们没有见到哲学家，却发现一张纸条，上面写着："要想铲除旷野里的杂草，最好的方法就是让庄稼长势良好。同样，要想让灵魂没有纷扰，唯一的方法就是用美德去占据它。"

我们的内心就像一块肥沃的土地，所以又称心田。心田可以长鲜花，也可生杂草，得看我们撒的是什么种子。

心里长着鲜花的人，善良正直，乐观向上，热爱工作，乐于助人，富于进取精神，大家都愿意和他在一起。而心里有杂草的人，终日心情郁闷，心理阴暗，看谁都不舒服，干啥都没劲，自己一事无成，还嫉妒别人，甚至还会干出种种违法的事。

贪婪是内心的杂草。好财喜钱乃人之天性，无可厚非。但是对于钱财一要取之有道，二不能贪得无厌。君不见，古今中外有多少人为满足贪欲，不择手段，铤而走险，最终导致身败名裂，表演了一幕幕“人为财死，鸟为食亡”的闹剧。

嫉妒是内心的杂草。如果他人有出类拔萃之处，或遇喜庆欢乐之事，我们可羡慕、可赞扬，也可奋起直追、见贤思齐，但是绝对不可心生嫉妒。法国作家奥诺雷·德·巴尔扎克说：“嫉妒潜伺在人的心底，如毒蛇潜伏在穴中。”所以说，嫉妒这条毒蛇会咬伤别人，也会咬伤自己。

仇恨是内心的杂草。如果不是不共戴天的家仇国恨，就不要让仇恨轻易在心中扎根。邻里纠纷、同事龃龉、误会争执在所难免，智者常常善于去化解，宽人而严己。

懒惰是内心的杂草。先哲程颐说：“惰意一生，即为自弃。”懒惰等于慢性自杀。一个懒惰的人，无所事事，得过且过，游手好闲，坐吃等死，算是白活了一辈子。

骄傲也是内心的杂草。骄傲的人，一叶障目而不识泰山，故步自封且目中无人，心狂气躁而自高自大。骄傲发展到了极点，也就离失败不远了。“满招损，谦受益”，实乃千古经验之谈。

在做人的问题上，每个人因价值观不同而有不同的选择。有人选择利己、外求，也有人选择利他、内修；有人选择获取、享受，也有人选择奉献、吃苦。

做人需要慈悲心肠，与人相处需要智者的博大胸襟，做事需要智者的无上智慧。我们有必要领悟中华优秀传统文化的博大智慧，去体味前辈带给我们的澄清心境，并以一颗初心去待人接物。如此，我们就会获得心灵的真正解脱，享受人生的美好与欢愉。

# 第十二章 科学精神与人文精神

人文是舵，技术是桨，没有人文的指引，技术就是瞎子。

什么是科学精神？

《科学真理与科学规范》中有这样一个定义："科学精神就是实事求是，勇于探索真理和捍卫真理。科学精神包括求实精神、创新精神、质疑精神、宽容精神等几个方面。其中最主要的是求实与创新。不求实就不是科学，不创新科学就不会发展。质疑精神与宽容精神是派生出来的，而且两者不可偏废。单纯质疑和单纯宽容都是不足取的，而且容易引向歪门邪道。"

科学精神是人类文明中最宝贵的精神财富，是在人类文明进程中逐步发展而形成的。科学精神集中体现为追求真理、崇尚创新、尊重实践和弘扬理性等方面。

科学精神倡导不懈追求真理的信念和捍卫真理的勇气；坚持在真理面前人人平等，尊重学术自由，用继承与批判的态度不断丰富和发展科学知识体系；鼓励发现和创造新的知识，鼓励知识的创造性应用，尊重已有认识，崇尚理性质疑。

科学精神不承认有任何亘古不变的教条。它特别强调实践是检验真理的唯一标准，要求对任何人所作的研究、陈述、见解和论断进行实证和逻辑的检验；强调客观验证和逻辑论证相结合的严谨方法，科学理论必须经受实验、历史和社会实践的检验。

什么是人文精神?

人文精神是一种普遍的人类自我关怀，表现为对人的尊严、价值、命运的维护、追求和关切。

人文精神是人对自身命运的理解和把握，是对人类存在的思考，是对人的价值和生存意义的关注，是对人类命运、人类痛苦与解脱的探索。

人文精神主要具有以下三个特点：体现“以人为中心、以人为尺度”，以及重视人、尊重人、关心人、爱护人的原则；在肯定理性作用的前提下，重视人的精神在社会实践活动中的作用；人文的对象有禁区，受到社会规范、伦理道德、意识形态、利益分配、价值评价、民族习俗和宗教信仰等许多因素的制约。

人文素养的灵魂，不仅是一种能力，而是“以人为对象、以人为中心的精神”。其核心内容是对人类生存意义和价值的关怀。

换句话说，人文素养就是做人的基本修养，是一个人外在精神面貌和内在精神气质的综合表现，也是一个现代人文明程度的综合体现。拥有丰厚人文素养的人，常常兴趣广泛、心理健康、情趣高雅、感情丰富、豁达自信，谈吐文明，追求较高的生活品位和工作品位，有着十分丰富的精神世界。因而他们始终保持着勃勃的生机和活力，充满着工作的热情，洋溢着生命的激情，闪耀着人性的魅力。

教育不仅是对知识的学习，更重要是对生命的尊重，对人文的灌输。

有一位外籍教师讲过这么一个故事：

在暴风雨后的一个早晨，一位男士在海边散步，注意到沙滩的浅水洼里，有许多被昨夜的暴风雨卷上岸来的小鱼。被困的小鱼尽管近在海边，也许有几百条，甚至几千条。然而用不了多久，浅水洼里的水就会被太阳晒干，小鱼就会干涸而死。

这位男士突然发现，有一个小男孩不停地从浅水洼里捡起小鱼，扔向大海。男士就走过去问：“孩子，这水洼里有这么多小鱼，你救

不过来的。”

“我知道。”小男孩头也不回地回答。

“哦？那你为什么还在扔？谁在乎呢？”

“这条小鱼在乎！”小男孩一边回答，一边捡起一条小鱼扔回大海。

泰戈尔曾经说过：“教育的目的应当是向人传送生命的气息。”

因此，教育之“育”应该从尊重生命开始，使人性向善，使人胸襟开阔，使人唤起自身美好的善根，也就是让学生拥有“这条小鱼在乎”的美丽心境。

科学精神是在实践中以服从真理、坚持真理、追求真理为核心，是一种求真和求实的自觉意识。而人文精神则是以尊重人、爱护人，关注和促进人类利益、社会进步为核心，是一种求善、求美的自觉意识。

科技只回答“能不能”，求的是“真”；人文才告知“该不该”，求的是“善”和“美”。科学精神是人文精神的基础，人文精神是科学精神的提升。

如果说科学给人以力量，人文就给人以方向。在人类的精神世界中，科学、艺术和人文本来就是一个整体。但是随着人类的发展，科学专业化了，艺术专业化了，人文专业化了，有时候反而把它们割裂开来了。所以，我们就要提倡科学和人文的结合，艺术和人文的结合。只有这样，才能使我们的精神世界更加完整，既有理性，又有感性。

爱因斯坦认为，科学研究中的重要因素是直觉，这个直觉显然有人文的含义。量子力学创始人、英国理论物理学家狄拉克说过，一个方程式美不美比是否符合实验更重要，这个“美不美”就是一个人文的概念。居里夫人说，在她的心中只有物理、数学和波兰，物理和数学是指科学，而波兰是指爱国主义的人文精神。

人文贯穿于科学的始终，为科学导向，为科学提供能量，为科学开辟原创性源头（右

脑）。同时，科学也贯穿于人文的始终，为人文奠基，为人文铺路，为人文提供正确的保证。没有科学的人文是残疾的人文，没有人文的科学也是残疾的科学。这段话精辟地指出了科学与人文交融的精髓之所在。

我非常赞同这个观点。只有科学精神与人文精神的交融，才能形成正确的人生追求、完备的知识基础、优秀的思维品质、高效的工作方法、和谐的对外关系。

自然科学和技术愈演愈烈的学科分化和扩张，使人文学科的领地日渐狭窄。文理科的发展极度不对称，理工农医科的规模越来越大，而人文学科越来越小。这不仅表现在学科规模方面，人文的地位也越来越低，而且在教育思想方面，科学教育、专业教育、技术教育完全压倒了人文教育。

另外，社会科学的兴起，也使人文学科的地位进一步下降。人文学科甚至只能栖身在社会科学的这个标牌下，才有生存的机会。对于当代中国人来说，在谈论科学与人文的割裂之时，我们心中所想的，正是中国现行教育体制中严重的文理分科现象。

凡注重专才教育者，则专科化倾向比较严重；凡注重通才教育者，则专科化倾向就比较淡化。在专才教育体制下成长起来的理工科学生，常常缺乏基本的人文素养，对于社会进步和发展难以有一个宽阔的视野和深谋远虑的规划。

人文精神需要整合科学与人文特质，将科学精神融合于人文精神的内在价值之中。面对纷繁复杂的社会现象，冷暖无常的人间百态，人与人之间，亲情、友情、爱情的碰撞，需要我们用理性的态度去审慎地面对，才能感受到真正的感情；而社会上出现的种种现象与问题，更需要我们用科学的方法去分析，得出概括性的规律，再推广到整个社会。

而对于人文学科来说，不能一味地追求浪漫，追求理想中的境界，也应当具备一定基础的科学观念、现实观念，并将其运用到人文学科的探索之中。否则，只会成为空想主义，成为不切实际的纸上谈兵。

科学精神和人文精神同样重要。科学离不开人文，人文也离不开科学，在人类社会的发展中两者缺一不可。

传统的科技人才培养，主要以劳动技能培养和专业理论知识学习为主导，分割了各学科、专业之间，特别是科学与人文之间的互相渗透和综合，造成了科技人才缺乏潜力、创造力、创造精神和人文素养的现象。

但是，在新知识经济时代，科技人才的教育更加强调科学教育与人文教育并存，并且人文素养的分量愈来愈重。因为当今的人们开始意识到人文素养能够指引知识经济朝着有利于推动人类社会、经济、科技、文化进步的方向不断发展。

为了培养当今时代急需的复合型科技人才，科技人才培养方式一定会更加注重人文素养教育。由此看来，科学素养只是成就一项研究成果的工具，而人文素养则能更好地发挥一个科技人员的才华，两者的结合才能更好地推动科学领域的发展。

英国华裔科学家高锟，2009年诺贝尔物理学奖得主。他将光在纤维中的传输成功地应用于光学通信，极大地改善了人类通信的方式和效率，是世界科学领域公认的“光纤之父”。

高锟除了学识渊博，还具有优秀的人文素养。他是一个谦谦君子，有着良好的道德素养和极高的人文精神。在学生面前，他是一个很亲切的老师，经常会被学生误认为是同窗，从来没有架子，也很少发脾气。除此之外，他既慷慨又富有爱心，曾经将一个重要奖项的一半奖金捐出，成立奖学金，以激励优秀青年人才。

1959年，英国学者查尔斯·帕希·斯诺在剑桥大学发表了一个著名的演讲，首次深刻地提出了科学和人文的分歧和冲突。这两种相互对立的文化，一方是文学家，另一方是科学家，犹以物理学家最具代表性。

由于教育背景、知识背景、历史传统、哲学倾向和工作方式的诸多不同，导致这两个文化群体之间的相互不理解和不交往。久而久之，或老死不相往来、相安无事，或相互瞧不起、相互攻击，导致了“文学家嘲笑科学家没读过莎士比亚、科学家嘲笑文学家不懂热力学第二定律”的文化危机。

而作为中国近代高等教育改革的先驱，马相伯则很早就将中、西方两种文化、科学与人文教育等理念充分交汇融合在一起，并以此为基础创办了著名的震旦大学（1903年）、复旦大学（1905年）和辅仁大学（1923年）。马相伯文理并重、全人发展的教育理念，不仅对近代中国的高等教育和社会发展产生了深远的影响，对今天的中国高等教育依然具有启迪意义。

在人才培养上，他以融合中西、贯通文理为理念，设计了一套独具特

色的大学课程体系；强调大学之大，在道德高尚和学问高深；要求学生摒弃社会风气的不良影响，以获取真才实学为重。

1906年，他勉励留日学生救国不忘读书，读书不忘救国，张之洞誉其为“中国第一位演讲家”。

1917年，蔡元培第一次出任北大校长，在中国掀起教育改革时，首先邀请恩师马相伯先生北上，马相伯对蔡元培说：“所谓大学者，非校舍之大之谓，非学生年龄之大之谓，亦非教员薪水之大之谓，系道德高尚、学问渊深之谓也。”

1925年，他寄语辅仁大学：“齐驱欧美，或更驾而上之。”

马相伯引入一个可以进行自由学习、交流，以全面提升学生的综合素质为目的的教育理念，并以“科学为父，人文作母”的并重之举，充分体现出马相伯先生对科学与人文在高等教育中的重要性，同时也是其高瞻远瞩的具体展现。恰恰是马相伯先生的科学与人文并重之教育理念，才培养出了蔡元培、于右任、邵力子、马君武、竺可桢、李叔同、陈寅恪和黄炎培等一大批学术泰斗。

其中，在中国近代教育史上有“北蔡（元培）南马（君武）”之称的马君武，不但矢志革命，而且是一个不折不扣的知识分子、著名的教育家和翻译家。他精通英、日、德、法各国语言，涉及的专业也十分广泛，哲学、文史、理科、工科、农科，几乎无所不包。1906年，马君武创办了中国公学。他的学生朱经农曾感慨地说：“凡是校内功课，没有一门他不能教。”

教育本身的问题在于屈从于社会的各种压力，被扭曲、被异化了，没有了自己的人格。学校好似一座座工厂，都在批量生产更高一级的产品，而这个产品就是活生生的学生。在长达十多年的学习生涯中，应试教育、保姆教育和听话教育这三个软件，已经深深地植入了每个学生的心灵。学生就像一台台电脑，只有知识的堆积，没有创新的思维，惯于服从老师的指令。要知道，只有记忆的学习，只会给孩子留下痛苦。

李政道先生说过，过度的学习不仅不能发展智力，还会损害智力。

今日看来，中国缺少一味药，叫“马相伯药”。而这味药，可以提升读书人的担当和勇气，可以实现大学教育的平等和自由，也可以让教育品质纯粹一点，让教育灵魂再干净一点。

教育是一项育人的工程。而教师的本领就是让学生悟到知识的核心和魅力，培养出有深度思维的人才。

有一天，在单位的办公楼前，我看到一个园林工人正在修剪树木。只见他手拿一把大剪刀，“咔嚓”一声，一根拔高抽出的枝条就落地了。

望着地下的残枝碎叶，我半开玩笑地对他说：“你真残酷，这一根根鲜嫩的枝条，在你的剪刀下顷刻就断送了生命。”

他却毫不在乎地说：“谁叫这些树枝不加约束地疯长。如果像这些短枝，停留在一个平面上，就不会被剪掉了。”

我说：“你是园丁，应该好好培育养护，让这些树长得更高更大才对啊。”

他说：“你错了，这是一条风景带，要求整齐划一。这些树木不得超过一定的高度，也不得歪斜着长。我的工作就是根据风景带的要求，限制其生长。”

我一直认为，教师不应该是手拿剪刀的园丁，而应该是手拿话筒的导游；应当去欣赏花朵和小草不同的生长方式，而不是一味地护花剪草。

的确，读书可以改变一个人的命运。但是，读书不仅仅是为了改变命运。启蒙是教育的本质属性，通过启蒙让孩子读懂自己，然后才会有创造的动力，才会有幸福的人生。

正如中国教育学会名誉会长顾明远先生所倡导的那样：“没有爱，就没有教育；没有兴趣，就没有学习。教书育人在细微处，学生成长在活动中。”

全面发展教育，是包括各方面素质培养的整体教育。具体包括哪些方面，目前并无统一的意见。从以前的“德、智、体”三育，到现在的“德、智、体、美”四育和“德、智、体、美、劳”五育，体现了中国古代的“六艺”教育，即“礼、乐、射、御、书、数”。

近代享有国际声誉的著名学者王国维认为，教育的宗旨是使人成为完整的人。

教育之宗旨何在？在使人成为完全之人物而已。

何谓完全之人物？谓人之能力无不发达且调和是也。

人之能力分为内外两者：一曰身体之能力，一曰精神之能力。发达其身体而萎缩其精神，或发达其精神而罢敝其身体，皆非所谓完全者也。

完全之人物，精神与身体必不可不为调和之发达。而精神之中又分为三部：知力、感情及意志是也。对此三者而有真美善之理想：真者智力之理想，美者感情之理想，善者意志之理想也。完全之人物不可不备真美善之三德，欲达此理想，于是教育之事起。

古希腊亚里士多德也提倡自由教育，主张把孩子培养成自由人，要求达到身体、道德、智力、美感各个方面的和谐和平衡发展。

中国学生发展的核心素养有以下三个方面、六大核心要素和十八个基本要点：

一是文化基础方面。重在强调能习得人文、科学等各领域的知识和技能，掌握和运用人类优秀智慧成果，涵养内在精神，追求真善美的统一，发展为有深厚文化基础、有更高精神追求的人。

第一个核心要素是人文底蕴。主要是指学生在学习、理解、运用人文知识和技能等方面所形成的基本能力、情感态度和价值取向。具体包括人文积淀、人文情怀和审美情趣三大基本要点。

人文积淀是指具有古今中外人文领域基本知识和成果的积累，能理解和掌握人文思想中所蕴含的认识方法和实践方法等。

人文情怀是指具有以人为本的意识，尊重、维护人的尊严和价值；能关切人的生存、发展和幸福等。

审美情趣是指具有艺术知识、技能与方法的积累；能理解和尊重文化艺术的多样性，具有发现、感知、欣赏、评价美的意识和基本能力；具有健康的审美价值取向；具有艺术表达和创意

表现的兴趣和意识，能在生活中拓展和升华等。

第二个核心要素是科学精神。主要是指学生在学习、理解、运用科学知识和技能等方面所形成的价值标准、思维方式和行为表现。具体包括理性思维、批判质疑、勇于探究三大基本要点。

理性思维是指崇尚真知，能理解和掌握基本的科学原理和方法；尊重事实和证据，有实证意识和严谨的求知态度；逻辑清晰，能运用科学的思维方式去认识事物、解决问题、指导行为等。

批判质疑是指具有问题意识，能独立思考、独立判断，思维缜密，能多角度、辩证地分析问题，做出正确的选择和决定等。

勇于探究是指具有好奇心和想象力，能不畏困难，有坚持不懈的探索精神，能大胆尝试，积极寻求有效的解决问题的方法等。

二是自主发展方面。重在强调能有效管理自己的学习和生活，认识和发现自我价值，发掘自身潜力，有效应对复杂多变的环境，发展为有明确人生方向、有生活品质的人。

第三个核心要素是学会学习。主要是指学生在学习意识的形成，学习方式和方法的选择，学习进程的评估调控等方面的综合表现。具体包括乐学善学、勤于反思、信息意识三大基本要点。

乐学善学是指能正确认识和理解学习的价值，具有积极的学习态度和浓厚的学习兴趣；能养成良好的学习习惯，掌握适合自身的学习方法；能自主学习，具有终身学习的意识和能力等。

勤于反思是指具有对自己的学习状态进行审视的意识和习惯，善于总结经验；能够根据不同情境和自身实际，选择或调整学习的策略和方法等。

信息意识是指能自觉、有效地获取、评估、鉴别和使用信息；具有数字化生存能力，主动适应“互联网＋”的发展趋势；具有网络伦理道德与信息安全意识等。

第四个核心要素是健康生活。主要是指学生在认识自我、发展身心、规划人生等方面的综合表现。具体包括珍爱生命、健全人格、自我管理三大基本要点。

珍爱生命是指理解生命意义和人生价值；具有安全意识与自我保护能力；掌握适合自身的运动方法和技能，养成健康文明的行为习惯和生活方式等。

健全人格是指具有积极的心理品质，自信自爱，坚韧乐观；有自制力，能调节和管理自己的情绪，具有抗挫折和抗压能力等。

自我管理是指能正确认识与评估自我；依据自身个性和潜质选择适合的发展方向；合理分配和使用时间与精力；具有达成目标的持续行动力等。

三是社会参与方面。重在强调能处理好自我与社会的关系，养成现代公民所必须遵守和履行的道德准则和行为规范，增强社会责任感，提升创新精神和实践能力，促进个人的价值实现，推动社会的发展进步，使自己发展为有理想信念、敢于担当的人。

第五个核心要素是责任担当。主要是指学生在处理与社会、国家、国际等关系方面所形成的情感态度、价值取向和行为方式。具体包括社会责任、国家认同、国际理解三大基本要点。

社会责任是指自尊自律，文明礼貌，诚信友善，宽厚待人；孝亲敬长，有感恩之心；热心公益和志愿服务，敬业奉献，具有团队意识和互助精神；能主动作为，履职尽责，对自我和他人负责；能明辨是非，具有规则与法治意识，积极履行公民义务，理性行使公民权利；崇尚自由平等，维护社会公平正义；热爱并尊重自然，具有绿色生活方式和可持续发展的理念及行动等。

国家认同是指具有国家意识，了解国情历史，认同国民身份，能自觉捍卫国家主权、尊严和利益；具有文化自信，尊重中华文明的优秀成果，能传播弘扬中华优秀传统文化和社会主义先进文化；了解党的历史和光荣传统，具有新时代热爱党、拥护党的意识和行动；理解、接受并自觉践行社会主义核心价值观，具有新时代中国特色社会主义的共同理想，有为实现中华民族伟大复兴中国梦而不懈奋斗的信念和行动。

国际理解是指具有全球意识和开放的心态，了解人类文明的进程和世界发展的动态；能尊重世界文化的多样性和差异性，积极参与文化交流；关注人类面临的全球性挑战，理解人类命运共同体的内涵与价值等。

第六个核心要素是实践创新。主要是指学生在日常活动、问题解决、适应挑战等方面所形成的实践能力、创新意识和行为表现。具体包括劳动意识、问题解决、技术应用三大基本要点。

劳动意识是指尊重劳动，具有积极的劳动态度和良好的劳动习惯；具有动手操作能力，掌握一定的劳动技能；在主动参加家务劳动、生产劳动、公益活动和社会实践中，具有改进和创新劳动方式、提高劳动效率的意识；具有通过诚实合法劳动创造美好生活的意识和行动等。

问题解决是指善于发现和提出问题，有解决问题的兴趣和热情；能依据特定情境和具体条件，选择制订合理的解决方案；具有在复杂环境中行动的能力等。

技术运用是指理解技术与人类文明的有机联系，具有学习掌握技术的兴趣和意愿；能将创意和方案进行转化，并对已有的物品进行改进与优化等。

如果说过去我们需要在人文的画布上增添科学的风景，那么现在，我们更加需要在科学的风景上增添人文的景观。

科学求真，对客观世界负责；人文求善，对精神世界负责。正是科学与人文的联姻，造就了今天日新月异的世界、幸福安乐的生活和高度发达的文明。

科学精神必须成为时代的灯塔。但是我们不得不承认，除了科学精神，我们还需要人文精神来滋养我们的生命。科学技术是一把双刃剑，单纯地崇尚科学精神，而没有人文精神做支撑，任由科学无序发展，是非常可怕的，也是十分危险的。因为科技的滥用，必定会导致技术的异化，甚至人的异化。

科学如水，能载舟亦能覆舟，如何去制约？靠的就是人文精神。

知识分为两大体系，一是科学知识，二是人文知识。人文知识涵盖众多意识形态，如哲学、宗教、文学、艺术、政治和社会等等，远比自然科学广博得多，也远比自然科学重要得多。因为人文知识构建起了人类的价值观，构建起了人类的精神世界。

教育的宗旨不仅是传授自然科学，更重要的是引导学生构建起人生的价值体系。简单地说，就是建立正确的人生观和世界观、价值观和道德观。

正确的人生观带给人幸福，错误的人生观带给人痛苦。所以说，不是自然科学使人幸福，而是正确的人生观使人快乐。一个人可以缺少自然科学知识，却不可以没有正确的人生观。

俗话说“十八定终生”，是有一定道理的。小学到中学这一阶段，是人建立价值体系最重要的时期，也就是人生的黄金时期。

科学讲客观世界，人文讲精神世界，只有两者交融，才能具有完备的知识体系；科学讲究严谨、有序，讲究技术、理性，人文讲究关怀、情感，讲究感性、活泼，两者的结合是做好一切工作的保证……

所以说，既求真又求善，才能使我们形成正确的人生追求。

1957年，李政道和杨振宁同时获得了诺贝尔物理学奖。他们提出了“李–杨假说”，成为勇于挑战爱因斯坦的人。李政道不仅拥有丰富的知识，还致力于为人类社会做贡献，非常重视对人才的培养，并将此视为不可推卸的责任。首先，他鼓励求知若渴的青年学者不断进取，并为其中的优秀人才提供赴美深造的机会；其次，他还推动健全人才培养机制，吸引了大批留学生回国工作，并在国内培养出了一大批优秀人才。在他关于杰出人才培养的思想中，除了强调理论知识的学习，更是对做学问所必需的人文精神提出了很多要求，例如，“为真理献身的精神和良好的科学道德”。

美国科学家鲍尔·海斯德从小目睹许多人被毒蛇咬伤，因无药可治而痛苦地死去。那时候，他就立志投身于科学事业，下定决心要找出能够对付毒蛇咬伤的方法。

他在自己身上注射微量毒蛇腺体分泌的毒液，并根据毒蛇的种类，逐渐加大剂量。之后，他分析自己血液中所产生的抗体，为开发抗蛇毒药物奠定了基础。

鲍尔·海斯德曾主动被毒蛇咬过一百三十次，其中有数十次挣扎在死亡的边缘，肉体与精神遭受了巨大的痛苦。这种极其危险的实验活动，使得他的健康每况愈下。

然而，他从未后悔，从未放弃，为人类对抗不可控的危险做出巨大的贡献与牺牲，拯救了千千万万被毒蛇咬伤的人。

“学好数理化，走遍天下都不怕！”这是过去那个年代很流行的一句口号，现在恐怕已经行不通了。我想，现在应该提倡人文素养有多高，人就能走多远。因为一个人的思想深度、视野广度和修养厚度，才是真正决定一个人发展的潜质和后劲。

研究发现，人文素养是创新型人才的重要素质。事实上，很多科学家的人文素养都很高。例如，钱学森在哲学和艺术领域有很深的造诣，数学家华罗庚和苏步青都是诗人，还有我国古代天文学家张衡的《三都赋》、科学家沈括的《梦溪笔谈》、地理学家徐霞客的《徐霞客游记》……

一个人进入学校，主要目的应该是求知。进入学校之后，学生要学会三件事情：第一是学会如何做人；第二是学会如何思维；第三是学会掌握知识和运用知识的能力。三者不可分割，因为做人是基础，思维是关键，知识和能力则是必要的技能。

要想走出“半个人”的时代，我们必须具备一定的科学精神，还要具备一定的人文精神。没有人文的科学是残缺不全的，而没有科学的人文也是不完整的。因此，一个杰出的人，必定是一个科学与人文高度统一的人。

然而，在如今的学校里，“重才干，轻德行；重为学，轻为人；重理工，轻人文”的现象依然比较严重，致使道德教育、素质教育和人文教育失去了应有的地位而走向边缘化。缺少了启蒙、文明、宽容与理性，淡化了世界观、人生观和价值观的教育，缺少了诚信和社会公德的教育，缺少了尊重生命、观照心灵的教育。

在现实中，身与心分离、重身轻心的想法，重物质轻精神、重技术轻人文的思想，使得我们很少有时间去照顾自己的内心世界，很少有机会去关爱自己的心灵。长此以往，使得我们的心灵没有了安家的地方，更没有了养护的机会。

于是，很多学生只懂得英语的abc，只懂得数学的xyz，只懂得欧元、美元、英镑，就是不了解长城、长

江、黄河，不了解《大学》《中庸》《论语》……这种教育现状应该引起我们的深刻反思。

人文教育所培养的是人性和灵性。所以，人文决定着民族的存亡、国家的强弱、社会的进退、人格的高低、涵养的深浅、思维的智愚和事业的成败。

美国学者怀特在他的著名论文《教育目的》中指出:“没有人文教育的技术教育是不完整的。”

科技和人文是不能分离的。我们在医学生的培养中注意到了一个问题：医生不但要看“病”，更要看患病的“人”。医学生在学习医疗技术的同时，必须学习人文知识，懂得医学伦理学、医学心理学，需要加强综合素质方面的训练，如艺术修养、渊博学识、哲学思维和心理素质等。

语文是基础的人文学科。但大学里唯专业的设置课程，使得语文的课时不断被精减，而在大部分学生的心目中，也只是把语文学习当作升学的工具，目的一旦达到了，语文学习对于他们来讲也就没有意义了。在这个前提下，学生对语文表现冷淡，根本没有学习的欲望，更不用说主动学习语文了。因此，在课堂上，他们总是用戏谑、不恭的眼光看待语文的文化内涵。

美国的学校很重视学生的阅读，有个叫AR的阅读分级体系，里面有十二个年级的分级阅读书单。学生每读完一本书，在AR系统里输入书名，然后就可以做关于这本书的问答。每做完一本就得分，而得分高的学生就会得到表扬、勋章或奖状。

人文精神是一种以人性、人格、人道为本位的知识意向、价值取向，而语文学科在形成学生的独立人格，以达到立人这一目的上，有着其他学科不可替代的功能。

《论语》彰显了仁者爱人的思想。孔子的马厩着火了，孔子知道后首先问有没有伤到人，然后才询问财产的损失，可见他尊重人的生命甚于自己的财产，符合人文主义精神的基本要求。

屈原的《离骚》、诸葛亮的《出师表》等，以其忧愤的爱国情怀，早已突破了儒家明哲保身、温柔敦厚的处世原则，为中国文化增添了一股深沉刚烈之气，培养了中国人主动承担历史责任的勇气。

从《诗经》、楚辞、乐府、唐诗、宋词、元曲，到《三国演义》《水浒传》《红楼梦》《西游记》，从老庄、孔子、孟子、屈原、司马迁、陶渊明、李白、杜甫，到韩愈、苏轼、陆游、辛弃疾、李贽、顾炎武、曹雪芹等，这些卷帙浩繁、灿若星辰的优秀文学作品和这些卓然独立、品格高尚的伟大文学家，带给一代又一代中国人思想的启蒙和人文的积淀。

爱因斯坦是二十世纪最伟大的科学家，同时跻身于那个时代最伟大的哲学家和思想家之列。然而，爱因斯坦从未陶醉在科学的胜利进军中，他敏锐地意识到科学的异化及其危险。他特别指出，科学技术最大的灾难，是为人类自身创造了大规模毁灭的手段，这实在是难以忍受的、令人心碎的悲剧。

在第二次世界大战中，爱因斯坦强烈谴责德国纳粹分子对人类犯下的滔天罪恶。他一直呼吁科学家要从人类长远利益、根本福祉和终极价值出发，去观察问题和处理问题。

爱因斯坦一再强调，没有良心的科学，是灵魂的毁灭；没有社会责任感的科学家，是道德沦丧与人类的悲哀。

具有人文精神的科学家既是伟大的科学家，也是伟大的哲学家或思想家；他们具有深厚的科学素养与人文素质，这成为了他们创造科学文化和人文文化的必要条件和必然归宿。

科学精神和人文精神，是人类进步的双翼，也是人类发展的双轮。没有人文情怀观照的科学文化是盲目的和鲁莽的，没有科学精神融入的人文文化是蹩足的和虚浮的。

我国“两弹一星”功勋奖获得者王大珩也语重心长地叮嘱：“我们是龙的传人，不能做恐龙；中国科学技术要像蛟龙一样腾飞，这条蛟龙的头是信息技术，仪器仪表则是蛟龙的眼睛，要画龙点睛。”

布鲁诺为宣传日心说，笑对火刑；伽利略为支持地动说甘受囚禁；居里夫人在极其艰难的条件下，从数吨沥青铀矿中提炼出一百毫克镭；阿基米德为演算一道数学命题，在被罗马士兵刺死前仍沉着地对刽子手说，让我把这道数学题算完；陈景润在不足六平方米的昏暗斗室，求证哥德巴赫猜想；彭加木告别繁华的上海，十五次进疆科考，魂断罗布泊；“两弹一星”功勋奖获得者郭永怀在飞机失事的刹那间，用生命保护了实验数据……

爱因斯坦曾对居里夫人的品格力量评价说，哪怕只有一小部分存在于欧洲的知识分子中间，欧洲就会面临一个比较光明的未来。

真正的科学家，必然是一个有学养的哲学家，否则他提不出真正的创新性问题。薛定谔，一位伟大的物理学家，却以一本名叫《生命是什么》的小册子，深刻地影响了一代又一代的青年科学家。

美国天文学家卡尔·萨根在研究金星大气物理环境时，发现了温室效应，引发了人们关于化石能源与地球环境关系的新思考。在研究火星尘暴与热辐射关系时，他深深地忧虑核战争造成的飘浮物可能严重影响地球植被的光合作用，出现人为的“核冬天”。他在其专著《宇宙》中详细地表述了人类可能面临的灾难，并深情地告诫人们，要呵护地球家园，维护世界和平。

遗憾的是，一百多年以来，人类对自然的征服更加贪婪，变本加厉，肆无忌惮，没有止境；人类对自然资源的索取远远超过大自然的承受能力和修复能力；它导致大自然的生态恶化，环境污染日益严重，人与自然的关系紧张到势不两立的地步，以至于严重威胁到了人类的生存。

教育要将理工与人文结合。所以，理工科院校更应解决过窄的专业教育、过强的功利主义、过弱的人文精神的问题。

2018年，有媒体曾针对二千名大学生进行调查。结果显示，超过九成的受访者希望学校强化对学生人文素养的培养。但是，人文素养的提升绝非一日之功，人文素养的欠缺也不是一时积弊。

目前，人文学科边缘化最突出的表现是，大学的语文教学地位无足轻重、资源投入不足、教学效果不佳，有些偏重理工科的大学甚至取消了大学语文。

这样的结果是，文科生普遍缺乏自然科学的相关知识，缺乏科学精神，虽然思维发散，但逻辑推理能力欠缺；而理科生普遍缺乏文史知识，缺乏人文精神，对社会往往缺乏深刻的理解。

一个人犹如一棵繁茂的大树。技术是其树干，学术是其树叶，而人文要素是其树根。没有树干，树叶无所依；没有树根，树叶会萎黄，树干也不过是一根枯木。

换句话说，失去人文，科学就成了“科学的木头”——枯燥无趣，了无生机。

爱因斯坦不止一次提到，小提琴那优美、和谐、充满想象力的旋律，在无形中开启了他对物理学的思路，引导他在科学王国里进行自由、创造性的遐想。

中国科学院院士杨叔子认为，一个国家、一个民族，如果没有先进的科学技术，就会落后，一打就垮，任人宰割；而如果没有深厚的文化底蕴，就会异化，不打自垮，受人奴役。

他建议学理科的人要读一读《论语》《道德经》，增加点文人气，让思维发散；学人文的人也要学一点理科知识，防止自己的言行不着边际。

1981年诺贝尔生理学或医学奖得主罗杰·斯佩里通过大量试验得出结论，人类大脑的左右功能是显著不同的。左脑负责逻辑思维，主管科学技术；右脑负责形象思维，主管人文情感。而右脑的记忆量特别大，是左脑记忆量的一百万倍。

日本学者春山茂雄的研究结果也显示，人的左脑是个人脑，储存人出生后所得到的经验，而右脑是祖先脑，储存着人类进化几百万年以来的所有经验。人类能够延续到现在，其实是右脑作用的结果。

所以，我们应该大力加强人文教育，积极开发右脑，特别是理工科的学生。

职业精神是指从业者所确立的、融合科学精神和人文精神的理想和信仰。任何职业都有相应的职业精神。

科学精神是一个人求真务实、推崇理性、勇于创新、积极向上、规范学术、追求技术卓越的精神。而人文精神则是一个人向善、求美、利他，以及关注服务对象情感体验和内心关怀的精神。

这种人文精神和责任具有至高无上的价值，它是一种伟大的品格，在所有价值中它处于最高的位置。人生所有的履历都必须排在勇于负责的精神之后。人生中只有一种追求，一种至高无上的追求——对责任的追求。

每一个组织，应该是一个团结战斗的集体，是一个依靠精神、理念和文化来维系、支撑的团队。

职业精神是由多种要素构成的，包括职业认知、职业态度、职业情感、职业责任、职业理想、职业意志、职业良心、职业荣誉、职业信念和职业作风等。从职业认知开始到职业作风的养成，是一个逐步完善的过程。

职业认知和职业态度，是一个人职业精神最初的、首要的体现和构成要素。职业情感是职业认知和职业态度的升华，也是承担职业责任的基础。缺乏职业情感和职业责任的人，不可能有良好的职业精神，也不可能有完整的职业生涯规划。

职业理想是职业意志产生的动力和目标，而职业意志又是我们实现职业理想的基础。职业理想应该与职业生涯紧密联系在一起。因为职业理想是目标，职业生涯是过程。

职业良心是职业情感的升华和凝练，而职业荣誉也是职业良心中的知耻心、自尊心和自爱心的体现和表达。职业良心是一个人职业精神的稳定因素，而职业荣誉是职业精神的评价和激励因素。

一个人良好职业作风的养成，依靠职业信念的支撑和滋润；而职业理想的实现有赖于职业信念的确立和职业作风的养成。总之，职业作风和职业信念是职业精神的高层次体现。

一位表演者上场前，他的弟子告诉他鞋带松了。表演者点头致谢，蹲下来仔细系好。等到弟子转身后，他又蹲下来将鞋带解松。

有个旁观者看到了这一切，不解地问："您为什么又要将鞋带解松呢?"

表演者回答："因为我饰演的是一位劳累的旅行者，长途跋涉让他的鞋带松开了，可以通过这个细节表现他的劳累和憔悴。"

"那么您为什么不直接告诉你的弟子呢?""他能细心地发现我的鞋带松了，并且热心地告诉我，我一定要保护好这种热情和积极性，及时给他鼓励。至于为什么要将鞋带解开，将来会有更多的机会教他表演，可以下一次再说啊。”

孔子认为，仁的精华在于爱人。仁爱所提倡的就是尊重人、爱护人，所要达到的就是仁义与和谐。

“博爱”一词不是舶来品。其实，在战国时代，墨家就有“兼爱”的论述，唐代的韩愈也有“博爱之谓仁”的说法。博爱者，广泛地爱一切人，爱人如己。它是一种仁者之爱，是一种崇高的爱，是人文精神的基本内涵。

爱人，是伟大人格的基本品质，也是以人为本的思维基点。

我们要相信，在这个社会中，一定有一种爱是人间之真爱，有一种情是手足之真情，容得下幸福和痛苦；在这个国度里，一定有一种力量是意志的力量，有一种精神是伟大的民族精神，容得下芸芸众生和大千世界。

团队精神是高绩效团队的灵魂，是成功团队身上难以琢磨的一种特质，是大局意识、协作精神和服务精神的集中体现。团队精神的基础是尊重个人的兴趣和成就，核心是协同合作，最高境界是全体成员的向心力、凝聚力，所反映的是个体利益和整体利益的统一。

挥洒个性、表现特长可以产生真正的内生动力，而明确的协作意愿和协作方式则可保证任务目标的完成。一只蚂蚁拖不动比自己身体大许多倍的食物，但是几只、几十只、几百只……就拖得动，这是蚂蚁精神的胜利，也是团队精神的胜利。

在干旱的非洲草原上，如果你看到羚羊在奔跑，那一定是狮子来了；如果你看到狮子在躲闪，那一定是大象发怒了。如果你看到成群的狮子和大象在集体逃命，那一定是蚂蚁军团来啦！

蚂蚁军团之所以强大，是因为团队的力量；而狮子和大象尽管强壮，但仅仅是个体的强壮。

“众人拾柴火焰高”是团队精神的一种体现。团队精神是人与人之间的合作，大到一个国家，小到一个单位，不管在任何年代、任何领域，都需要这种精神。因为团队精神能激发人的力量、鼓舞人的斗志、纯洁人的心灵、消除人的顾虑。

没有完美的个人，只有完美的团队。一个人的优点应该给予充分肯定，让其发扬光大；而一个人的缺点应该去管理、去互补，而不是去抹杀、去纠正。

金钱不能代表幸福，不能代表快乐，而许多非物质的精神享受，更有可能让一个人感受到生活的温暖和快乐。因为金钱不能温暖人心，只有人心才能温暖人心。人生在世，人们总是在不断追逐财富、权力和娱乐，反而忽视了真正需要关心的心灵。然而，只有心灵，才会陪伴我们走到天涯海角。

从前有一位国王，他有四位妻子。国王最爱他的第四位妻子，给她穿最好的衣服，给她吃最美味的佳肴。国王也很爱他的第三位妻子，常带着她去邻国访问。国王同样爱着他的第二位妻子，她是国王的知心人。国王凡是遇到什么麻烦事，总要去找她商量，并在她的帮助下渡过难关。国王的第一位妻子对他忠心耿耿，为帮助国王守住财富和王位付出了很多，然而国王却并不珍惜这位妻子。尽管她深爱着国王，国王却无动于衷。

终于有一天，国王病重，时日无多。他暗想："我有四个妻子，死的时候最好有人陪我一起去？"于是，他问第四位妻子："我最爱你，你能陪我一起进坟墓吗？""想都别想！"这位妻子丢下一句话，头也不回地走了。伤心的国王于是问第三位妻子："我一辈子都爱你，你准备好同我一起去了吗？""不！"这位妻子答道，"你死了，我就改嫁。"接着他问第二位妻子："你总是能帮我。现在你能同我一起去吗？"这位妻子答道："这次我可帮不了你，我所能做的就是给你下葬。"

这时，一个声音传来："我陪你去，你去哪儿我都陪着你。"国王朝着声音传来的方向望去，原来是他的第一位妻子。望着这位人老珠黄的妻子，国王热泪盈眶地说："我早该对你好一点。"

当今社会，人们执迷于科学技术的发展和进步，却不知直面人体、人性、生命、心灵、宇宙的整体。人们常常无视人文精神的缺失，殊不知当下的许多社会问题，正是由于科学的浅陋与道德的缺失所致，正是由于趋利所致。在物质条件越来越优越的今天，人们渐渐迷失了自我，出现了"一叶障目，不见森林"的现象。

现在有的学生身上出现了两个怪异现象。一是“五重五轻”现象：重自然，轻人文；重书本，轻实践；重共性，轻个性；重功利，轻素质；重教化，轻内化。二是“五精五荒”现象：精于科学，荒于人学；精于电脑，荒于人脑；精于网情，荒于人情；精于商品，荒于人品；精于利益，荒于人道。

一个国家、一个民族，如果只是关心脚下和眼皮底下的事情，那是不可能有进步的；一个没有自信、没有自尊、没有本心的民族，也是没有前途和未来的。

如果我们太在意外界的丰富多彩和灯红酒绿，必然会忽略内心的丰盈和充实；如果我们太纠结如歌的记忆和辉煌的成功，必然会感觉流年的平凡和乏味。

年轻人要学会对自己负责，对亲人负责，对周围的人和更多的人负责，进而对民族、国家、社会和人类负责，做一个有价值、负责任的人。

人文精神是民族文化的灵魂和支柱。非淡泊无以明德，非宁静无以致远，非宽大无以兼覆，非慈厚无以怀众，非平正无以制断，年轻人要积极培养吃苦、宽容、乐观和团队精神。学习或做事要吃得起苦，为人或共事要多些宽容，受挫或遇事要乐观向上，创业或成事要融入团队。

雨果说过这样一句话：“每教好一个孩子，就少一个败类；每办一所学校，就少建一座监狱。”

当下中国的教育的确存在很多问题。一方面，大家对教育很不满意，一片批评、抨击和抱怨声；另一方面，大家对教育又茫然无措，都不知道该怎么做，只知道盲目跟风补课。

“要听话”“要学乖”的中国式教育，其结果是只能培养出被迫懂事的孩子。因为教导孩子“要听话”就是扼杀了自由，“要学乖”就是磨灭了个性，“学学人家的小孩”就是抛弃了自尊，“少管闲事”就是扼杀了公德心，“看闲书不能考上大学”就是扼杀了兴趣。

最终，在“你怎么就不明白我的苦心呢”的不断追问下，在父母的持续逼迫下，孩子变成了牵线木偶，放弃了追寻自我，隐藏了真实的内心。

被迫懂事的孩子总是生活在战战兢兢之中，没有安全感，容易感到孤独和凄凉、害怕和惶恐。而内心的不安会使他们一辈子感到悲伤和痛苦。

罗曼·罗兰说：“一个人只能为别人引路，不能代替他们走路。”

“不听话”并非绝对的坏事。允许孩子试错是家长应有的智慧。正确的做法是，相信孩子能够独立完成任务，表现出对孩子的鼓励和信任，放手让孩子去接触新鲜事物，在试错中获得经验，并为将来的成功铺路。

德国心理学家海查曾做过一个随访研究。他对二至五岁时有强烈反抗倾向与没有这种倾向的各一百名儿童进行追踪观察，一直到青年期。结果发现，前者有84%的人意志坚强，有主见，有独立分析、判断事物和做决定的能力。而后者仅有26%的人意志坚强，其余的人遇事则不能做决定，不能独立承担责任。这项研究说明一个问题，反抗行为强的孩子，长大后易有坚强的独立意志，而这一点正是二十一世纪人才应当具备的重要素质。

我在日本学习的时候，看到过这样一道历史考题：“日本和中国一百年打一次仗。十九世纪打了日清战争（甲午战争），二十世纪打了日中战争（抗日战争）。如果二十一世纪日本和中国再度开火，你认为是什么时候？可能的远因和近因是什么？如果日本赢了，是赢在什么方面？如果日本输了，是输在什么条件上？”而我们也有类似的考题：“中日甲午战争中方战败，为此中方赔款多少，割地多少？”

我还看到过高中有一道历史题是这样考的：成吉思汗的继承人窝阔台，是公元哪一年死的？最远打到哪里？但是在美国的世界史中，这道考题是这样出的：成吉思汗的继承人窝阔台，当初如果没有死，欧洲会发生什么变化？试从经济、政治、社会三方面进行分析。

这就是思考的差异。我们喜欢考古，喜欢向后看，喜欢逆向思维；而西方人喜欢预测，喜欢向前看，喜欢顺向思维。这种前瞻性的思维方式，恰恰也是中国教育所缺乏的。

中国的家长认为小孩子娇嫩，抗寒能力差，而感冒是冻出来的。所以，一直认为小孩子要穿得多些，但结果还是没完没了地生病；而日本人认为，小孩子只有少穿衣，才能

增强皮肤调节温度的能力，从而达到增强抗寒能力、防止生病的目的。所以，日本的小孩总是比成人穿得少。

其实，是西式教育好，还是传统教育好？谁都不能给出一个最令人信服的答案，我们也不必花过多的时间去讨论。因为这与不能回答是西餐好还是中餐好，是西医好还是中医好，是同一个道理。

未来中国教育的任务是全面推进素质教育，多培养一些非智力素质，例如，意志、胸怀、品德、气质等素养，奋斗、服务、献身、宽容、协作、敬业等精神，以及远大眼光和创新思维等。营造一个良好的教育环境，就可以使学生能够不怕任何困难，挺胸抬头走好自己的人生路。在任何时候、任何场所都能坚持学习，自强自立，就可以使他们不仅有奋勇向前、勇于创新、努力学习的精神，而且有团结协作的意识。

教育家朱永新有一首诗，叫《新教育的种子》，是这样写的：

我是一粒种子/一粒新教育的种子/我来自理想与激情催开的花儿/我无法选择我落到怎样的土壤/——富饶还是贫瘠，北国还是南方/无论把我埋得多深，我终将穿越泥土/向着明亮的那方。

我是一粒种子/一粒新教育的种子/我是信念和坚韧孕育的果儿/我无法选择我面对的天空/——晴朗还是阴霾，湛蓝还是灰蒙/无论暴雨风霜，我早已对岁月承诺/让自己的生命绽放。

我是一粒种子/一粒新教育的种子/为了那一次灿烂的绽放/我必须用一生的修行来涵养/——汲取土地的养料，抚摸太阳的光芒/无论冬季多么漫长，草长莺飞的春天/早已藏在我的心房。

我是一粒种子/一粒新教育的种子/我有无数次前世今生的轮回/但是我最看重当下的力量/——曾经化为淤泥，换来今日芳香/无论遭遇什么，我都坚信自己/一次比一次芬芳。

# 第十三章　成长成熟与职业生涯规划

成长是一种经历，每一步都充满变数和挑战；成熟是一种阅历，每一步都充满艰辛和惊喜。

成长是一个过程，是一个不断战胜自我而充满趣味的过程；成长也是一种痛苦，是一种不断突破自我而充满挑战的痛苦。

成熟是一种优雅，是持一颗平淡心，不卑不亢地生活。当然，成熟也是一种光辉，是做人简单、低调、优雅，做事周密、高调、优秀。

成功则是一种满足，是一种心灵升华的满足。当然，成功也是一种状态，是一种积极向上的状态。

教育家陶行知曾经说过："先生不应该专教书，他的责任是教人做人；学生不应该专读书，他的责任是学习人生之道。"

老师如此，学生如此，家长更是如此。

家长如果经常对孩子说这三句话，就可以培养一个好孩子：孩子，爸妈没本事，你要靠自己；孩子，做事先做人，一定不能做伤害别人的事；孩子，撒开手脚去闯吧，实在不行，回家还有饭吃。

如果家长经常对孩子说另外三句话，就会祸害孩子一辈子：宝贝，好好学习就行，其他爸爸妈妈来办；宝贝，记住不能吃亏；我告诉你，再不好好学习，长大没饭吃。

苏霍姆林斯基在《公民的诞生》一书中写道："分数已成了学校衡量人的标准和尺度……人在分数后面消失了，他的无限性和多维的精神世界也在分数中泯灭了……有多少儿童和少年早晨上学‘像是去受苦刑’……灾难不仅在于他们走出学校时是个失败者，而且还在于一回忆起学校都终生感到痛心，并对严肃的阅读和书本毫无兴趣。”

我是一位医生，也是一位老师，非常崇拜这位著名教育实践家和教育理论家。因为真正把学生当作“人”来教育的，是像苏霍姆林斯基这样辛勤的园丁。

其实家长要明白，你是要培养一个装知识的“米袋子”，还是要培养一个完整的人？或者说，你是希望自己的孩子成为知识型还是智慧型的人？

如果想要培养智慧型的孩子，就要少一些灌输，鼓励孩子多问几个为什么，对孩子的问题千万不要回避，甚至孩子不问，你还要启发他问。因为近百年来的教育史无数次证明，提早认识ABCD，不如让孩子多问一个为什么。

古代罗马著名教育家昆体良非常注意激发学生学习的兴趣和意愿。他认为：“应当善于回答学生提出的问题，向那些不发问的学生提问。”

有人认为，孩子的成长规律可以浓缩在一个最简单、最意味深长的“人”字上。儿童的发展从认知发展的角度来看，可以看作是“人”字的左撇；从个性和社会性发展的角度来看，可以看作是“人”字的右捺。一撇一捺，组成一个完整的“人”字。

但是，当前有些教育往往是以牺牲儿童当前的幸福，并企图以此为代价来保证未来的幸福。这种教育取向可能带来无法想象的恶果，“这个人就不能超出单方面的、畸形的发展”。应该抛弃急功近利的心态，保持足够的耐心和“但行好事、莫问前程”的淡定。唯有如此，我们才能使学生在各个方面都获得发展的自由，成为一个完整的、全面发展的人。

圆润，不是圆滑，更不是世故。圆润是内心饱满，外在的润泽；是世事洞明，人情练达的游刃通畅；是介于崇高与婉约之间的和谐美。教师把学生教圆润，就是要把学生当作一个完整的人来看待，关注学生的文化素养、思想素养、身心素养、审美素养等综合素养的逐步提升和后续发展，竭力让学生有一个圆润幸福的人生。

全面素质教育要培养的人不仅有知识，而且有能力，会动手，会交往；不仅是人才，而且是一个完整的人。所以，我们通常把通识教育叫作全人教育。如果一个人光有知识，而没有健全的人格，没有社会责任感，没有情怀和个性，就不是一个完整的人。

由于升学率、平均分、排名等等指挥棒自上而下被层层强化，教学中广泛采用过度学习、强化训练的做法，造成学生的作业量过大，中、小学生必不可少的游戏时间和体育锻炼时间没有保障，连正常的星期日和假期也被挤占，严重影响了学生身体的健康发育。同时，也造成许多心理疾病，如“恐学病”“逃学病”，以及学习反复受挫后的精神抑郁、孤僻等。

我们的体育课严格遵守“三无七不”的原则，“无强度、无难度、无对抗”和“不出汗、不喘气、不脏衣、不摔跤、不擦皮、不扭伤、不奔跑”，很多人非常固执地认为，宁可没有强健的身体，也不能没有聪明的头脑。

而日本对孩子体魄教育的重视程度，丝毫不亚于考试成绩。日本的体育课一直以“变态”著称，从幼儿园的娃娃就开始抓起。除了每天的体育课之外，还会给孩子专门布置运动作业，必须达到两小时，并且是强制要求完成的。

不过，在幼儿园和小学阶段，日本更侧重于让孩子爱上运动，此时主要是让他们在体育课上尽情地奔跑与玩耍。而一旦进入初中，就要加入运动社团，发掘自己喜欢和擅长的运动项目。另外，日本还有一个“七分饱、七分暖”的教育理念，冬日耐寒训练等举措对于中国家庭来说难免觉得有些残忍。

2017年，《中日儿童青少年体质健康比较研究结果公报》发表了历时三年的研究成果。中国孩子在身高上具备优势，但身体素质却没有跟上，特别在心肺、耐力、柔韧度和灵敏协调性等体能指标中处于劣势。

我在日本留学过一段时间，目睹了中日教育的差异，我想这种差异性才是中国未来需要警惕的地方。

在国内，我们常常可以看到

或听到这样的现象：一个学生的功课不好，教学生功课的老师自己还没有自责，常常会气冲冲地把这个孩子的父母叫到学校狠狠地训斥一顿。我就在想，家庭教育固然重要，但学校、老师是学生功课学习的主要负责人，家长也就起辅助作用。学生学习成绩不好，学校、老师应该负主责，结果是负主要责任的不自责、不检讨、不反思、不改进，反倒去责怪那些可怜的、负次要责任的家长。

有一位哲人说过这样一句话："一个吝啬赞美自己孩子的父母，一定会让孩子变得让他们无法赞美。"

孩子就像一面镜子，能照出父母内心的一切。父母快乐，孩子也快乐；父母暴躁，孩子也暴躁。

因为教育孩子的过程，也是教育自己的过程，父母希望孩子怎样，父母自己就应该怎样。从孩子的语言和行为中，我们常常可以听到、看到自己的言行。

另外，任何一个家长都不能贬低自己的孩子，不能一味地责骂他们。毕竟孩子也有自尊心，而当他们的自尊心受挫时，便会破罐子破摔。其实，只要家长多给孩子一点信心、一点鼓励，结局或许就会改写。

在家庭教育上，父母对待孩子不外乎以下三种情况：一是事事管、时时管、处处管，做了很多孩子该做的事，收效却不理想；二是什么都不管、什么都不做、什么也不问不闻，放任自流，结果更不好；三是既管又不全管，虽然做得不多，但是切中要害，结果是孩子成长一帆风顺。俗话说"严是爱，纵是害，不管不教会变坏"。很显然，"什么都做"和"什么都不做"处于两个极端，失之偏颇，皆不可取。古今中外，大量家教成功的实践告诉我们，杰出的父母教育孩子从来都是"有所为，有所不为"。

培养良好的亲子关系、培养孩子的良好习惯、引导孩子学会学习，就是父母应该"有所为"的三件事。父母应该不做"法官"，要做"律师"，了解孩子内心的需求，维护孩子的合法权利，绝对不剥夺孩子说"不"的权利；父母应该不当"裁判员"，要做"拉拉队"，善于发现和赞美孩子的优点，引导孩子直面失败，鼓励和帮助孩子建立自信心；父母应该不当"驯兽师"，要做"镜子"，帮助孩子正确认识自己，并且做好孩子的榜样。

在网上看到过一个关于家长教育孩子的故事，作为一位父亲，我感触颇深，与大家一起分享：

一位母亲第一次参加家长会，幼儿园的老师说："你的儿子有多动症，在板凳上连三分钟都坐不了，最好带他去医院看一看。"回家的路上，儿子问妈妈，老师都说了些什么，她鼻子一酸，差点流下泪来。然而她还是告诉儿子："老师表扬你了，说宝宝原来在板凳上坐不了一分钟，现在能坐三分钟了，全班只有宝宝进步了。"那天晚上，她的儿子非常开心，第一次自己吃饭，没让妈妈喂。

后来，在儿子小学的家长会上，老师说："全班五十名同学，这次数学考试，你的儿子排在第四十名，我怀疑他智力上有些障碍，你最好能带他去医院查一查。"走出教室，她流下了眼泪。然而，当她回到家里，却对坐在桌前的儿子说："老师对你充满了信心。他说了，你并不是个笨孩子，只要能细心些，就会超过你的同桌，这次你的同桌排在第二十一名。"说这话时，她发现，儿子黯淡的眼神一下子充满了光亮，沮丧的脸也一下子舒展开来。她甚至发现，从这以后，儿子的变化让她吃惊，好像长大了许多。

孩子上了初中，她参加一次家长会，坐在儿子的座位上，等着老师点她儿子的名字。因为每次家长会，她儿子的名字总是在差生的行列中。然而，这次却出乎她的预料，直到家长会结束，都没听到他儿子的名字。她有些不习惯，临别时去问老师，老师告诉她："按你儿子现在的成绩，考重点高中有点危险。"听了这话，她惊喜地走出校门。此时，她发现儿子在等她。走在路上，她扶着儿子的肩膀，心里有一种说不出的甜蜜，她告诉儿子："班主任对你非常满意，他说了，只要你努力，很有希望考上重点高中。"

高中毕业了，儿子从学校回来，把一封印有清华大学招生办公室的特快专递交到她的手里。突然，他抱住妈妈大哭起来，边哭边说："妈妈，我知道我不是个聪明的孩子，可是，这个世界上只有您能欣赏我……"

中国的父母会经常对孩子这样说："你现在恨我没关系，将来你会感谢我的。""妈妈是为你好，听我的准没错。""我是你妈，不会害你的。"

如果孩子有所违逆，中国父母就会认为这个孩子太不听话、太不乖了，甚至还会产生一种恐惧和焦虑，认为孩子将要背离自己。这种恐惧以至于发展到一个地步——父母几乎要将孩子含在嘴里，让其永远没有办法离开自己。

这种中国式的父爱母爱，显然是表现过度、用力过猛，而且充满忧虑和忐忑：生怕孩子考不上好的初中、高中、大学；生怕孩子找不到好工作；生怕孩子找不着好对象……这种惧怕和不安几乎贯穿了孩子的整个成长过程。

所以，有很多父母总是打着“为了你好”的旗号，做着逼迫伤害孩子的种种行径。

小时候，父母会逼着孩子选择一个自己根本就不喜欢的兴趣爱好。

长大一点，父母会逼着孩子选择一个自己根本就不喜欢的专业或职业，或逼着孩子放弃一个自己很喜欢的专业或职业。

再长大一点，父母会逼着孩子选择一个自己根本就不喜欢的人结婚，或逼着孩子放弃一个自己很喜欢的人。

很多孩子的一生，就在父母的逼迫下，丧失了自主选择权，过着如同提线木偶般的痛苦生活，从未为自己活过。

更要命的是，整个社会大环境还认为这种逼迫是对的，尤其是父母辈的人，他们始终认为是孩子不懂事，父母都是为了孩子好，既然是“为了你好”，你就应该接受父母安排的一切。

这种传统一直延续着，以后还将继续。没有成为父母之前，我们的父母这样教育我们。一旦自己为人父、为人母之后，也好像凭空拥有了未卜先知的能力，如天气预报一般，信心满满地圈定了孩子的未来，重复着中国父母的故事。

但当孩子渴望爱的时候，回报他的只是分数和棍棒；当孩子渴望理解的时候，得到的只有指责和怪罪；当孩子想要一个拥抱的时候，换来的却是疏离和冷漠。

一方扮白脸，一方扮红脸，在又爱又恨、爱恨交加之中，最终，中国父母那畸形的爱害死了人。

其实，绝大多数人的祖辈很平庸，我们自己也很平庸，我们的子孙中也是平庸的比较多。坦然地接受孩子的平庸，中国的父母才能远离焦虑，既爱孩子，更爱自己。孩子还小，真没有必要这么拼，没有必要把所有的时间都花在孩子的身上。

其实，无论什么行业都要有资格证，都需要考核，唯独父母不需要。然而，大多数初次为人父母，并没有太多经验；很多父母自身的认知能力有限，并没有开阔的眼界；很多父母自己还是个“大孩子”，心智并没有完全成熟。

央视曾经播出一个关于婴儿服用泡腾片的案例，令人叹惜：一个年仅十八个月幼儿，因为家长的错误方式服用了泡腾片，导致孩子窒息，并最终因脑部缺氧时间过长，在医院的重症监护室抢救一天后死亡。可怕的是，这样的新闻事件并不是个例。

网络上有人这样描述中国家长的现状：一至三年级的家长最为嚣张和暴躁，因为什么题他们都会；四至六年级就变得比较低调了，基本上不骂孩子了，因为大部分题他们都不会；到了初中就变得心平气和一些了，因为所有的题他们都不会；到了高中之后就常常被鄙视，只能陪着笑脸干一些后勤工作，因为这些题目他们从来没有见到过。

要知道，父母当下的眼界和格局，藏着孩子二十年后的样子。一个人活着，不管是男是女，首先是个人，丰衣足食也好，安身立命也罢，首先是一个完整的人。

事实千万次证明，凡是赢在起跑线上的，都是短跑。而人生一定不是一场百米赛跑，一定是一场马拉松，是长跑。而且从来没有一场马拉松，是在起跑线上赢得胜利的。

进入二十一世纪以来，在对八十多个国家或地区的十五岁学生的PISA（国际学生评估计划）测评中，芬兰孩子每次都名列前茅，而他们花在学习上的时间，却只有同一梯队孩子的三分之一。中国曾经引以为傲的数学等科目，却在近年每况愈下，总成绩滑至第十名。要知道，中国孩子是全世界最勤奋的孩子，他们在题海中沉浮，却没能顺利登陆，说明学习效率相当低下。

只有不断成长，不断突破，不断优化，不断成熟，才能走向成功，才能不断靠近胜利，才能不断从胜利走向胜利。

成长是成熟和成功的前提。只有一步一步地、持续地、艰辛地成长，才会有成功的飞跃和成熟的喜悦。

没有经历痛苦的人，不会强大；没有流过泪水的人，也不会坚强。

学校一毕业，已是一身艰辛和劳累的年轻人，带着梦想，意气风发，激情满怀，渴望在工作岗位上大有作为。然而，现实并不会很如意，环境也并不会十分如自己所愿。很多时候，我们付出很多，但回报并不与之呈正比。

失望大于希望，此时，这些年轻人就会把不满情绪带到工作中去，整天懊恼烦躁、牢骚满腹、怨天尤人，最终就成了平庸无斗志的人，没有了激情和创造力。

我们每个人都是在创伤中逐渐成长，并趋于成熟，走向成功的。笑与泪、悲与喜掺杂着，一路陪伴我们面向前方，洒满那条成长的道路。

人生是一本大书，需要我们用一生的时间，去认真研读，去用心领悟。

人生有梦想和现实两个方面。梦想的人生，可以尽情展开思绪的翅膀，放飞人生，张扬自我；而现实的人生总是那么严峻。我们要面对许多问题，包括人生与责任、人生与环境、人生与成熟、人生与成功、人生与感悟、人生与追求等。而为了生存，我们还要像一个上了发条的机器，一直不停地转动和奔波。

人生如戏，生命如谜；岁月无情，生命易逝。

我们每个人在自己的生命戏剧里扮演的都是主角，身边的其他人都是配角。所以，每一个人都不希望把角色演砸，而是想尽力把自己的角色塑造好。

人这一辈子，不管活成什么样子，都不要把责任推给别人。因为一切喜怒哀乐都是自己造成；因为生命是生活的一种回声。

人生逆境时，要切记忍耐；人生顺境时，要切记收敛。

人生得意时，要切记看淡；人生失意时，要切记随缘。

人生不管是一场悲剧，还是喜剧或闹剧，其实决定权并非全部掌握在我们自己手里。因为在人生的舞台上，在生命的剧本里，我们只是演员，而不是导演。所以，我们无法预知所有的情节和过程，也不会预知结果和未来。

我们能够做的，只有努力去做一个优秀的演员，尽情地投入各种剧情之中。该笑的时候就开开心心地笑，该哭的时候就痛痛快快地哭，该爱的时候就轰轰烈烈地爱，该恨的时候就彻彻底底地恨。用我们生命中所有的时间和精力，所有的真心和真情，所有的欢笑和泪水，去演绎这场生命之剧，去尽情展现我们最美的风姿。

我们要以一个最佳的姿态去面对命运之神所赋予我们的一切悲欢离合，使自己的角色完美无瑕。那么，在剧终谢幕的时候，肯定会有人流着泪水，给予我们最热烈的掌声和最芬芳的鲜花。

生命只是一个过程。在这个过程中，有鲜花和掌声，有荆棘和泪水，有欢乐和痛苦，而我们为了追求那醇美如酒的欢乐，就必须忍受那酸涩如醋的痛苦。

生命的意义蕴含在无尽的追求之中。在追求中创新和超越，在追求中感悟和升华，并在追求中成长和成熟。最终给生命一个最美的诠释和最真的解读，一个最善的表达和最神圣的谢幕。

让我们用心聆听天籁圣洁的歌声，永葆一个高雅清净的灵魂，始终微笑着善待生命，享受生活，珍惜一切，超越自我。并在岁月的风霜雪雨中，轻松安然地走完人生的路程。

我们应该珍惜所拥有的每一天，要想清楚到底什么东西才是我们该追求的，什么东西才是让我们真正快乐的。我想那一定不是物质上的享受和名利上的渴求，而一定是灵魂的清明和内心的安宁。

一只新组装好的闹钟放在了两只旧闹钟之间。两只旧闹钟“嘀嗒”“嘀嗒”一分一秒地走着。其中一只旧闹钟对新闹钟说：“来吧，你也该工作了。可是我有点担心，当你‘嘀嗒’完3 200万次以后，恐怕便吃不消了。”

“天哪！3 200万次。”新闹钟吃惊不已，“要我做这么大的事？办不到，办不到。”

另一只旧闹钟说：“别听他胡说八道。不用害怕，你只要每秒‘嘀嗒’一下就行了。”

“天下哪有这样简单的事情。”新闹钟将信将疑，“如果这样的话，我就试试吧。”新闹钟很轻松地每秒“嘀嗒”一下。不知不觉中，一年过去了，它“嘀嗒”了3 200万次。

人生一定不是一帆风顺的，而挫折与创伤是生命中必要的痛。只有经过许多具体的历程，如挫折、尝试、创伤、锻炼和独立，我们才能逐渐成长。唯有走过这一段必要的路程，我们才会走向成熟。

一个人必须面对两种情况：一是不愿面对独立的痛苦；二是走向独立的状态。独立而不再依赖别人，这是一个非常重要的选择。如果我们过不了这一关，人便不会成长，也很难走向成熟。

自我的成熟，不可能要求自己一下子就超越。我们必须经过一些不可

轻易跨越的阶段，而每一个阶段必须一步一步踏踏实实地经过。对于环境所起的变化和作用，既不可洋洋得意于顺境，也不可沉溺于哀伤的逆境。我们要慢慢学着长大，要学会承受，更要学会感恩。

一个替人割草的男孩打电话给雇主说：“您需要不需要割草？”雇主回答：“不需要了，我已请了割草工。”

男孩又说：“我会帮您拔掉花丛中的杂草。”雇主回答：“我的割草工已经做完了。”

男孩又说：“我会帮您把草坪与走道的四周割齐。”雇主说：“我请的割草工也已经做了。谢谢你！我不需要新的割草工人。”

男孩便挂了电话。此时，男孩的室友问他说：“你不就是那个割草工吗？为什么还要打这电话？”

男孩说：“我只是想知道我做得有多好！”

不断反思、持续改进，一个职业人如果以这种工作态度去完成任务，就一定能把工作做完美。

我们还要知道，创伤也是一种成熟，而成熟就是一种美。伤害也许是无意的，成长却是必须的。要明白，健全平和的心态是始终贯穿成功之路的筹码。

我们要正确树立前进的目标，不可让生活的目标存于沉重的氛围之中。任何时候都不要把自己搞得太累，也不要把自己搞得太忙。否则，就完全失去了生活的价值。

成功不是成长必不可少的，成功也不一定能得到成长。我们可以从成功和失败中得到成长，而且应该是从失败中得到的成长更多。

有些成功不需要经过失败就可达到，所以成功也不一定能带给自己成长。成长是一个寻找自己、认识自己、发现自己和提升自己的过程，是让自己的心灵有一个空间去向某一个目标伸展的过程。

成功是一时的、短暂的，但成长是一个持续的过程，是伴随人的一生，不断进行的。成功在很大程度上依靠外在的、别人的评价，但成长却是内在的、自修的。

在成长的过程中，我们可以真实地感受到内心的愉悦。但是一旦成功，我们可能会担心失去。要知道，真正的成长是任何人都不可剥夺的。

成功会使人患得患失，但是缓慢的成长却可以让我们充满自信。其实，成长的过程就是一种成功。所以说，我们每一个人都是成功者。

人生苦短。我们要尽最大的可能和努力去实现自身的价值，让自己活得快乐、活得有意义。所以，不要计较一时的成败。因为沿途的美丽风景都是我们最灿烂的成长。这也是一种积极的人生态度。

我们要用微笑和真诚去面对一切。当别人伤害自己时，请给他一个灿烂的微笑。我们要在成长中学会感恩、学会团结、学会自立、学会判断、学会坚持、学会舍得。因为经历得越多，成长得越快。成长就像是一场幸福的灾难。

有一个渔夫很能干，赚了很多钱，娶了一个美丽、能干的媳妇。

妻子经常做红烧鱼。她觉得红烧鱼身很好吃，就经常给老公做红烧鱼身。年复一年，日子就这样过去了，渔夫变成了渔翁，媳妇也变成了老太太。

有一天，渔翁病了，躺在床上。他看到妻子又端着一盆香喷喷的红烧鱼身，就叹了一口气。妻子这么多年来第一次看到老公叹气，十分惊讶。于是她跑过去问："老公，出什么事情了？"

老公说："亲爱的，这么多年来，我不得不告诉你一件事情。"妻子说："快说，究竟是什么事情？"妻子心里想："这么多年来，你是不是有什么事情瞒了我？"老公想了想说："亲爱的，自从娶了你开始，我再也没有吃到过我最喜欢吃的红烧鱼头了。"妻子一直以为红烧鱼身是最好吃的，而鱼头、鱼尾很难吃。所以，她每次把鱼头、鱼尾剁下来留给自己吃，尽管她最不喜欢吃鱼头、鱼尾，而把她认为最好吃的红烧鱼身拿给老公吃。

生活中有很多人都在用自己的方式爱别人，以为自己喜欢的，一定是对方喜欢的。其实，结果并不如人意，很多事情都需要了解和沟通。

最好的爱就是学会尊重别人。要了解别人跟自己不一样的想法，从而更好地进行交流和沟通，并通过努力以达到融合，再用别人最需要的方式去做事。

成长是一个持续的过程。“我成长，我做主”，意味着自身的强大和进步。而管理自己，掌控人生，则意味着对自己的有效控制和管理；意味着更好地爱自己，更好地理解别人的爱，更好地去主动爱别人；意味着用更宽广的胸怀来容纳世事，用更睿智的眼光去看清迷途，用更坚定的信念去固守责任。

可能有的人、有的环境会阻碍我们成功，但是我们要清晰地认识到，在这个世界上，没有任何人和环境能阻止我们的成长。

一个人成长的标志是沉默、务实，而成熟的标志是如何去沉默，如何去务实。有人说，一个人成长的标志，不是假装坚强，而是不再纠结；一个人成熟的标志，不是学会了表达，而是学会了咽下，学会了懂得和理性。

我们要看得高远些，要明白天外有天、楼外有楼的道理；要看得长久些，要知道山高路远、任重道远的含义。

在成长的过程中，收获远比成功更重要。“给我一个支点，我就能撬起整个地球”，成长便是成功的支点。成功是一瞬间，成长却是一段漫长的过程，这是成功所无法企及的。

在现实世界里，我们需要成功、渴望成功，但是不要太看重成功，不要忽视成长的必要。成功是一个巨大的目标和诱惑。其实，成功也是一种积极的感觉，是每个人达到自己理想之后的一种自信状态和一种满足感。

我们应试着留意身边的点滴积累和一路上的风光无限，应学会在沉思和痛苦中找到人生的支点，应学会付出常人所不能付出的一切。

要想成功，应该有一颗热情和激情的心，有一颗兴趣和乐趣的心，更应有一个冷静的头脑。所以，我们既要重视事情的结果，又要重视事情的目的，享受做事情的过程。

成功者习惯坚持、坚持、再坚持，而失败者习惯放弃、妥协和抱怨。

“我不知道什么叫成功，但是我知道什么是失败：只要你放弃了，你就失败了。最大的失败就是放弃。”“坚持是一种习惯，放弃也是一种习惯，只要坚持就会获得成功。”

成长、成熟、成功是人生的三个方面。虽然成长有烦恼，但是成长一定比成功和成熟更重要。成长的路上总会有跌倒，成熟的过程中总要历经风霜。成熟需要痛苦的经历和思考，需要磨炼和挫折，也需要华美的转身和艰辛的付出。

成功的关键在于心态。只要把人生道路上的经验和反思一点一点地积累起来，我们就会更快地走向成熟和成功。

边界感和包容力是人格成熟的两个标志，而边界感是一个人最高级的修养。一个有边界感的人，自己不麻烦，别人也舒服；一个有边界感的人，可以使人如沐春风、如临秋水。

一棵苹果树，终于结果了。第一年，它结了10个苹果，9个被别人摘走，自己仅得到1个。对此，苹果树愤愤不平，于是它自断经脉，拒绝成长。

第二年，它结了5个苹果，4个被别人摘走，自己也仅仅得到1个。“哈哈，去年我得到了10%，今年得到了20%，翻了一番。”这棵苹果树心理平衡了。

其实，它还可以这样继续成长：第二年，它结了100个苹果，被别人摘走90个，自己得到10个。也很有可能被别人摘走99个，自己得到1个。但这些都没关系，它还可以继续成长，第三年结1 000个苹果……

其实，得到多少苹果不是最重要的。最重要的是，苹果树在成长！苹果树在结出更多的果实！等苹果树长成参天大树的时候，那些曾经阻碍它成长的力量，都会微弱到可以忽略不计。不要太在乎自己得到了多少苹果，苹果树的成长才是最重要的。

对于年轻人来说，应当心胸宽广、意志坚定、自强不息。学习如逆水行舟，不进则退。所以说，不进步就是退步，原地踏步就是退步，进步慢也是退步。

“天行健，君子以自强不息”，刚强者立志高远、信念坚定，“路漫漫其修远兮，吾将上下而求索”。

只有自强自立，才会立于不败之地，才会做得正、行得直，才会有前进的动力和源泉，才会在困难和挫折面前不退缩，才会有忧患和危险意识，也才会在危险来临之时从容不迫、沉着应对。

执着的是一份信念和坚持，变通的是一种手段和智慧。人生就是这样，跌倒、爬起、奔跑，再跌倒、再爬起、再奔跑。

在任何时候，都要靠自己去主宰命运。因为求人不如求己，别人的帮助是一时的。人生的酸甜苦辣，人生的风风雨雨，只有靠自己去体会、去感受、去领悟。我们应该自己掌握前进的方向，独立思考，学会自己面对和解决问题，要有主见，更要自强、自立、自尊和自爱。

尽力而为是一种态度，也是一种责任；量力而行是一种理性，也是一种认识。尽力而为者要达到的是一种理想，是一种最佳的结果；量力而行者要守住的是一条底线，就是要根据自己的能力和需求来确定行动。要达到某一终点和目的，有时迂回曲折的道路可能就是一条捷径。

一个人最大的悲哀，就是做了一辈子自己不喜爱的工作。人最大的失败，就是忙碌到死依然一事无成，还让后人看不到希望。

没有规划的人生，就像是没有目标和计划的航行。

萧伯纳有一句名言："明白事理的人使自己适应世界，不明白事理的人，硬想使世界适应自己。"

人生规划应该分为两大部分：一是职业生涯；二是日常生活。规划的作用不仅能更好地帮助我们找到自己热爱的工作，而且还能帮助我们热爱生活、珍爱生命。

职业生涯即事业生涯，是一个人一生中与职业相连的行为与活动，以及相关的态度、价值观和愿望等，也是一个人一生中职业、职位的变迁及工作、理想的实现过程。

职业生涯是一个动态的过程，它并不包括在职业上的成功与否。每一个工作着的人，都有自己的职业生涯。

依据休普的划分，可以将一个人的职业生涯分为四个阶段：探索阶段、创立阶段、维持阶段和衰退阶段。

职业生涯规划即职业规划或职业计划，是指个体根据自身条件和环境要求，确立自己职业的发展目标，根据这一目标确定自己所要从事的专业，并制订相应的学习、培训和工作计划。

职业生涯规划的过程，主要取决于两个方面的因素：一是社会发展的客观需要，特别是社会职业的现实要求；二是当事人自身的实际情况，其中起主要作用的是当事人自己。

有人认为，职业生涯规划时应注意TOP法则：

T代表Talent：是否具备做好这项工作的能力。

O代表Organization或Opportunity：从事的这项工作是否符合组织的需

要，是否能够给组织带来增值效应。

P代表Passion：是否有足够的兴趣和激情投入所从事的这项工作之中。

T和P两个因素关乎个人，是内因；O则关乎外部组织环境，是外因。如果能同时拥有这三方面的条件，就一定能拥有一个前途广阔的职业生涯，成为一个TOP人。

职业生涯规划的期限一般划分为短期规划、中期规划和长期规划。短期规划为三年以内的规划，主要是确定近期目标，并规划近期所要完成的任务。中期目标的规划一般为三至五年，应在近期目标的基础上设计中期目标。长期目标的规划时间是五至十年，主要是设定一个长远的目标。

在进行职业生涯规划时应遵循以下原则：

一是清晰性原则。考虑目标和措施是否清晰明确？实现目标的步骤是否直截了当？

二是变动性原则。目标或措施是否有弹性或缓冲性？是否能依据环境的变化而调整？

三是一致性原则。主要目标与分目标是否一致？目标与措施是否一致？个人目标与组织目标是否一致？

四是挑战性原则。目标与措施是否具有挑战性，还是仅仅保持其原来的状况而已？

五是激励性原则。目标是否符合自己的性格、兴趣和特长？是否能对自己产生内在的激励作用？

六是合作性原则。个人的目标与他人的目标是否具有合作性与协调性？

七是全程原则。拟订规划时必须考虑到职业生涯发展的整个历程。

八是具体原则。各阶段的路线划分与安排必须具体可行。

九是实际原则。必须要考虑到自己的特质、社会环境、组织环境，以及其他相关因素，并选择切实可行的途径。

十是可评量原则。规划的设计应有明确的时间限制或评判标准。

目前，大学校园里职业生涯规划的氛围不浓、观念滞后。作为年轻人来说，不应担心没有适合于自己的职位和平台，而应担忧自己有无获取这一职位的能力、学问和本领。不应担心没有人了解和赏识自己，而应去追求和掌握自己能让他人赏识的本领。

职业生涯中最大的敌人不是别人，也不是环境，而是能否超越自己的思想和境界。机会往往眷顾有准备的人，只有自己各方面都准备好了，才有可能去把握机遇。

战胜自我，就是最大的成功。我们所要战胜的常常是一道坎，常常是自己心中的一种魔。只有不断地完善自己，充实内涵，才会使自己有所立、有所成。

年轻人应当正确理解职业生涯规划的真正含义。职业生涯规划具有明显的个体化特征，包含职业生涯目标的确定、具体措施的实施和目标实现的全过程；职业生涯规划是一个有机的、动态的、逐步展开的过程，其预期目标与日常的工作目标之间有很大差异。

凡事预则立，不预则废。一个人一旦有了规划，就等于明确了工作的方向和方法，就有了工作的标准和流程。

“没有目标的人永远要为有目标的人工作”，这句话也恰恰说明了目标与规划的重要性。不管做什么事情，只要我们有目标，再做一个合理的规划，我相信成功的概率一定会大大增加。

一群孩子在一位老人家门前嬉闹，叫喊声此起彼伏。几天过去，老人难以忍受了。

于是，他出来给了每个孩子二十五美分，对他们说：“你们让这儿变得很热闹，我觉得自己年轻了不少，这点钱表示谢意。”孩子们很高兴。第二天仍然来了，一如既往地嬉闹。老人再次走出来，给了每个孩子十五美分。他解释说，自己没有收入，只能少给一些。十五美分也还可以吧，孩子仍然兴高采烈地离开了。

第三天，老人只给了每个孩子五美分。孩子们勃然大怒，“一天才五美分，知不知道我们有多辛苦！”他们向

老人发誓，再也不会为他玩了！

年轻人的职业生涯规划是在选择工作之时就开始了。其实，进入大学的第一天就应该有一个规划，不过有一点要清楚，一开始的职业生涯规划具有模糊性、不确定性和非理性的特点。

青年阶段是人生职业生涯的关键时刻，其专业和亚专业的选择、综合素质的培养、各方面能力的锻炼、人格和价值观的最终定型等，都在这一时期完成的。

一个人的职业生涯规划包括自我剖析和评估、预期目标设定、目标实现的策略和具体措施、反馈和修正等四个方面的内容。

一是自我剖析和评估。“知人者智，知己者明”。正确、客观地剖析和评价自己是困难的，但也是十分重要的。

进行职业生涯规划时，首先应通过相应的量表测评，客观地评价自己的价值取向。其次要评估自己的兴趣、特长、性格、智商、情商、思维方法、学识、技能和道德水准等。最后要分析自身的优势和劣势，分析周围的人际关系。对自我和环境了解得越透彻，职业生涯规划就会越符合实际。年轻人应从父母、老师、同学和朋友等处获取相关信息，加深对自己的全面了解。

年轻人的职业生涯规划并不纯粹是个人的问题。个人理想和组织安排的有机结合，是开展职业生涯规划的有效保障。年轻人到岗后，组织人事部门应采用问卷和量表等方法进行个性和人际交往倾向的测验，建立个体的心理档案，并对评定结果进行指导。

二是目标确定和策略制定。目标是一个结果，更是指引和动力。组织人事部门要和年轻人一起制定职业生涯的预期总体目标和分阶段细化目标，并制订落实目标的切实可行的策略和措施，包括工作、学习、训练和学历提升、晋升等。目标的设定应以自己的最佳才能、最优性格、最大兴趣、最有利环境等信息为依据，可分为短期目标、中期目标、长期目标和人生目标。

没有行动，理想只能停留在“想想”上，目标永远遥遥无期，所以还要制订落实目标的具体行动计划。

三是反馈与调整。时代在变，人也在变，职业生涯规划也不能一成不变。影响职业生涯规划的因素有很多，有些是可控的，有些是不可控的。

因此，要使职业生涯规划行之有效，就必须不断地对规划进行评估与修订。

年轻人应当根据自己的实际工作、学习、生活情况及时评估，以调整自己的职业生涯目标。调整内容包括专业和亚专业的重新选择、实施策略和实施计划的变更等等。

也有人将职业生涯规划分解成八个步骤：确定人生志向、自我评估、评估职业生涯的机会、选择适合自己的职业、职业生涯路线的选择、设定职业生涯的目标、制订行动计划、评估与反馈。

总而言之，成功的职业生涯规划对于年轻人一生的职业道路来说，具有战略意义，至关重要。

# 第十四章　心态态度与幸福满足

心态决定一切，态度决定高度。

心态如果改变，态度就会随之改变；态度如果改变，习惯就会随之改变；习惯如果改变，性格就会随之改变；性格如果改变，人生就会随之改变。

态度是一种能力、素质和习惯，是一种思维方式和价值取向。

我们除了掌握知识和技能之外，还有一种不会过时、不会丢失、持久有效的资本，那就是正确、积极和乐观的态度，那就是热情、乐业、耐心、恒心、爱心、努力和毅力的好心态。

态度是一个人的根本。要知道，每件事情的完成都体现着态度，都是态度的结果。

态度源于思想和行为，又决定人的思想和行为，影响人的命运和人生。所以说，态度决定人的性格倾向、思维方式、生活习惯、行为特点、学习成绩、工作效率、婚姻家庭和成功失败。

如果一个人具有超乎常人的积极态度，并将这种态度传染给周围的人，发挥并扩大自己的影响力，就容易从人群中脱颖而出，使自己的能力和影响力持续上升。

态度就像一块磁铁。不论我们的思想是正面还是负面，都会受到它的牵引。而思想就像轮子一般，使我们朝一个特定的方向前进。虽然我们无法改变人生，但是我们可以改变人生观；虽然我们无法改变环境，但是我们可以改变心境；虽然我们无法调整环境来适应自己的生活，但是可以调整态度来适应周围的环境。

有人说，生活有两大误区：一是活给别人看；二是看别人生活。其实，只要自己觉得幸福就行，用不着向别人证明什么；也不要光顾着看别人，而走错了自己脚下的路。

两只老虎，一只在笼子里，一只在荒野中。它们都认为自己所处的环境不好，互相羡慕对方。最后，两只老虎决定交换身份。开始时，它们各自都十分快乐。但不久，两只老虎都死了：一只饥饿而死，一只忧郁而死。

有时，人们对自己的幸福熟视无睹，总是把眼睛看向别人的幸福。其实，你所拥有的正是别人所羡慕的，你目前所处的状况正是别人所追求的。

当一个人墨守成规、故步自封时，明天和昨天是一样的；而当一个人积极进取、奋发向前时，明天一定比昨天更灿烂。

有时候，人生最好走的不一定是大路，而是小路；生活最便捷的不一定是直道，而是曲径。

天上不会掉馅饼，掉下来的往往是陷阱，机会和成功必须自己去努力争取；世上没有救世主，也没有神仙皇帝，万事只能靠自己。也就是说，成功不会自己到来，必须主动积极去工作；快乐也不会自己降临，必须用心用情去体验。

积极的心态如同花蜜吸引蜜蜂一样，可以将他人吸引到自己的身边。面对世界，如果你展现出阳光般的心态，你的朋友和同事就会自然而然地聚集在一起。而且你的热情会感染他们、影响他们。同时也可以给自己提供一个更好的发展机会。

积极的工作态度会使人更加优秀、更加能干、更加强大。检验人的品质有一个最简单的标准，那就是看他工作时所具备的精神和态度。工作是一个人人格的表现，是真我的外部写真。看到一个人所做的工作，就如见其人了。

态度决定高度。同样的事，态度不同，其结果也就不同。所以，要想把事情做好，必须先把态度端正好。

做事最重要的是能力，而做人最重要的是态度。一个人的态度和能力决定了事情的最终结果。所以，决定事业成败的关键因素，就可以归结为态度和能力两个方面，缺少任一方面都不行。

如果态度是100分，能力也是100分，乘起来就是1万分；如果态度和能力都是0分的话，那毫无疑问其结果就是0分。

成功有三个要素，就像三角形的三条边：技能、经验和态度。如果不具备技能，经过好好学习就可以掌握；如果没有经验，经过日积月累也可以拥有；然而，态度不是通过简单培养和培训就可以获得的。

态度是行为的基础。积极的态度常常引发积极的行为，而消极的态度往往导致消极的行为。

成功者与失败者之间，其实只是态度之差。成功者始终用最积极的方式、最饱满的热情去思考和执行自己的计划，用最乐观的精神、最丰富的经验去支配和把握自己的人生；而失败者的人生一直在阴影之中，常常受过去的种种失败与疑虑所引导和支配。

最常见的，同时也是最昂贵的一个错误，是认为成功有赖于某种天才、某种魔力、某些我们所不具备的东西。其实，环境不能决定我们的人生位置，人生是由我们自己决定的。因为“在任何特定的环境中，人们仍然有一种最后的自由，就是选择自己态度的自由”。

可以这样说，成功是正确态度的结果。一个人能够取得多大的成功，固然有客观因素，但更多的是受其主观态度所左右。

我们怎样对待生活，生活就怎样对待我们；我们怎样对待别人，别人就怎样对待我们。我们在刚开始执行一项任务时的态度，就决定了最后的成败，这比其他任何因素都重要。

我们不能改变大环境，但能创造自己的小环境，包括心理的、情绪的、生理的和精神的。因为这些都是由我们自己的态度来决定的。虽然积极的思维并不能保证事事成功，并不能保证凡事都可以心想事成，但是积极的思维肯定会带来积极的态度，而消极态度的结果一定是失败。

消极态度产生消极后果，所以态度恶劣的人不会取得持续的成功。消极思维的结果，就是形成一个受制于自己的消极环境。消极思维者就像把整个鸡蛋连壳吞下去的人，既不敢挪动身体，害怕鸡蛋会弄破，又不敢坐着不动，怕鸡蛋会孵出小鸡来。

负面、消极的思维有多种多样的表现形式。

这种人会在不经意间产生消极、悲观的信念，凡事都秉持一种怠慢的态度。

他们很容易感到疲劳，只要一想到自己想要做的事，就会感到很疲惫。

这种不良思维会使人们的各项能力逐渐萎缩、退化，并失去动力，不能坚持自己的目标，难以保持长久的热度，无意识地选择难度较低的事。

这种人会左右摇摆、犹豫不决，做每一件事情都会花费过多的时间和精力。

这种负向思维会使目光总是聚焦在困难上，失去了选择方向的能力，失去了维持最佳状态的能力，也失去了选择生活的能力。有意无意地选择了自暴自弃，被动地接受生活中的所有。

这种消极思维会使自己抵触他人，回避他人，并逃避面对自己。使自己一再与机遇失之交臂，回避那些重要的决定，延迟做决定的期限，对任何带有攻击性的事都会本能地逃避。

消极思维者一旦遭到施压，就会立刻让步，过分自我保护，表现出懦弱的一面。

消极思维者会习惯跟随他人的脚步前进，无法完成自己的目标，无法享受自己的生活而失去自我。

消极思维者会始终处于习惯性的忧虑、恐惧、自卑之中，精神处于高度紧张状态，内心充满矛盾，难以平静下来。此时，判断力也会支离破碎，看法也总是瞬息万变。

消极思维者挫折耐受力低，抗压能力差。在感受到压力时，会逃避面对发展自我的机会，不敢追求自己的理想，失去指导他人的能力。

一般来说，长期的消极思维会产生以下七种不良后果：

一是态度消极者会养成

一些难以克服的坏习惯，并且这种消极思维会在关键时刻散布疑云。即使有好机会出现，消极的人也看不到，更抓不住。因为他会把每种情况都看作是一连串的障碍和无奈。

障碍与机会、困难与机遇之间的差别，主要在于人们对待事物的态度。成功是屡遭挫折而热情不减。只有看到事物的积极面，养成积极思维的习惯之后，人们在关键时刻才容易做出正确的决定。

二是跟消极思维者相处久了，就会受其影响而被同化。因为消极思维有很强的传染性。

三是消极思维可使人悲观。这些人把人生看得一片灰暗，大有一副大难临头的样子。这些人的座右铭就是墨菲定律：所有的事情都是看上去容易其实很难；所有的事情所需投入的时间也都比你预期的多；一切事情都会出差错，而且总是在最坏的时刻发生。

其实，办法肯定比困难要多。麦克斯韦尔定律认为：所有事情都只是表面上看似很难，每件事情也都比你预期的收获更多，任何事情只要做对了，就会在最佳的时刻产生可能的最佳效果。

消极思维者常常从错误的角度看待事情，而成功者总是从最佳的角度看待机会，并做出正确的决定。

四是消极思维可使希望泯灭。这些人对将来不抱任何希望，也没有想去改变现状的动力和信心。

五是消极思维会限制人的潜力。这些人不思进取，所思所想的都是阴暗面的东西，所以往往收获得最少。“他的心怎样思量事，他的为人就是怎样的。”当一个消极思维者对自己抱有很低的期望时，就是给自己的能力封顶了。于是，他成了自身潜力的最大敌人。

六是消极思维可使人不能享受人生。这些人在人生的整个航程中一路晕船，无论眼前的境况如何，他们总是对将来感到失望，甚至绝望，总是会预见到人生中最糟糕的结果。“凡是事情看起来有转机时，你肯定疏忽了某些东西。”

七是消极思维还会阻碍我们的人格成长。无论是对青少年，还是对成年人，消极思维模式都会对我们的人格造成破坏，并使我们变得不够率真和快乐，甚至可以造成人格分裂。

做人和做事同样重要。而成功与否，态度是最重要的。

不同的态度会让我们对同一件事采取完全不同的做法，从而得到不同的结果。只有保持积极正确的态度，才能够以坦然平和的内心去面对潮起潮落、顺境逆境，既不会被荣誉和金钱冲昏头脑，也不会在遭受打击和困厄时一蹶不振。

在日常生活和工作中，积极的态度不但可以维护和改善人际关系，还有助于自己保持冷静理智的头脑和良好的情绪状态，将自己的能力充分发挥出来。无论在何种情况下，他们都会积极努力，以获得最好的结果。

态度决定一切，态度决定高度。好的态度不但会对我们的做人、做事产生正面作用，还会决定我们做事的成效高低和做人的成功与否。要知道，态度一旦改变，一切都会发生变化。

塞尔玛陪伴丈夫驻扎在一个沙漠里的陆军基地。丈夫奉命到沙漠去演习，她则一个人留在陆军基地的小铁皮房子里。

天气热得让人受不了，即使在仙人掌的阴影下，气温也有52 ℃。她没有人可以聊天——身边只有墨西哥人和印第安人，而且他们不会说英语。她非常难过，于是就写信给她父母，说要丢开一切回家去。

她父母的回信只有两行，而这两行字却永远留在了她的心中，完全改变了她的生活：两个人从牢中的铁窗望出去，一个人看到的是泥土，另一个人却看到了繁星。

塞尔玛一再读这封信，觉得非常惭愧。她决定要在沙漠中找到繁星。塞尔玛试着和当地人交朋友，他们的反应使她非常欣慰。她对他们的纺织、陶器很感兴趣，当地人就把自己最喜欢的、舍不得卖给观光游客的纺织品和陶器送给了她。

塞尔玛开始研究那些引人入迷的仙人掌和各种沙漠植物、动物，又学习了有关土拨鼠的知识。她观看沙漠中的日落，还去寻找海螺壳。这些海螺壳是亿万年前的，那时候，这片沙漠还是汪洋大海……原来难以忍受的环境，终于变成了令人兴奋、流连忘返的奇景。

一个人忧愁、抱怨等一切负面问题的根源，就在于总是习惯低头向下看，于是他看到的只是泥土。

要知道，在我们的生活中，除了泥土，还有满天繁星。我们应该抬起头来，享受那星光灿烂的美好星空。

不一样的态度产生不一样的结果，并造就不同的人生。对于同一件事，由于不同的人面对它的态度不同，所采取的方法和前进的路线也不同，最终得到的结果必然不同。

当自己对他人采取更友善的态度，就会觉得更加亲切，就会对挫折采取更积极的态度，就会发现原来在损失之外还有更多收获，就会懂得“舍得”两字的真正含义。

态度不同，周围的世界和环境、自己的生活和人生就会变得截然不同，这就是态度的力量。

在这个节奏很快的社会，大家都感觉一个“忙”字。其实“心亡”即“忙”，“哀莫大于心死”。大家还会感觉一个“累”字。其实“过多地考虑自己的一亩三分地而被其所压”就是“累”，心累才是真正的累。

在人的一生中紧要处只有几步，有什么样的态度，就有什么样的生活质量和人生；有什么样的工作态度，就有什么样的工作质量和前景。

在这个世界上，没有卑微的工作，只有卑微的工作态度。所以，无论所从事的工作多么琐碎，都不要轻视它。所有正当合法的工作都是值得尊敬的。只要诚实劳动，没有人能够贬低我们的价值，关键在于我们如何看待自己的工作。

假如你非常热爱自己所从事的工作，那么你的生活就是天堂；假如你非常讨厌自己所从事的工作，那么你的生活就是地狱。

雨果曾经说过：“世界上最宽阔的是海洋，比海洋宽阔的是天空，比天空更宽阔的是人的胸怀。”宽容是一种博大，能包容人世间一切的喜怒哀乐；宽容是一种境界，它能使普通的人生跃上新的台阶。

在生活和工作中学会宽容吧！要用宽容的眼光看待这个世界。凡事应冷静，要知道，“宽容是荆棘丛中长出来的谷粒”。

学会放下，才能承担，生活才会有阳光和欢乐。放飞心情，就是我们快乐工作的前提。

人生在世，始终一帆风顺而无任何困难，可以说是天方夜谭。面对挫折和困难，积极的人视之如平地，勇于进取；而消极的人望而生畏，徘徊不前。

我们每个人都有一间屋子，都有一扇窗。有的人关上了窗，拉上了窗帘，拒绝阳光，一辈子在阴暗与寒冷中蜷缩，不相信“山重水复疑无路，柳暗花明又一村”，自我作践、自暴自弃。

其实，这些人只要打开窗户，迎接阳光，赶走心里积压的阴霾，克服自己的心魔，日子就一定可以“水光潋艳晴方好”，就一定可以在辽阔的蓝天振翅翱翔。当你用神采奕奕的眼神看世界，世界也会用他宽容的怀抱接纳你。积极、激情、进取地投入工作与消极、麻木、呆滞地工作，其结果是完全不同的两个天地。

“把细节做到极致就是完美。”“细微之处见端倪。”“勿以善小而不为。”生活的细节往往在一定程度上反映了一个人的思想性格、态度习惯和为人处世原则，是认识、了解和评判一个人的重要途径。

所以，注重个人的生活细节，保持好的细节习惯，是让自己表现得更出色、更成熟，更能得到别人认可的一大关键。这将对个人日后的发展具有不可忽视的作用，甚至是必不可少的。

这是一个以细节取胜的年代。任何方面要想有所成效，对于细节的处理都必须做到精益求精。

有时，细节是一粒随风飘来的种子，即使落在荒废的花盆里，落在陡峭的岩缝中，仍然会发出灿烂的嫩芽。

有时，细节是生活中最柔软、最鲜活、最感性的一部分。没有了细节，就不会有精彩，一个人的生命就成了坚硬的岩石、荒凉的沙漠。

英格兰有一首古老的民谣，是这样唱的：“少了一枚铁钉，掉了一只马掌；掉了一只马掌，伤了一匹战马；伤了一匹战马，败了一场战役；败了一场战役，丢了一个国家。”这是发生在英国国王查理三世身上的故事。查理三世准备与里奇蒙德决一死战，就让马夫给自己的战马钉马掌。马夫钉到第四个马掌时，发觉少了一枚铁钉，便偷偷地敷衍了事。不久，查理三世和对方交战。在大战中，忽然一只马掌掉了，导致马失前蹄摔倒了，查理三世被掀翻在地，王国也随之易主。

我们要把工作做成作品，把职业做成事业；我们把心放在工作上，把工作放在心上。

当水温上升到99 ℃时，还不是开水，其价值有限；若再添加一把火，在99 ℃的基础上再升高1 ℃，水就会沸腾，并产生大量水蒸气来开动机器，从而获得巨大的动力。这与我们的工作很相似，完成了99%不算成功，往往就是“差那么一点”而导致整个工作不到位、不完美。

敬业是一种人生态度，是一种工作习惯，是最强有力的竞争资本，也是我们通往成功的台阶。

曾有人问约翰·沃尔夫冈·冯·歌德：责任是什么？

歌德回答：“责任是一种耐心细致的行动，是一种把你应该做好的日常工作做到最好的充满激情的行动。”

如果一个人轻视自己的工作，不尊重自己的工作，那么他对待工作就会很粗陋、很随便。如果一个人认为自己的工作很辛苦、很烦闷，那么他绝对不会做好这份工作。

一个人在工作时，如果能以积极的态度、全力以赴的精神、火焰般的热忱，充分发挥自己的特长，那么无论他所做的工作怎样辛苦，都会乐在其中。

一个人如果以高亢的激情和热忱去做最平凡的工作，也能成为最优秀的员工；一个人如果以消极和冷淡的态度去做最高尚的工作，也不过是个平庸的员工罢了。

如果我们厌恶自己的工作，最终也会遭到工作的嫌弃。

不管我们从事什么工作，只要常存一颗感恩之心，我们就会拥有一切美好的处世品格。这样，阳光就会照耀我们，雨露就会滋润我们，我们的生活中也就有了一处处美丽动人的风景。因为感恩是一种胸怀，是一种美德。

既然选择了，就要好好做，不要浪费自己的时间，更不要糟蹋自己的生命，要做就要一次比一次做得好。凡事不要求最好，只要求更好。自己能做的事情，不可让别人操心，也尽量不可让别人帮忙。任何事情，只有做到100分才是合格，99分都是不合格。

一头老驴，掉到了一个被废弃的、很深的枯井里，根本爬不上来。主人看它是老驴，也懒得去救它了，让它自生自灭。那头老驴一开始也放弃了求生的希望，每天还有人不断地往枯井里倒垃圾。按理说，老驴应该很生气，应该天天抱怨：为什么自己倒霉掉进枯井里？为什么它的主人又不要它？就算死也不让它死得舒服点，每天还有那么多的垃圾扔在它旁边。

可是有一天，它决定改变自己的态度。它每天都把垃圾踩到自己的脚下，从垃圾中找出残羹来维持自己的生命，而不是被垃圾所掩埋。

终于有一天，它踩着垃圾重新回到了地面。

老鹰有时飞得比鸡还低，但鸡永远也不能飞得像老鹰那么高。鸡的任务是打鸣和生蛋，而老鹰的事业是飞翔和遨游，天空是其事业的平台和最终的归宿。

无论做什么工作，都要牢记工作就是自己付出的爱这一真谛。如果只把工作当作一件差事，甚至是一件苦差事，只将目光停留在工作本身，那么即使是从事最喜欢的工作，你依然无法持久地保持对工作的热情。如果把工作当作一项事业来看待，情况就会完全不同。

心态决定状态，这就是我们主导人生境况的砝码。只有把心境打开，道路才会宽广。

心态决定人生，一个良好的心态就是成功的基础。

积极的心态照到哪里哪里亮，这是一种辐射、感染的效果。积极、乐观的人会将自己的积极心态感染身边的人，让身边的人也跟着向上和乐观。

消极心态者不管是初一还是十五，都是不一样的。这是因为消极的人通常会在事情发生前，看到所有不利的可能性，患得患失，常常被不可名状的不安全感和失落感所包围。

心态不好的人情绪波动大，就像月亮一样圆缺无常，而无法像太阳一样圆满明亮。

所以说，积极的心态创造人生，而消极的心态消耗人生。

积极的心态是成功的起点，是生命的阳光，而消极的心态是失败的源泉，是生命的杀手。

人的一生中会遇到许多事情，也会遇见不同的变故。要想做好各种各样的事情，必须有一个好的心态和好的态度。心态决定了一个人的状态。一个人能攀多高，能走多远，其实都是一个心态问题。

心有多高，生命的状态就有多高。失败者之所以失败，是因为内心空虚、消极无为；成功者之所以成功，是因为内心充实、积极有为。

选择了积极的心态，就等于选择了成功的希望；选择消极的心态，就注定要走入失败的泥沼。

如果想成功，想把梦想变成现实，就必须摒弃这种扼杀潜能、摧毁希望的消极心态。面对困境时的心态是决定我们成功与否的关键。因此，在困境和挫折面前，应当以乐观的心态去分析问题，并运用自己的智慧，通过自己的行动来改变现实。这才是真正明智的做法。

当我们陷入困境时，应及时转变观念，改变习惯性思维，应看到问题或事情的积极面，以积极的心态去面对问题，并从恐惧、痛苦中摆脱出来。只有这样，才能寻求到自救的办法。乐观的心态，有助于改变现状、摆脱困境，而悲观的心态，于事无补，会使结果更加恶化。

在一户人家的鱼缸里，养了几条小鱼。好几年过去了，依然还是那么小。于是，人们认为，这种鱼就是这种小个头。

有一天，鱼缸被意外打破了。因为一时找不到鱼缸，于是，就把小鱼养在院子的小池塘里。没承想，这些鱼不到一年竟然长得很大。

我还看到过另一个类似的实验：有科学家在饲养鲨鱼的水池里，放了一堵玻璃墙，将鲨鱼与食物隔离开。

一开始，鲨鱼隔着玻璃墙看到食物，会猛烈地撞击玻璃。一段时间之后，它就不会再撞击了，因为它知道，这堵墙是不可能穿越过去的。

后来，科学家把玻璃墙拆了，鲨鱼还是只在原来的地方活动，和有玻璃墙的效果一样。

鲨鱼需要自由的成长空间，一个人心灵的成长和情感的培养更是如此。

人和机器最大的区别在于，人有情感。培养学生健康的情感和操守，塑造学生健全的心灵和人格，是现代教育的一个重要主题、一项崇高使命，也是教育改革的一种基本趋势。情感教育既是帮助学生走向成功的一种手段，更是塑造完整人格的一个过程。

美国心理学家马丁·塞利格曼在他的《真实的幸福》一书中说，自己研读了包括《论语》《道德经》在内的诸多人类精神文化原典之后，发现有二百多种人类共同的美德；又说自己研究了整个世界横跨三千年历史的各种不同的文化，惊奇地发现了包括智慧和知识、勇气、仁爱、正义、节制、精神卓越等六种放之四海而皆准的美德。

其实，这六种放之四海而皆准的美德就叫作“幸福六要素”。与学生一起阅读《论语》，特别是阅读《论语》中的三百多个成语时，我们会有一个惊人的发现：孔子的《论语》看似散碎而杂乱、寻常而平实，缺乏联系和系统性，其实“幸福”两个字恰恰就是其精髓之所在。

我出版过一本读书笔记《医说论语》，发现在《论语》中，充满了很多高兴、快乐色彩的词语，“乐”和“说（悦）”，各出现过十余次。

半个世纪前，梁漱溟先生早就注意到了儒家经典《论语》多“乐”字。这是因为两千五百多年前的孔子就知道，教育的起点是生命，教育的终极目标是培养幸福的人。尊重生命，促进人的发展就是教育的来处，也是教育的归处。

美国教育家克洛威尔认为，教育面临的最大挑战，不是技术，不是资源，不是责任感，而是发现新的思维方法。站在新的时代、新的起点和新的常态上，我们必须以新的思想、新的思维去面对一个个鲜活的生命，对待一个个渴望自由和快乐的孩子，让他们快乐地生活在校园里，享受人生花季雨季的真意。

坚强的力量来自内心的平静和修为，来自良好的心态。让我们好好关注一下自己的内心，调整好自己的心态，因为它是智慧与力量的源泉。

心态决定状态，心胸决定格局，眼界决定境界。

人生，就是人们渴求幸福和享受幸福的过程。“人生实难，其有不获死乎？”“人生一世，但当畏敬於人，若不善加己，直为受之。”“人生几何，谁能无偷？朝不及夕，将安用树？”

做快乐而有意义的事就叫作幸福。快乐是指一个人发自内心的愉快感受，而意义则是指一件事对自然和社会的价值。

在一个房间里，许多人围坐在一只正在煮食的大锅旁。他们每个人都拿着一只汤匙，但是由于汤匙柄太长，所以没法把食物送到自己的嘴里，他们又饥饿又失望。

而在另一个房间里，也有一群人围坐在一只正在煮食的大锅旁。不同的是，这里的人看起来既饱足又快乐，而他们拿的汤匙跟前一个房间里的一样长。

为什么这个房间里的人快乐不已，而那个房间里的人愁眉苦脸呢？因为这个房间里的人都学会了用长柄汤匙喂对方。

幸福在哪里？幸福就在内心，就在我们的身边。

幸福是一种平凡和超脱、一种心情和感受。我们要记住生命的取向要高，生命的体验要深，生命的能量要强。只有做到这样，幸福才会不期而至。

幸福对于每个人都是等量存在的。财富的多少、地位的高低，并不能决定幸福的多少。幸福人人皆有，无处不在、无时不在，关键是每个人体会幸福的能力和方法不同。因为幸福是一种心理体验。

良好的心态应该是这样的：以淡然的心态做人，把自己当作一个普通人，学会尊重和礼让别人；以往坏处想的心态想事，先往坏处想一想，就会有一种平和的心理准备；以自在的心态善待自我，学会卸载心灵的诸多重负，以健康的身心状态去发掘和享受生活中的精彩；以最佳的状态迎接生活的挑战；以平和的心态付出和努力，让浮躁的内心安定下来，少计较得失；以包容、豁达的心态待人，并以坦然恬静的心态看待成败得失。

传说一位智者隐居深山几十年，练就了“移山大法”。

一天，有人找到智者，请他当众表演一下。智者就面朝对面的一座大山念念有词，然后大声叫道：“山过来，山过来！”可是那座山岿然不动。

于是智者走向了那座山，说：“山不过来我过去。”

这就是“移山大法”。“山不过来我过去”，短短七个字道出了睿智的人对待生活、对待困难的态度。

这是一种宽广的胸怀，一个良好的心态。聪明的人要学会适应，并在适应事物的过程中，激发自己的潜能，以改造环境，获得快乐，而不是一味地自怨自艾，悲观彷徨。

在这样一个世界上，摆在我们眼前的机遇是一样的，风险也是一样的。关键问题是我们应以什么样的生

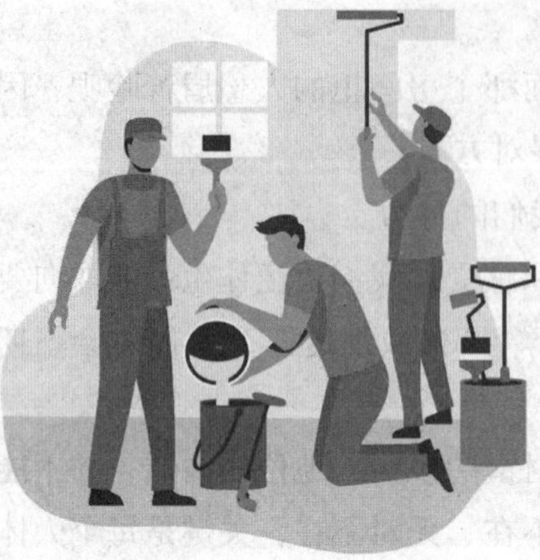

存状态去解读它。

生命只是我们手中的一段流光，时间很短暂，但流光的质量却因人而异。这种生命质量与知识、财富和官位无关，与生活品质、天真心态、浪漫情怀和生命至真至纯有关。

生命的长短并不重要，重要的是生命的密度和精度，以及对时间的把握和利用。没有信念和信仰的人，不会有良好的心态，不会有良好的习惯，不会好好管理时间，更不会有精彩的人生。

活着是一回事，但要活得有意义，则是另一回事。

有些人身处顺境时，一路春风，洋洋得意，自我陶醉；而身处逆境时，垂头丧气，威风扫地，自暴自弃。殊不知，好花不常开，好景不常在。正是因为顺境与逆境交替出现在人生各个不同的阶段，才构成了一幅完整的生命画卷。

人的一生，不论是顺境还是逆境，一定别忘了自己还是自己。

法国诗人荷尔德林说："人，应该诗意地栖居在大地上。"

年轻的时候，我曾经以为，诗意就是陶渊明的"采菊东篱下"，就是李商隐的"一弦一柱思华年"，就是苏东坡的"把酒问青天"。

随着人生的历练，我终于明白，诗意就是我们内心的平和与自然，诗意就是我们日常的现实和平淡，诗意就是生活中的一点波澜、一朵浪花。

"心远地自偏。"其实，在陶渊明看来，要想远离喧嚣的红尘世俗，不必躲进深山老林，只要保持清静、安宁的心态就可以了。

"也无风雨也无晴。"其实，在苏东坡看来，无论是挫折和不幸，还是温暖和幸福，都不会干扰自己的初心，都不能转移和改变自己的本意。

风雨是外来的，我还是我；晴朗也是外来的，我依然还是我。

有一天，"我"字丢了一撇，成了一个"找"字。为找回那一撇，"我"问了很多人，那一撇代表什么？最后生活告诉"我"，那一撇是健康和快乐、幸福和满足。没有它们，什么都是浮云！

更舒畅、更惬意、更开心、更幸福，这就是我们所要追求的诗意生活。但是，世人常常忘了，再简陋的茅舍里，也会有欢声笑语；再豪华的别墅里，也会有烦恼忧愁。

生活中不是缺少美，而是缺少发现美的眼睛。其实，生活中充满了无限的诗意，关键在于我们是否善于寻觅和发现，善于捕捉和存储，善于发酵和酿造，善于汲取和享受。

丰衣足食、阳春白雪，是诗意；粗茶淡饭、下里巴人，也是诗意。只要心中有诗意，生活就会溢香满足，人生就会灿烂光明。

有一位花匠，他家院子里的一棵葡萄树结了不少葡萄。花匠很高兴，便摘了一些准备送给别人品尝，让他们一起来分享自己这份丰收的喜悦。

花匠把葡萄送给了一个商人。商人一边吃一边说："好吃，好吃，多少钱一斤？"花匠说不要钱，但是商人不愿意，坚持把钱付给了他。

花匠又把葡萄送给了一个族长。他接过葡萄后沉吟了良久，问："你有什么事要我帮忙吗？"花匠再三表明没有什么事，只是想让他尝尝而已。

花匠又把葡萄送给了一位少妇。她有点意外，而她的丈夫在一旁一脸警惕的样子。看来他极不欢迎花匠的到来。

花匠又把葡萄送给了一个过路的老人。他吃了几颗后，摸了摸白胡子，说了声"不错"，就头也不回地走了。花匠很高兴，他终于找到了一个真正能和他一起分享快乐心情的人。

平常心是调整一个人的心情和状态的最好工具。如果我们面对任何人都是同一种态度、同一种表情、同一种方式，那么我们的朋友会更多，我们的事业会更顺利。

平常心属于维系我们一辈子的处世哲学，是一种"无为、无争、满足"的汇合，是我们在日常生活中处理事情的一种心态。

托尔斯泰说："欲望越小，人生就越幸福。"

现实世界往往是这样的：物欲满足了，幸福丢失了；生活富裕了，快乐没有了。如果一个人常常被物欲所桎梏，常常看不透境界，放不开心胸，久而久之，会使心灵更加压抑，会使灵魂更加迷失。

名是虚幻的，利是短暂的，而道德是饱满的，也是永恒的。

快乐一定是心的愉悦；幸福一定是心的满足。所以，我们千万不要和命运争吵，千万不要和人生过不去，要随缘起止、随遇而安、随和愉悦。

随和是一种素质、一种文化、一种心态。随和是淡泊名利时的超然，

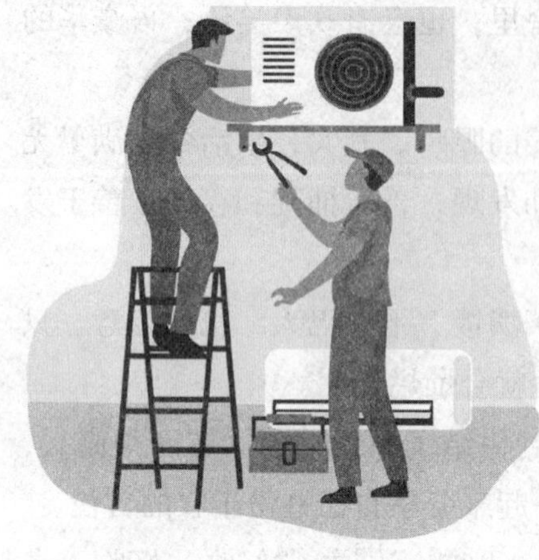

是曾经沧海后的井然，是狂风暴雨中的坦然。

能做到随和的人，必定是高瞻远瞩、宽宏大量的人，也是豁达潇洒、幸福满足的人。

在这个世界上，一个人最大的幸福，是因为有人在乎；一个人最大的感动，是因为有人包容；一个人最大的满足，是因为有人守候；一个人最大的奢求，是因为有人懂得。

人生是一段旅程。在旅行过程中遇到的每一个人、每一件事和每一道风景，都有可能成为我们一生中难忘的记忆。为了心理的满足，我们常常错失了很多的机会和精彩；为了心理的不满足，我们往往又缺少了许多生活中的浪漫和情调。

只有抬起头，放下心，才能踏实做事，简单做人。

其实，在这个世界上，最遥远的不是天涯，也不是海角，而是心灵的距离；最难逾越的不是珠峰，也不是雪山，而是心与心之间的隔阂。

当今世界，五彩缤纷。在红尘里行走，我们要做一个心地善良的人，做一个性格开朗的人，做一个如兰花般素心品质的人。

兰开幽谷，不悲；兰开闹市，也不喜。

尽管此生得不到大富大贵、大悦大乐，但细微的满足，既可萦绕于眉间、温暖于心灵，又可芬芳身心、恬静自我。

人生一旦有了方向，就有了奋斗的理由，心就安定了；一旦少些计较，多些宽容，就容易满足，心也就清闲了。

在这个世界上，只有顺其自然，随遇而安，懂得放下，生命才会更加完美。

# 第十五章　生命的长度宽度与高度

无法延长生命的长度，却可以把握生命的宽度；无法预知生命的外延，却可以丰富生命的内涵；无法把握生命的量，却可以提升生命的质。

生命是一个长方体。它有长度，有宽度，当然也有高度。

生命的长度是指一个人的寿命，宽度是指一个人的价值，而高度则是指一个人的境界。

月有阴晴圆缺，人有少壮老暮，这是亘古不变的客观规律。人生在世屈指算，最多三万六千天，在岁月的长河中，我们常常是百年世事三更梦，万里江山一局棋。

一个人的生命无论长与短，对整个世界来说，都是异常渺小的。我们每个人都应当尽情地追逐自己的梦想，都应当将有限的生命活出无限的精彩，都应当将苦难的生活活出高质量的人生。

一个坐标有x、y、z三个立体维度，由此构成了一个完美的世界；一个生命有长度、宽度、高度和纯度等多个维度，从而组成了一个完整的人生。

生命的宽度掌握着一个人视野的宽广程度，而生命的高度则标志着一个人内涵的深度。也就是说，生命的宽度和高度，在于生命的价值和生命的意义。

孔子曾说：“登东山而小鲁，登泰山而小天下。”不错，拥有不同生命高度的人又何尝不是如此?“登东山”之人又怎知天下之大，而只有登顶于泰山，凭那“一览众山小”的视野，方能发出“善万物之得时，感吾生之行休”的感叹。

有一棵长在山顶的小草对谷底慢慢生长的大树说：“你费了一生的气力才到我的脚下，太矮了!”大树笑着说：“是的，但我没有借着山的高势，我是凭借自己的努力长成了大材!”果然，冬天还未到来，小草便枯萎了，大树却成了栋梁之材。

生命的意义在于对社会的贡献多少，而不是向社会获取多少。巴金说过：“生命的意义在于付出，在于给予，而不在于接受，也不在于争取。”

其实，我们每个人都有自己独特的生命坐标。随着时间的推进和演化，我们的人生在不断地丰富着、积累着、超越着。

明末的少年英雄夏完淳，五岁读经书，七岁能诗文，九岁写成《代乳集》，十二岁谈论国事，凿凿其中，可谓少年得志，英气勃发。夏完淳十六岁时因痛心国事，所作的《大哀赋》文采宏逸，辞情感人。十七岁被捕时临危不惧：“人生谁无死，贵在死得其所。”他在狱中写下感人肺腑的《狱中上母书》和《遗夫人书》。他的生命长度虽然只有短短的十七个春秋，但是在历史的舞台上，却演绎了极其绚烂壮美的一幕。

一个人能有如此的生命宽度和高度，谁又能说这不是一种幸福的人生呢?

所有生命的长度、宽度、高度、纯度等综合起来，就最终形成了生命的意义和价值。

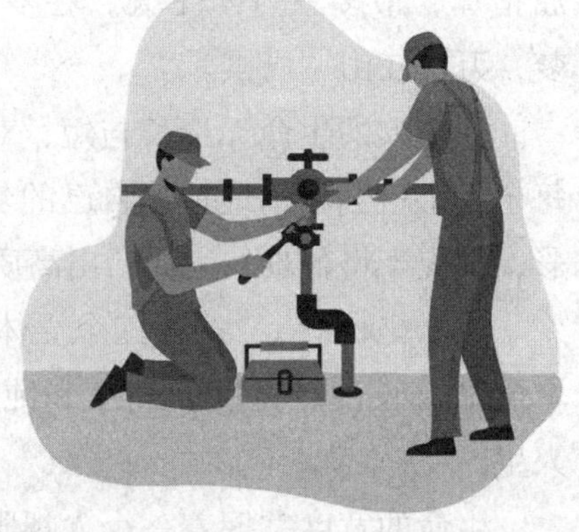

有些人的生命是一条线，虽然有振幅、有张力、有高潮、有低谷，可是没有深度和宽度。所以说，这样的生命是平淡乏味、单薄苍白的。

有些人的生命是一根绳，既有振幅和张力，又有饱满和曲折，而且有深度和宽度。所以说，这样的生命是殷实丰满、多彩灿烂的。

有些人的生命是一匹布，不但是三维的，而且是多维的，把生命充实到各个角度、维度、纯度和速度之中。这样的生命是内涵丰富、质量高优的。

智者的人生应该是为人有气度，谈吐有风度，做事有尺度。

从呱呱坠地来到人间，到生命尽头告别人世，最长者莫过百年。而许多人由于疾病、灾祸等原因，在不同年龄段就结束了生命的历程。

生命的长短只是一种偶然，但生命的意义有时并不在乎生命的长短。

马其顿王国的亚历山大皇帝只活到三十三岁，他不仅是一位科学家，而且也是世界的征服者。他对世界的征服不是单靠武力，而主要靠敏锐的思想、周密的计划和迅捷的行动。

唐朝的王勃也是英年早逝，但是《滕王阁序》的艺术造诣达到了登峰造极的水平。

西汉名将霍去病二十三岁因病去世，他杰出的军事才能令世人叹服。

罗马帝国哲学家辛尼加说，一个完美的人生也可以在一个短暂的岁月里面去发现。所以，无论你遇见谁，他都是你生命该出现的人，绝非偶然，他一定能教会你一些什么。

我们不能把控何时生、何时死。但是，假如我们知道怎样去利用人生，人生一定是长久的；假如人生利用得当，它足以完成最伟大的事业。

一条条生命从我们的身边逝去，好似一颗颗流星从天空坠落；一个个亲人从我们身边离去，好似一滴滴鲜血从心尖滴落。有的人虽然死了，但是依然活着，是因为这些人的思想不朽、精神永存，影响和激励着一代又一代后辈；有的人虽然活着，但是已经死了，是因为这些人的思想僵化、信仰缺失，僵尸般的存在，对后世没有半点榜样和示范作用。

有时候，生命的长度并不等于寿命的长短，这主要取决于生命的质量，也就是生命的宽度、深度、高度、角度、纯度和速度。

我们不能控制他人，但是可以掌握自己；我们不能预知明天，但是可以利用今天；我们不能事事顺利，但是可以尽力而为；我们改变不了事实，但是可以改变态度；我们改变不了过去，但是可以改变当下。

有些人生命的宽度远远大于生命的长度，如“一去不复返”

的荆轲、“力拔山兮”的项羽、“尽忠报国”的岳飞、助人为乐的雷锋、慷慨赴死的李大钊……这些仁人志士的生命虽然短暂，却为千百年来延续不绝的英雄史诗增添了许多华丽的篇章，也为他们短暂的生命谱写了美妙的乐章，增添了丰富的内涵。

人们在为他们短暂的生命长度而惋惜时，更多的是赞叹他们广阔的生命宽度，感谢他们为时代、为后人留下了丰富的精神食粮。

“人最宝贵的东西是生命，生命属于人只有一次。人的一生应当这样度过：当他回首往事的时候，他不因虚度年华而悔恨，也不应碌碌无为而羞愧。”

忍辱负重的程婴、矢志为国的张骞、为国忘家的晁错……都拓展了自己生命的宽度。所以，他们的生命闪电般划过天空，留下了璀璨和美好。这些仁人志士、英雄豪杰必将永留青史，熠熠生辉。

生命的宽度，就是一个人在漫漫的生命旅途中所能达到的范围。如果一个人的生命仅有长度，几乎没有宽度和深度，我想这个人只能是苟且地活着。

生命的宽度就是生命的内涵和质量，以及人对生命价值的认知、心灵的充实、生活的欢乐，更包括一个生命给予别的生命，乃至整个世界的影响和作用。

生命的宽度由于其丰富的内涵，决定着生活的品位和质量。生命的宽度可以让穷困潦倒的生活拥有富足安详的人生，可以让残缺智障的身体展示完美惊奇的魅力，也可以让短暂平凡的生命迸发出绚丽丰富的光彩。

人生是一次旅行。一路上，有风景也有败笔，有平坦也有险阻，有悲欢也有离合。如何将生活的悲剧转化为人生的喜剧，如何引导短促的人生到达永恒的彼岸，如何为生命的悲剧披上锦绣的彩衣，如何将有限的旅程延伸到无限的生命领域，这是先贤哲人孜孜以求的梦想，也是我们现代人需要思考的问题。

生命的长度有限，而生命的宽度和高度却是无限的。

哀泣的朔风虽然能吹落百花竞艳的盎然，却带不走人们心中的勃勃生机；纷飞的大雪虽然能掩盖丰收的热烈，却抹不去秋日成熟的芬芳。

即使生命之花终将凋谢，思想与精神的高度也依然能拓宽我们的生命。站在历史的长河之畔，无数崇高的生命因他们不可企及的宽度而熠熠生辉。因为他们的思想、精神和信仰高度拓展了生命的宽度。

这些拓展的生命宽度足以使他们长存于人们心中，这些永恒的精神力量足以使他们铭记在人们心中，这些宽广的生命荣耀足以使他们的生命飘于云端，这些博大的生命足以让人驻足感叹，这些文化的光芒足以向世人昭示一种精神的力量。

生命只有三日：昨日、今日和明日。

昨日是过去的存在，是生命的过往和历史。无论如何难忘，无论如何留恋，都已是时间老人停止不动的脚步。

《昨日歌》中说："昨日兮昨日，昨日何其好；昨日过去了，今日徒烦恼；世人但知悔昨日，不知今日又过了。水去汩汩流，花落日日少，成事立业前车鉴，莫在那里悔恨了。"

今日是现实的存在，是生命的现在和当下。无论如何辛苦，无论如何困境，都是最值得珍惜的礼物和最需要去付出努力的时空。

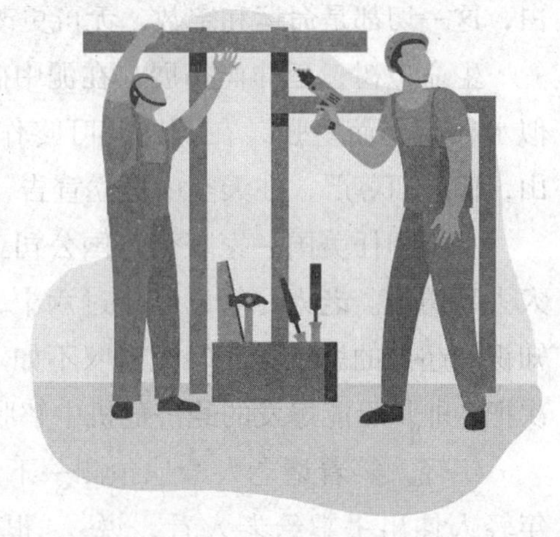

《今日歌》中说："今日复今日，今日何其少！今日又不为，此事何时了。人生百年几今日，今日不为真可惜。若言始待明朝至，明朝又有明朝事。为君聊赋今日歌，努力请从今日始。"

明日是可能的存在，是生命的未来。不论变幻莫测，不论世事难料，都是时间老人变幻无穷的步伐。

《明日歌》中说："明日复明日，明日何其多。我生待明日，万事成蹉跎。世人苦被明日累，春去秋来老将至。朝看水东流，暮看日西坠。百年明日能几何？请君听我明日歌！"

生命的长度竟然如此之短，短得让人甚至还未看清这个世界的模样，就不得不恋恋不舍地离去。

生命的昨日不能唤回，也不能重新再来。明日还不知会发生什么，所以，我们要好好把握今日。没有人能一直生活在过去的回忆和将来的期盼之中。所以，珍惜生命的最好方式，是珍惜当下的、实实在在的今日。

希望在今日，思考在今日，奋斗在今日，成功也在今日。

德国思想家约翰·沃尔夫冈·冯·歌德说过，今天所做之事勿候明天，自己所做之事勿候他人。

瑞士教育家约翰·亨里希·裴斯泰洛齐也说过，今天应做的事没有做，明天再早也是耽误了。

生命就是一场聚散和告别、一次旅行和奇遇、一种行走和修行、一个过程和姿态、一团欲望和幻觉。在我们的生命历程中，一个又一个人走进我们的生命，并肩而行或擦肩而过，渐行渐远或半途分手，然后便是无奈的决绝和遗忘。

当懂得这些的时候，我们已经长大，开始学会在酒精和沉默之中藏起自己的心事，却在记忆中辗转反复、痛苦挣扎。直到有一天，我们终于明白，这一切都是命运和定数，无可更改，也无法选择。

生命似树，延伸而拓展，在泥中破土而出，在烈日下挺立抬头；生命似水，柔弱而坚强，在石缝间叮咚作响，奏响了一曲神奇之音；生命似山，伟岸而尊严，在天空中挺立宣告，渗透着一番梦幻之语。

一位担任美国一家著名跨国公司亚洲区顾问的老人退休了，一个年轻人去拜访他。老人尽管已经年过六十，但是精神矍铄、思维敏捷，广博的知识和超前的思维让年轻人自叹不如。老人善于预测经济形势，曾经很多次把企业从可能爆发的经济危机中解脱出来。

年轻人笑着请老人给他预测一下人生。老人问他想预测哪一方面的，年轻人伸出手掌给老人看，说："很多人都说我的生命线很长，特别长寿，您看看呢？"

老人看了一眼年轻人的手掌，反问道："你知道构成人体组织的最小单位是什么吗？"

年轻人疑惑地说："是细胞吧？"

老人说："不对。细胞并不是最小的单位，它还可以再分。生物学家发现，构成人体组织的最小单位是DNA。目前已经破解的DNA组合已达两亿。按照DNA的组合推算，人的寿命应该是一千两百岁。"

年轻人大吃一惊，不解地问："如果真是那样的话，为什么现实生活中很少有人活到一百岁呢？"

"因为生命有折损。我们每天的日常行为都是对DNA的折损，我们说话、工作、吃饭和思维，每时每刻都在消耗着生命中的DNA，这使我们的生命达不到应有的长度。”

“那就是说，如果我们什么也不做，一点也不消耗DNA，我们就可以活到一千两百岁了？”

“理论上是这样的，但是现实中是无法实现的。因为我们不可能不消耗DNA。活着就要消耗，吃饭、睡觉这些维持生命最基本的行为就是一种消耗。即使我们不工作，我们也不可能不消耗。”年轻人被这番话惊呆了。

原来维持现有的生命是以牺牲未来生命为代价的。活到一百岁的人是以牺牲未来的一千一百岁的生命为代价的。这是多么昂贵的代价啊！

老人继续侃侃而谈：“所以，按照消耗掉的DNA计算，那些著名的科学家所取得成就是正常的。这并不是因为他们特别伟大，其实我们也完全可以做到。我们没有做到，按说比他们消耗的DNA少许多，所以我们应该活到两百岁以上。”

“可是为什么我们并没有活那么久，甚至比他们还活得更短？”年轻人更加疑惑。

“答案只有一个，那就是我们和他们消耗了同样多的DNA，甚至我们比他们消耗更多。但是我们并没有把我们消耗的DNA投入有益的事业中去，而是用在了无谓的事情上，我们的生命就是这样被缩短了。”

科学研究表明，人类的平均寿命其实可以超过一百岁，只是人类自己糟踏了。人们总是抽烟、喝酒，日夜颠倒，晚上不睡早上不起，生活不规律和生活方式不健康，大大缩短了人的寿命。

我们将一朵花从开放到凋谢的这段时间称之为花期。小麦的花期最短，只有几分钟，而热带兰花的花期最长，有八十多天。一朵花的生命长度取决于它的原始归属，但是人类可以使一朵花的生命变得更长。例如，将这朵花插进花瓶，给予合适的温度和湿度，投放适当的营养液，那么这朵花的花期便可以延长，花朵也会更加绚丽。

人生、事业、爱情、工作和生活也是如此。而人生的营养液就是态度、信仰、精神、关爱、善良、忠贞和真诚，就是人世间一切美好的品质。

生命很短暂，也很脆弱。由于思想的存在，才使人类的生命有了一种超乎物质的意义，这就是生命的宽度。

“生，要让草原增色；死，要让大地肥沃。”

法国大文豪奥诺雷·德·巴尔扎克自幼立志要成为一名文学家。为此，他不惜和父母闹翻，一边卖文赚钱度日，一边读书、写作。后来，他写出了《高老头》《欧也妮·葛朗台》等巨著，在世界文坛上占有一席之地。

伟大的德国作曲家路德维希·凡·贝多芬，贫穷、残疾和孤独伴随他的一生。二十八岁时，他听觉渐衰，两年后双耳完全失聪。但他以超乎常人的坚韧毅力，成为了世界公认的“乐圣”。

要知道，世上绝大多数人若没有遇到突变、意外或自我毁灭，其生命的长度是相对确定的，人与人之间也是差不多的。这是先天的，也是自然规律，由不得自己做主去改变。历史上梦想长生不老、万寿无疆，梦想仙丹仙草、寿比南山的人，虽然历尽艰险去尝试和探求，但是最终都寿终正寝而被埋葬在黄土之中。

然而，生命的宽度是因人而异、各不相同的。有时生长在同时代、同环境，拥有相同生命长度的两个人，他们的生命宽度也会有天壤之别。因为生命的宽度是可以通过后天努力去改变的，是每个人努力奋斗的综合性结果，很大程度上是由主观的心智模式、情商、智商和汗水心血所决定的。虽然也会受客观环境因素的影响，但是这些外因最终必然要通过内因起作用。

古罗马哲学家卢修斯·阿奈乌斯·塞内卡说，如能善于利用，生命乃悠长。生命的宽度取决于我们自己。所以，我们应该依靠思想、智慧和知识去增加生命的宽度。其实，生命的长度与宽度并不矛盾，两者是相对的、辩证的。生命长度对于富有生命宽度的人来说，意义十分重大。这些人的生命长度越长，其生命宽度就会越富足。这样的人最好尽量去拉长其生命长度，因为有质量或高质量的生命，一千年也不为长。而那些“皆为利来”“皆为利往”的、无质量或低质量的生命，一年都嫌长。

许多既具生命长度又有生命宽度的长宽齐俱、福寿双全的伟人，其寿命也常常几近百岁。这些人修身齐家，修业养家，有尊严地生、有尊严地活、有尊严地死。

英国哲学家伯特兰·阿瑟·威廉·罗素一生写下了百部著作和数千篇文章，被称为“百科全书式的作家”。令人惊讶的是，他一生从事极为繁重的脑力劳动，却仍然活到了九十八岁。

罗素一生永葆青春，九十多岁仍然思维敏捷，伏案写作。他每天生活很有规律：早晨起床洗漱过后，便来到空气清新的庭院散步，做柔和体操；用过早餐后休息一会儿，就开始写作；下午的主要任务是看书、写信；黄昏后再外出散步，欣赏外边的绿草野花；晚上则是会客、讨论问题。他告诫人们，要想长寿，就必须乐观，不可动辄发怒和忧伤。他从不食之过饱，也不酗酒，可以说是延长生命长度的典范。

生命可以平凡，但从不卑微；生命可以很短，但必须拥有宽度。

有的人死了，把名字刻入石头以图不朽。殊不知，把名字刻在人们的心中才会永不坠落。春蚕虽然死去了，但是留下了华丽的丝绸；画眉虽然死去了，但是留下了美妙的歌声。

扶杖篱笆旁、穷困潦倒的陶渊明，“采菊东篱下，悠然见南山”，便是他拓宽生命、淡泊明志的绝好诠释。

晚年流寓西南、“心忧黎黍”的杜甫，“大庇天下寒士俱欢颜，吾庐独破受冻死亦足”，便是他拓宽生命、心系天下最好的证明。

昙花一现、惊艳绽放的王勃，“落霞与孤鹜齐飞，秋水共长天一色”，便是他拓宽生命、才华横溢最妙的注释。

天寒地冻里开放的梅花，夜幕深沉时坠落的流星，都在述说着那个生生不息、天荒地老的传奇。

有一种死永远不会消逝，那就是凋零的花、离枝的叶、蒸发的露和飘零的浮萍。花儿有思想就曾经灿烂，叶子有思想就曾经吐绿，所以说，思想能让短暂的生命留下绚丽的辉煌。

生命的宽度就是那令人崇敬的品格、万古流芳的精神，就是那飞扬深邃的思想、独立不朽的人格和高贵坚定的信仰。

鸟儿翱翔，拓宽了天空的宽度；鱼儿潜游，拓宽了海洋的宽度；马儿奔驰，拓宽了大地的宽度。

如果是雄鹰，就要有傲视天下的雄姿；如果是大海，就要有容纳百川的胸怀。而我们是有思想的人类，就要让有限的生命迸发出无限的力量与价值。

《兰亭集序》是王羲之的生命高度，《八骏图》是徐悲鸿的生命高度，而《红楼梦》则是曹雪芹的生命高度……

“持旄牧羊十九载，气节不改两鬓衰”是苏武的生命高度。

“饿死首阳终不悔，远离权位见真纯”是伯夷和叔齐的生命高度。

“怀抱琵琶冷难奏，望大雁南回泪潸潸。拼却如花似玉貌，保得大汉父老安”是王昭君的生命高度。

“抛却天子堂，仗酒涉他乡，吐尽心头怨，成就千古诗”是李白的生命高度。

“奉旨填词朝廷远，一生狂放潦倒痴。花街柳巷常现影，半壁江山歌柳词”是柳永的生命高度。

“大江东去竞风流，千里婵娟挂天涯。一身贬谪海角客，零落踏遍天下州”是苏东坡的生命高度。

庄周以鲲鹏为友，以蝴蝶为梦，与蚯蚓为伴，以鲋鱼为寄，以空灵为念，谱写了修身养性、清静无为、顺应自然的篇章，追求着“至人无已”的自由境界。

陡峭险峻，直耸云霄，就是群山的高度；雄奇壮观，一泻千里，就是瀑布的高度；自由自在，展翅翱翔，就是雄鹰的高度；枝繁叶茂，高大挺拔，就是青松的高度。

理想的高度，就是生命的高度。所以说，志向决定生命的高度。

志向是生命的基石，铺垫生命的道路；志向是生命的明灯，照亮生命的方向；志向是生命的羽翼，提升生命的高度。

有三只雏鸟，相约向高远处飞去。它们到达了一棵大树的树梢后，其中一只雏鸟骄傲地说：“这里位高望远，绿水青山好不快活。我就留在这里吧！”于是另外两只雏鸟继续飞翔。这两只雏鸟飞到了五彩斑斓的云端，其中一只雏鸟惬意地说：“这里云雾缭绕，让我忍不住引吭高歌，我就留在这里吧！”

最后一只雏鸟只能独自向它认定的高远处飞去。它振翅翱翔，向着九霄执着飞去……

第一只鸟，成为了麻雀；第二只鸟，成为了鸿雁；第三只鸟，成为了雄鹰。

历史无数次证明，停留树梢、自得其乐的，便是凡夫俗子；穿梭云雾、高亢放歌的，便是有志之士；翱翔九霄、博览众山的，便是万人敬仰的圣贤。

阿基米德是发现杠杆定律和浮力定律的伟大数学家、物理学家。有一天，头发花白的阿基米德正蹲在地上演算。忽然，一群罗马士兵冲进来围住了他。阿基米德吼道：“走开，别踩坏我的图形！”罗马士兵生气地杀了他。

阿基米德虽然死了，但是面对死亡，他毫不畏惧，为真理勇敢斗争。他的精神在死亡的瞬间得到了升华，因为他将自己的生命深度、高度和宽度拓展到了无限、发挥到了极致。

有人说：“如果不能增加生命的长度，那么就拓展生命的宽度；如果不能拓展生命的广度，那么就挖掘生命的深度！”

人的生命长度总是有限的。所以，人们要不断地扩展自己的生命宽度。

如果生命是一棵参天大树，那么根深才能叶茂。所以说，生命深度是生命高度的基础，生命高度是生命深度的目标。

人既有肉体生命，也有精神生命，更有灵魂生命。生命深度在很大程度上取决于精神和灵魂的生命，而精神和灵魂的高度在很大程度上又取决于人所汲取精神营养的多少。

在一个青黄不接的初夏，一只老鼠在仓库里觅食，意外地掉进了一只盛有半缸米的米缸里。这飞来的口福使这只老鼠喜出望外。它先是警惕地环顾了一下四周，在确定没有危险之后，接下来便是一通狂吃猛吞，吃完后倒头便睡。

老鼠就这样在米缸里吃了睡，醒了再吃。日子不知不觉地在这丰衣足食的悠闲中过去了。有时候，老鼠也曾为是否要跳出米缸而进行过思想斗争，但终究未能摆脱白花花大米的诱惑。

直到有一天，它发现米缸见底了。此时它才认识到，以米缸的高度，即使想跳出去，也没有这个能力了。

对于老鼠而言，这半缸米就是一块试金石。如果它想全部据为己有，其代价就是自己的生命。其实，这生命的深度就掌握在老鼠自己的手里。它多留恋一天，多贪吃一寸，离死亡也就更近了一步。

列夫·托尔斯泰说，人生的价值，并不是用时间，而是用深度去衡量的。生命的深度就像一座有深水区和浅水区的游泳馆，有时候庄严深刻而令人难忘，有时候平凡浅薄而令人不安。

我们谈论生命的深度，其实是一种奢侈。因为再长的生命并不能托住什么，再长的生命并不能深挖多少。

在阴曹地府里，有个灵魂即将投胎转世，阎王前来道喜。

灵魂却愁眉苦脸地说："转世为人有什么好祝贺的？听说人出生的那一刻会哇哇大哭，童年虽然快乐却很短暂，长大后要背负养家糊口的责任，生活中到处充满着无奈和悲伤。想想将要承受一世的痛苦和煎熬，我根本高兴不起来。"

阎王说："也许不去投胎对你来说是一件好事，不过你何不尝试先活十年？"灵魂听后无奈地说："好吧！我只活十年。"于是，阎王给了灵魂十年生命。

在这十年里，灵魂充分享受着父母的照顾和宠爱，生活过得无拘无束、快乐无比。这时候他的寿命期限却到了。灵魂回到了阴间，来到了阎王面前，哭丧着脸说："十年过得真快……"他非常留恋地看着人间的父母此时此刻正为他的死哭得死去活来。

阎王看了灵魂一眼说："如果你不想让父母伤心的话，你可以尝试再活十年。"

灵魂心里很高兴，却假装无所谓地说："那好吧，我就再活十年，不过这仅仅是为了我人间的父母。"在接下来的这十年里，灵魂的生活变得忙碌起来。他每天为了学业而忙得焦头烂额，再加上青春期的烦恼和忧愁，父母没完没了的唠叨，让他感觉活得十分无趣。

就在他快过二十岁生日的时候，他喜欢上一个女孩。他不敢表白，因为他知道自己的寿命期限快到了，所以他分外珍惜和女孩在一起的时光。女孩也同样喜欢他，在他二十岁生日的那天主动向他表白。他感觉既幸福又苦涩，就在这个时候他死去了。

当灵魂离开身体的那一刻，他听见女孩的痛哭声，心就像被撕裂一般疼痛。他失魂落魄地来到阎王面前说："我心痛得快要死掉了。"

阎王微笑地说："你已经死掉了，所以不用担心。"灵魂突然跪在阎王面前祈求道："求求你，再给我生命吧！我实在放不下爱我的女孩。"

阎王说："如果你继续活着，也许会承受很多艰难，你不是不想承受吗？"灵魂大声地说："不，我要回去，哪怕她以后会移情别恋，我也不想看见她这一刻的伤心。"

阎王无奈地摇摇头说："那好吧！我再给你十年生命。"灵魂听完连连摇手说："不不，丨年是不够的。我想和女孩一辈了在一起，不管以后生活会有多少艰难。"

阎王叹了一口气说："那好吧！不过你要是后悔，我随时会拿走你的生命。"灵魂大声地说："我永远不会后悔。"

就这样，他重新活了过来，和女孩拥抱在了一起。接下来的日子里，他需要面对的不仅仅是美好的爱情。结婚后，他要赚钱养家，照顾年迈的父母和幼小的孩子，生活的重担一下子全部压在了他的肩上。现实的生活没有给他一点喘息的时间，他只能拼命地劳动赚钱，才可以维持一家的生活。不管再苦再累，他都不抱怨什么，恐怕阎王听见后拿走他的生命。于是他比别人更积极地面对生活，总是笑呵呵地面对一切困难。

生命总有结束的一天，可是关于生命宽度的探索却始终没有终止过，也不可能会停止。生命再长也比不过历史，而海洋再宽也比不过生命。探索生命的宽度，是一种对生命的爱，是一种对生命的奉献，是生命永恒的追求。

在生命的长河里，虽然错过了美丽的晚霞，但是可以看到流星的坠落；虽然错过了壮丽的日出，但是可以看到唯美的日落；虽然错过了小树的成长，但是可以看到森林的壮观；虽然错过了曾经的岁月，但还可以奋起直追。

拉斐尔·桑西是文艺复兴时期意大利的“艺坛三杰”之一。他七岁丧母，十一岁丧父。他父亲原来是宫廷二级画师，他从小随父学画，主要学习十五世纪佛罗伦萨艺术家的作品。

一段时间后，拉斐尔·桑西走上了独自创作的道路。他在二十五岁之前创作了大量的圣母画像，从此名声大噪。他虽然只活了三十七岁，却成为了文艺复兴时期最耀眼的画家。

与达·芬奇、米开朗基罗不同，拉斐尔·桑西的圣母形象最能体现出慈爱、善良和温顺的高贵品质。达·芬奇的艺术深沉、含蓄、富有理智、充满智慧；米开朗基罗的艺术博大、雄伟、富有激情、充满力量；而拉斐尔·桑西的艺术则以优雅、秀逸、和谐、高度完美为标志。他的风格代表了当时人们最崇尚的审美情趣——秀美，不仅使当时的人们为之倾倒，而且延续了四百年，至今世人都认为这是无法企及的典范。

拉斐尔·桑西三十七岁生命的光辉不是依靠生命的长度，而是完全依赖于生命的深度和宽度。因为生命的深度取决于思想的境界和心智的能量。

法国哲学家布莱士·帕斯卡尔说过，人是能思想的苇草。生命虽然很脆弱，但是由于其拥有思想，所以人类才能成为万物灵长的高级生命。思想的充实与升华可以集聚心智的能量，绽放出智慧之光和灵性之美。没有思想和内涵的生命，即使长度很长，生命的内容也依然为零。

所以说，一个人生命的高度，决定了这个人的灵魂深度。